U0826289

电子商务理论与实务

主　编：代俊敏　芦亚柯　宋方伟

副主编：王延平　龙　平　卫　莉

参　编：赵　博　杨桂宇　孙　静

陈　念　王　燕

主　审：简玉刚　李　玲

北京理工大学出版社

BEIJING INSTITUTE OF TECHNOLOGY PRESS

内容简介

电子商务是一门集经济学、市场学、管理学与计算机科学于一身的综合性课程，也是一门理论与实践结合紧密的应用型课程。编者根据应用型本科院校管理、电子商务、市场营销等专业的培养目标和教学特点而编写了本书。

本书层次清晰、内容丰富。全书共分10章，着重介绍了电子商务概述、机理与模式、技术基础、运行环境，对于电子商务网站建设、网络营销与管理、电子支付与网上银行、电子商务与物流、电子商务安全与管理关键环节做了详细阐述，最后分析了电子商务的动向。本书强调理论与实践相结合的方式，并以应用型本科的培养为目标，既要求掌握理论知识又要求培养实际动手能力。本书的特点是系统性、理论性和应用性、前瞻性、通俗性等。

本书既可作为应用型本科院校、全国高职高专、普通本科院校、成人高等学校的电子商务、市场营销、国际贸易、工商管理、经济管理、物流管理等专业教材，也可作为企事业单位相关人员参考用书。

图书在版编目（CIP）数据

电子商务理论与实务/代俊敏，芦亚柯，宋方伟主编. —北京：北京理工大学出版社，2017.2
ISBN 978-7-5682-3714-7

Ⅰ. ①电…　Ⅱ. ①代…　②芦…　③宋…　Ⅲ. ①电子商务－高等学校－教材　Ⅳ. ①F713.36

中国版本图书馆 CIP 数据核字（2017）第 030029 号

出版发行 / 北京理工大学出版社有限责任公司
社　　址 / 北京市海淀区中关村南大街 5 号
邮　　编 / 100081
电　　话 / （010）68914775（总编室）
（010）82562903（教材售后服务热线）
（010）68948351（其他图书服务热线）
网　　址 / http://www.bitpress.com.cn
经　　销 / 全国各地新华书店
印　　刷 / 北京高岭印刷有限公司
开　　本 / 787 毫米×1092 毫米　1/16
印　　张 / 13.25
字　　数 / 313 千字
版　　次 / 2017 年 2 月第 1 版　2017 年 2 月第 1 次印刷
定　　价 / 55.00 元

责任编辑 / 陆世立
文案编辑 / 赵　轩
责任校对 / 周瑞红
责任印制 / 李志强

前　言

在经济高速发展的当今时代，电子商务的应用越来越广泛，几乎渗透到每一个行业领域，影响着政府、各种社会组织与个人的行为方式，其理论体系与运作机制也日趋成熟。电子商务所带来的商业革命，彻底改变了传统的商贸方式和规则，促进了企业的管理变革，推动了社会经济的发展。

电子商务改变了企业。企业因为电子商务的介入而改变了组织结构和运作方式，提高了生产效率，降低了生产成本，最终提升了集约化管理程度，从而得以实现高效经营。电子商务也改变了世界。电子商务已经成为全球一体化生产和组织方式的重要工具，在掌握资源配置主动权、提升国家竞争力过程中日益发挥着重要的作用。我国在《国民经济和社会发展“十三五”规划纲要》中明确提出，要积极发展电子商务，加快发展电子商务。这将有利于优化调整我国经济在全球产业中的定位和布局，有利于加快进一步融合全球化的步伐，提升国际竞争力。在电子商务引发的变革风潮中，电子商务已经成为后工业时代经济增长的强大推动力。

为了能够适应社会经济发展对电子商务知识的需求，培养我国电子商务人才，尤其是工作在一线的应用型人才，编者编写了本书。鉴于目前电子商务方面实用性教材特别是适应于应用型本科的教材不多，本书遵循理论联系实际、突出实用性的原则，在教材的框架、结构、内容等方面做了创新与尝试。本书配有学习目标、名人名言、引例、案例分析、习题等模块，有助于学生理解和学习，以及培养学生的实践能力和解决实际问题的能力。

本书重点突出了电子商务理论知识，以及在商务活动中的实务操作与应用，结合大量典型案例深入浅出地阐述了电子商务的方法和原理，目的是让读者掌握电子商务的基本概念，了解电子商务的最新知识，掌握电子商务运营的方法和规律。

本书由重庆工程学院代俊敏、芦亚柯、宋方伟担任主编，王延平、龙平、卫莉担任副主编，代俊敏负责拟定编写大纲，组织协调并总撰定稿，重庆工程学院管理学院简玉刚、李玲对全书书稿进行了审核工作，具体编写分工如下：第 1 章由赵博、代俊敏编写；第 2 章由代俊敏编写；第 3 章由杨桂宇编写；第 4 章由王延平编写；第 5 章由龙平编写；第 6 章由王燕、宋方伟、卫莉编写；第 7 章由孙静编写；第 8 章由陈念编写；第 9 章由芦亚柯编写；第 10 章由代俊敏编写。

编者在编写本书的过程中参阅了国内外电子商务方面的有关教材、文献、资料，并从公开发表的书籍、报刊和网站上选用了一定的案例和资料，特向有关单位和个人表示感谢。

由于编者水平有限，本书不足之处在所难免，恳请广大读者批评指正，以便进一步修改和完善。

代俊敏
2016 年 11 月

目　录

第1章　电子商务概述 …… (1)
1.1　电子商务的产生与发展 …… (2)
1.1.1　电子商务产生的背景 …… (2)
1.1.2　电子商务的产生 …… (4)
1.1.3　电子商务的发展 …… (5)
1.1.4　全球电子商务的应用发展状况 …… (5)
1.1.5　推动电子商务发展的因素 …… (8)
1.2　电子商务的内涵与特点 …… (8)
1.2.1　电子商务的内涵 …… (8)
1.2.2　电子商务与其他学科的关系 …… (9)
1.2.3　电子商务与传统商务的比较 …… (10)
1.2.4　电子商务的特点 …… (11)
1.3　电子商务的功能与效益 …… (12)
1.3.1　电子商务的主要功能 …… (12)
1.3.2　电子商务的效益 …… (13)
习题 …… (15)
第2章　电子商务机理与模式 …… (16)
2.1　电子商务的基本框架 …… (18)
2.1.1　基础网络层 …… (19)
2.1.2　安全交易层 …… (20)
2.1.3　商务应用层 …… (20)
2.1.4　外部环境 …… (20)
2.2　电子商务系统及其组成 …… (21)
2.3　电子商务的“四流” …… (22)
2.4　电子商务的经营模式 …… (23)

2.4.1 B2B 模式 …… (23)
2.4.2 B2C 模式 …… (26)
2.4.3 C2C 模式 …… (28)
2.4.4 O2O 模式 …… (30)
2.4.5 其他类型的电子商务 …… (32)
习题 …… (35)
第 3 章 电子商务技术基础 …… (37)
3.1 计算机网络技术 …… (38)
3.1.1 计算机网络技术的概念和功能 …… (38)
3.1.2 计算机网络技术的分类 …… (39)
3.1.3 计算机网络的组成 …… (43)
3.2 Internet 技术 …… (45)
3.2.1 IP 地址与域名系统 …… (46)
3.2.2 Internet 接入技术 …… (49)
3.2.3 Internet 常用服务 …… (53)
3.2.4 Internet、Intranet 和 Extranet …… (55)
3.3 EDI 技术 …… (56)
3.3.1 EDI 概述 …… (56)
3.3.2 EDI 系统 …… (60)
3.3.3 EDI 的工作过程 …… (60)
习题 …… (61)
第 4 章 电子商务运行环境 …… (63)
4.1 电子商务的法律环境 …… (63)
4.1.1 电子交易的基本规则 …… (63)
4.1.2 电子商务的法律问题 …… (64)
4.1.3 电子商务的国内外法律环境概况 …… (68)
4.2 电子商务的信用环境 …… (69)
4.2.1 我国电子商务的信用问题 …… (69)
4.2.2 电子商务信用体系的构建 …… (70)
4.3 电子商务的税务环境 …… (72)
4.3.1 电子商务的税收问题 …… (72)
4.3.2 电子商务的税收政策 …… (74)
4.4 电子商务的其他环境 …… (77)
4.4.1 电子商务的语言环境 …… (77)
4.4.2 电子商务的文化环境 …… (77)

习题……（78）
第5章 电子商务网站建设……（80）
5.1 电子商务网站概述……（80）
5.1.1 电子商务网站的概念……（81）
5.1.2 电子商务网站的分类……（81）
5.1.3 电子商务网站的特性……（81）
5.2 电子商务网站的规划……（83）
5.2.1 电子商务网站的建设规划……（84）
5.2.2 电子商务网站规划的原则……（86）
5.3 电子商务网站的策划实施……（86）
5.3.1 网站定位……（86）
5.3.2 网站功能规划……（88）
5.3.3 网站营销规划……（90）
5.3.4 域名注册……（90）
5.4 站点建立方式的确定……（92）
5.5 Web 服务器的选择……（93）
5.6 系统软件的选择……（95）
习题……（100）
第6章 网络营销与管理……（101）
6.1 网络营销概述……（102）
6.1.1 网络营销的含义……（102）
6.1.2 网络营销的基本理论……（102）
6.1.3 网络营销的主要内容……（104）
6.1.4 网络营销的特点……（106）
6.2 网络商务信息的概念与特点收集与整理……（107）
6.2.1 网络商务信息的概念与特点……（107）
6.2.2 网络商务信息的收集……（108）
6.2.3 网络商务信息的整理……（110）
6.3 网络营销策略……（111）
6.3.1 网络营销的产品……（111）
6.3.2 网络营销的价格策略……（111）
6.3.3 网络营销的渠道策略……（115）
6.3.4 网络营销的促销策略……（117）
6.4 网络营销的实施流程……（119）
习题……（121）

第 7 章　电子支付与网上银行 …… (123)
7.1　电子货币 …… (125)
7.1.1　电子货币的发行 …… (125)
7.1.2　电子货币的分类 …… (127)
7.2　网上银行 …… (128)
7.2.1　网上银行简介 …… (128)
7.2.2　网上银行的分类 …… (133)
7.2.3　网上银行与第三方支付的区别 …… (134)
7.3　第三方支付 …… (135)
7.3.1　第三方支付的概念与特点 …… (135)
7.3.2　第三方支付的基本流程 …… (135)
7.3.3　第三方支付平台 …… (136)
7.3.4　第三方支付存在的主要问题 …… (138)
习题 …… (139)
第 8 章　电子商务与物流 …… (141)
8.1　电子商务与现代物流 …… (142)
8.1.1　物流概述 …… (142)
8.1.2　电子商务与物流的关系 …… (143)
8.2　电子商务物流技术 …… (143)
8.2.1　条码技术 …… (143)
8.2.2　RFID 技术 …… (144)
8.2.3　GPS 和 GIS 技术 …… (145)
8.2.4　物联网技术 …… (146)
8.3　电子商务物流配送 …… (146)
8.3.1　电子商务物流配送的内涵 …… (147)
8.3.2　电子商务物流配送的作用 …… (147)
8.3.3　电子商务物流配送的模式 …… (147)
8.3.4　电子商务物流配送的流程 …… (150)
8.3.5　电子商务对传统物流配送的影响 …… (152)
习题 …… (153)
第 9 章　电子商务安全与管理 …… (155)
9.1　电子商务安全概述 …… (156)
9.1.1　电子商务面临的安全问题、威胁及对策 …… (156)
9.1.2　电子商务安全的基本要求 …… (158)
9.2　电子商务安全技术 …… (162)

9.2.1 网络安全技术……（162）
9.2.2 数据加密和解密技术……（165）
9.2.3 数字认证技术……（168）
9.3 电子商务安全的管理……（172）
9.3.1 电子商务安全管理的内容和措施……（172）
9.3.2 电子商务的诚信机制……（174）
9.3.3 其他安全保障措施……（177）
习题……（180）
第 10 章 电子商务的动向……（181）
10.1 跨境电子商务……（182）
10.1.1 跨境电子商务的定义……（182）
10.1.2 跨境电子商务的分类……（182）
10.1.3 我国跨境电子商务的现状……（183）
10.1.4 跨境电子商务的流程……（184）
10.1.5 跨境电子商务平台……（185）
10.1.6 我国跨境电子商务扶持政策……（186）
10.1.7 跨境电子商务市场趋势……（186）
10.1.8 跨境电子商务十大模式……（187）
10.2 农村电子商务……（190）
10.2.1 农村电子商务的概念……（190）
10.2.2 中国农村电子商务消费市场情况……（190）
10.2.3 农村电子商务服务……（191）
10.2.4 农村电子商务存在的问题……（192）
10.2.5 加快发展农村电子商务的对策……（192）
10.3 移动电子商务……（194）
10.3.1 移动电子商务的概念……（194）
10.3.2 移动电子商务的现状……（194）
10.3.3 移动电子商务的特点……（195）
10.3.4 移动电子商务的优势……（195）
10.3.5 移动电子商务基础技术……（196）
10.3.6 移动电子商务业务类型……（197）
10.3.7 移动电子商务的发展趋势……（197）
10.3.8 移动电子商务的服务……（197）
习题……（200）
参考文献……（201）

第 1 章

电子商务概述

学习目标

1. 了解电子商务的产生、发展过程；
2. 理解电子商务的内涵与特点；
3. 把握电子商务与传统商务的区别；
4. 掌握电子商务的功能与效益。

名人名言

互联网的出现，电子商务的问世，将是继工业革命之后的又一次信息产业大革命。信息产业革命是人类有史以来最大的一次革命，也是人类几百年才有的一次机遇。

——美国前总统威廉·杰斐逊·克林顿

微二十一世纪世界上只有两种生意，就是拥有网站的企业和和将被收盘的生意，未来要么电子商务，要么无商可务。

——微软股份有限公司前 CEO 比尔·盖茨

引例

亚马逊网上书店

1994 年，杰夫·贝索斯迷上了迅速发展的 Internet，于是他辞去了财务分析师兼基金管理员的工作，与妻子来到美国西海岸的西雅图创建了亚马逊（Amazon）公司。他列出了 20 种可能在 Internet 上畅销的产品，通过认真的分析，他选择了图书。亚马逊公司于 1995 年 7 月开始营业，5 年后，亚马逊网上书店年销售额超过 6 亿美元。

在全球范围内，每时每刻都有 400 多万种图书正在印刷，然而，即使是最大的书店也不可能库存 20 万种图书。从这里，贝索斯发现了图书在线销售的战略机会。亚马逊网站主要面向家庭购物者设计，简单而实用，网页加载很快，使用起来也很方便。网站提供了多种了解和接触一本书的途径：读者评论、分类浏览清单、多维搜索能力、参照以前搜索、电子邮件通知、推荐引擎等。明显不同于在传统有实体店面的书店现场购书的方式，消费者通过“点击一次”下单，就可以在其网站上进行下单购买，亚马逊在其仓库完成配货后将其运送给购书者。

从一开始，亚马逊的商业模式就是建立在利用互联网用户环境与条件上的。亚马逊的价值提供，直接和互联网媒介所产生的独特能力有关，如客户服务。亚马逊网站购物车的应用功能列出预计的运送时间、新书通知、实时运送及取消订单通知和客户互动都利用了网站和电子邮件的通信功能，与客户有更多接触，特别面向大众市场以折扣价来提供产品服务。通过展示图书时请求并发布读者评论，将读者偏好转化为差异化竞争的来源。不仅增强写评论读者的忠诚度，而且所充当的社区功能也吸引新的读者。

“亚马逊”这个名字取得也好，既容易记，又容易让人联想起广袤的雨林。如同其亚马逊名称所寓意的，图书的选择范围十分广泛。150 万的新书及约 100 万的旧书种类，约是一般传统书店的 100 倍，给读者提供了大量可选择范围。它管理如此大规模的存货，采用的是虚拟模式，即主要和批发商保持密切合作关系，自己只实际备有其中很小一部分。它的存货周转时间远低于传统零售书商。1998 年年底，其存货每年平均周转 26 次，远高于传统竞争者的 2.7 次。由于不需要高成本的实体书店店面，成本更低，即使对 3 本以上书的订单免去运费，其成本依然比传统零售商低 8%～10%。

由于不断关注并改进图书的进货、促销、销售和运输等业务环节，杰夫 · 贝索斯和他的亚马逊网上书店成为电子商务领域最耀眼的一颗明星。

1.1 电子商务的产生与发展

1.1.1 电子商务产生的背景

电子商务的产生，是 20 世纪世界经济与社会发展发生重大变化的结果。这一时代的重大经济背景，就是经济全球化与社会信息化两大基本趋势。经济全球化与信息技术革命正在推动资本经济转变为信息经济和知识经济，强烈地影响着国际经济贸易环境，加快世界经济结构的调整与重组，不仅对商务的运作过程和方法产生了巨大的影响，甚至对人类的思维方式、经济活动方式、工作方式和生活方式也产生了重要影响，这种影响直接催生了电子商务。

（一）经济全球化

经济全球化是指各国、各地区发生的经济活动互相依存、关系越来越密切、彼此不可分离的一个不断演变的过程。对国家来说，必须把本国的经济发展目标建立在统一的世界市场的基础上，充分考虑各种可能性和可行性，制定经济社会发展战略；对企业来说，必须善于吸收他国企业的优势，进行多国企业联合的组合式生产，才能迅速将产品销往全球最需要的市场；对个人来说，必须准备迎接世界范围内的更激烈的谋职求生发展的竞争，并且善于捕捉各种各样的商机，以施展个人的才华。

经济全球化是在新科技革命的推动下加速的，其中，网络技术对它的成长尤其重要，互联网为经济生活的全球化提供了用之不竭的信息资源、灵活方便的交往手段、高速通畅的活动通道，还提供了统一的表演舞台——无所不包的网络市场。而 Internet 的发展使国界的限制作用减弱，加快全球成为“地球村”和各国民众成为“地球村”村民的步伐。

（二）社会信息化

与经济全球化潮流相呼应，社会信息化的潮流来势迅猛。信息产业在社会经济生活中的地位迅速上升，报纸、广播、电视、通信、广告、咨询等信息制作、加工、传输部门在国民经济结构中所占的比例逐渐提高。信息产业没有物质产品，只生产数字、文字、图像、声音资料，却创造出千万亿元的产值，成为许多国家的支柱产业。计算机的发明大大加快了信息产业的发展，使各种文字、数字、音像信息的制作加工大为简化，成本显著降低：而 Internet 又使信息传输的成本大幅度降低，为信息产业的发展插上了翅膀，加快了经济信息化的步伐。社会信息化具有三大主要特征，即“3A”。

1. FA

FA（Factory Automation，工厂自动化）起步很早，但限于单纯的机械加工领域，20 世纪 80 年代从电子、汽车、钢铁、石化向食品加工、建材生产和其他行业延伸。它由数控机床、机器人和计算机连接在一起，建立起多种自动生产系统和柔性生产系统。柔性生产系统即根据客户需求精确生产多品种、中小批量的灵活系统。

2. OA

20 世纪 70 年代以来，人们越来越多地通过文字处理机、计算机、复印机和传真机等办公设备处理日常事务，这被称为 OA（Office Automation，办公室自动化或办公自动化）。OA 提高了企业现代化管理水平，提高了业务效率，拉动了现代信息技术需求，也提高了政府机构和整个国民经济的运行效率。

3. HA

HA（Home Automation，家庭自动化）是指更高级的家庭生活信息系统。首先，大量的“环境控制机器”陆续进入居民家庭，这类装有微型计算机和传感器的机器主要用于家庭的防灾、防盗和能源节约；其次，各种“教育和游戏机器”大量上市，从幼儿园到中学、大学的各种家用学习软件正在普及，有些公司还开发出家庭教育系统；最后，各种应用性很强的家庭生活信息系统不断开发完善。例如，将电话机装上自动翻译系统，不懂外语的人也可以同外国人交谈。再如，网上家庭购物、在家医疗等。

3A 革命为电子商务产生的基本条件——网络化打下了广泛而坚实的基础。

第一，3A 革命创造了网络形式。例如，工厂自动化过程中建立的柔性生产系统，是由计算机控制数控机床与机器人的网络系统，其作用与功能就像计算机控制的雷达网络一样。又如，办公室自动化中出现的单位内部各种机器的联机系统，企业建立的传真系统，书店、银行、证券公司的联机系统，就是内部网的雏形与专业网络的初步形式。

第二，3A 革命提出了建立大范围的社会性网络的迫切要求。例如，家庭自动化过程中出现的建立家庭教育系统、在家医疗和在家购物等系统，是家庭自身的自动化无法解决的，有赖于社会化大规模网络的建立，从而为互联网的形成并广泛开发这些功能提供了市场，也促使人们进行了可贵的探索。

第三，3A 革命为建立形成多媒体综合功能网络打下了一定的基础。例如，在办公室自动化中研制成功的电视会议系统，即可视电话系统，为虚拟化的互联网络成为一种兼有音像实感的可动界面奠定了基础。

经济全球化和社会信息化两大潮流互相推动，互为因果，呈加速发展之势，从而为电子商务的产生与发展提供了广阔的天地。

1.1.2 电子商务的产生

电子商务是伴随着 Internet 的发展而产生的。1969 年 9 月，Arpanet（阿帕）联通 4 个站点，即加利福尼亚大学洛杉矶分校、加利福尼亚大学圣巴巴拉分校、犹他大学和斯坦福研究所（现为斯坦福国际咨询研究所），这是最早的计算机互联网络，开始利用网络进行信息交换。

电子商务最早产生于 20 世纪 60 年代，大规模发展于 20 世纪 90 年代，其产生和发展的重要条件主要有以下几个方面。

1. 经济全球化的发展

经济全球化是指世界各国的经济在生产、分配、消费各个领域发生的一体化趋势。经济全球化促进了跨国公司的发展，使国际范围内的商务活动变得频繁，而且使国际贸易成为各国经济发展的重要组成部分。经济全球化促使人们寻找合适的方式来满足这种商务活动，电子商务由此应运而生，并以其独特的优势成为这场革命中的重要力量，在国际商务活动中扮演着越来越重要的角色。

2. 计算机和互联网的发展、普及和广泛应用

近几十年来，计算机的运行速度越来越快，处理能力越来越强，价格越来越低，应用越来越广泛，这为电子商务的应用提供了基础。由于国际互联网逐渐成为全球通信与交易的媒体，全球上网用户呈级数增长趋势，快捷、安全、低成本的特点为电子商务的发展提供了应用条件。

3. 信用卡和电子金融的普及应用

信用卡以其方便、快捷、安全等优点而成为人们消费支付的重要手段，并由此形成了完善的全球性信用卡计算机网络支付与结算系统，使“一卡在手，走遍全球”成为可能，同时也成为电子商务中网上支付的重要手段。各大银行也都看到了电子商务的发展前景，纷纷推出了支持在线交易的电子金融服务，在安全技术的保障下，电子银行的发展解决了商务活动中的支付问题，成为促进电子商务发展的强大动力。

4. 电子安全交易协议的制定和安全技术的发展

1997 年 5 月 31 日，由国际组织等联合指定的电子安全交易协议（Secure Electronic Transfer Protocol，SET）出台，该协议得到了大多数厂商的认可和支持，为在网络上进行电子商务活动提供了一个关键的安全环境。计算机和网络安全技术的发展为电子商务的开展提供了技术

和安全保障，这些技术包括 HTML（Hyper Text Markup Language，超文本标记语言）、XML（Extensible Markup Language，可扩展标记语言）、数据库技术、动态网页技术、SSL（Secure Sockets Layer，安全套接层）协议、SET 协议、加密技术、防火墙技术和数字签名技术等。

5. 政府的支持与推动

自 1997 年欧洲联盟发布了欧洲电子商务协议，美国随后发布《全球电子商务纲要》以后，电子商务受到了世界各国政府的重视，许多国家的政府开始尝试“网上采购”，这为电子商务的发展提供了有力的支持。同时，各国政府都非常重视电子商务的发展，为电子商务的发展提供良好的生存环境，同时为电子商务制定法律规范和技术标准，这就保障了电子商务的合法进行和长远发展。

1.1.3 电子商务的发展

电子商务的发展基本经历了两个阶段：基于 EDI（Electronic Data Interchange，电子数据交换）的电子商务（20 世纪 60～90 年代）和基于 Internet 的电子商务（20 世纪 90 年代以来）。

1. 基于 EDI 的电子商务

EDI 在 20 世纪 60 年代末期产生于美国，当时的贸易商在使用计算机处理各类商务文件的时候发现，由人工输入一台计算机的数据的 70%是来源于另一台计算机输出的文件，为了提高数据的准确性和工作效率，人们开始尝试在贸易伙伴之间的计算机上使数据能够自动交换，EDI 应运而生。

EDI 是将业务文件按一个公认的标准从一台计算机传输到另一台计算机的电子传输方法。由于 EDI 大大减少了纸张票据，因此，人们也形象地将其称为“无纸贸易”或“无纸交易”。从技术上讲，EDI 包括硬件和软件两大部分，硬件主要指计算机网络，软件包括 EDI 专用软件及其标准。

2. 基于 Internet 的电子商务

由于使用 EDI 的费用很高，仅大型企业才会使用，限制了基于 EDI 的电子商务应用范围的扩大。20 世纪 90 年代中期后，国际互联网迅速走向普及化，逐步地从大学、科研机构走向企业和百姓家庭，其功能也已从信息共享演变为一种大众化的信息传播工具。从 1991 年起，一直排斥在互联网之外的商业贸易活动正式进入互联网，因此使电子商务成为互联网应用的最大热点。

1.1.4 全球电子商务的应用发展状况

1. 国外电子商务的应用发展状况

美国是 Internet 的发源地，也是电子商务应用最发达的国家之一。自 1992 年美国政府取消 Internet 商业应用的禁制后，电子商务推广与 Internet 扩张互为因果、互相促进，形成良性循环，在政府的鼓励和促进下（例如，1997 年以来相继提出“网络年”、“电子商务年”的概念，推动中小企业和政府部门等上网），电子商务迅速推广普及。

电子商务推广应用是一个由初级到高级、由简单到复杂的过程，对社会经济的影响也是由浅入深、从点到面。从网上相互交流需求信息、发布产品广告，到网上采购或接受订单、结算支付账款，企业应用电子商务是从少部分到大部分，直至覆盖全部业务环节。

从具体业务领域来看也是由少到多逐步发展完善的，如电子贸易的电子订单、电子发票、电子合同、电子签名；电子金融的网上银行、电子现金、电子钱包、电子资金转账；网上证券交易的电子委托、电子回执、网上查询等。Internet 就像以前的电一样正全面改变着社会生活的面貌，如网络学校、电子图书馆、网上书城、电子音乐厅、网上医院、电子社区、网上舞厅、电子棋室、网上投票、电子政府、网络幼儿园、虚拟购物中心，Internet 和电子商务的影响无所不至，日益成为人们生活中不可缺少的内容。

2. 我国电子商务未来发展趋势及规划

近年来，电子商务呈现出快速增长的势头。“十二五”期间，电子商务将被列入战略性新兴产业的重要组成部分，作为新一代信息技术的分支，将成为下一阶段信息化建设的重心。由工业和信息化部牵头、包括发展和改革委员会等九部委联合制定的《电子商务“十二五”发展规划》于 2012 年 3 月 27 日正式发布，规划提出，到 2015 年，电子商务交易额翻两番，突破 18 万亿元，在 GDP 中贡献率大幅提高。

2016 年 12 月，商务部、中共中央网络安全和信息化领导小组办公室、发展和改革委员会三部门联合印发《2016—2020 年电子商务“十三五”发展规划》，这是“十三五”时期进一步推动电子商务发展的指导性文件。该规划确立了“2020 年电子商务交易额 40 万亿元、网上零售总额 10 万亿元、相关从业者 5 000 万人”三大发展指标。据了解，该规划构建了“十三五”电子商务发展框架体系，将其归纳为五项任务：一是加快电子商务体制升级，二是推进电子商务与传统产业深度融合，三是发展电子商务要素市场，四是完善电子商务民生服务体系，五是优化电子商务治理环境。围绕发展目标和主要任务，该规划从电子商务信息基础设施建设、新业态与新市场培育、电子商务要素市场发展和电子商务新秩序建设等四方面出发共部署了 17 个专项行动，并提出了加强组织领导、完善顶层设计、推进试点示范、优化资金投入、建立监督机制和增进国际合作六个方面的保障措施。

根据《2016—2020 年电子商务“十三五”发展规划》要求，对电子商务新模式与新业态培育工作进行了如下规划。

1）线上线下融合发展行动

（1）支持制造业与电子商务融合发展。推动商业数据在产供销全流程的打通、共享使用，支持制造企业发展数据化、柔性化的生产方式，探索建立生产自动化、管理信息化、流程数据化和电子商务四层联动、线上线下融合的制造模式。引导传统制造企业发挥源头产品数据的优势，建立电子商务经销渠道，促进产品服务创新，积极探索网络化定制等生产经营方式，鼓励发展品质电商、品牌电商，进一步发挥电子商务引导生产、引领消费的积极作用。

（2）支持商贸流通业与电子商务互动创新。鼓励 B2B（Business to Business，企业对企业）电子商务平台依法合规提供供应链综合服务，开辟流通服务增量空间。支持传统商贸流通企业发展分享经济、协同经济等新模式，建立由线上线下全渠道、体验式消费场景、供应链服务平台等构成的创新经营模式，促进专业市场和商贸零售企业转型升级发展。探索培育区域电子商务平台，通过独立发展或合作发展等多种方式，多层次差异化推动一线城市、制造业基地及农产品主产区电子商务发展，提升区域内生产与流通衔接效率，提高消费服务水平，促进区域电子商务的均衡发展。

（3）支持电子商务服务民生。支持面向城乡居民提供社区消费、家政服务、远程缴费、健康医疗、教育培训等电子商务服务。支持文体、休闲类企业依托电子商务平台提升服务水平，创新数字内容产品，扩大服务覆盖范围。支持旅游景点、酒店等开展线上营销，规范发展在线旅游预订市场，推动旅游在线服务模式创新。

2）跨境电子商务发展行动

（1）推进跨境电子商务综合试验区建设。加快建立适应跨境电子商务特点的政策、监管和数据标准等体系，提高贸易各环节便利化水平。鼓励设立海外仓储和展示中心，推进 B2B 业务创新发展。总结评估并复制推广各综合试验区经验，推动全国跨境电子商务持续健康发展。推动与“一带一路”沿线国家和地区开展电子商务合作。

（2）积极参与电子商务国际规则制定。深入参与或发起跨境电子商务规则交流和谈判，积极发挥建设性推动作用。鼓励行业组织及企业参与电子商务国际标准、规范和规则体系建设。通过多双边对话，与各经济体建立互利共赢的合作机制，积极推进多双边及区域电子商务交流与合作，及时化解跨境电子商务进出口引发的贸易摩擦和纠纷。

（3）完善跨境电子商务产业链。支持各地引导本地跨境电子商务产业向规模化、标准化、集群化、规范化方向发展。培育一批影响力较大的公共服务平台、竞争力较强的外贸综合服务平台和知名度较高的交易平台。支持跨境电子商务企业围绕技术、物流、服务创新商业模式，加强与境外企业合作，通过规范的海外仓、体验店等模式融入国外零售体系，逐步实现经营规范化、管理专业化、物流标准化和监管科学化。

3）社交电子商务健康快速发展行动

（1）积极鼓励社交网络电子商务模式。鼓励社交网络发挥内容、创意及用户关系优势，建立连接电子商务的运营模式，支持健康规范的微商发展模式，为消费者提供个性化电子商务服务，刺激网络消费持续增长。

（2）鼓励和规范社交网络营销创新。鼓励电子商务企业依托新兴的视频、流媒体、直播等多样化营销方式，开展粉丝互动，如实传递商品信息，建立健康和谐的社交网络营销方式。

4）电子商务促进县域经济行动

（1）建立并完善城乡电子商务服务体系。加大政府推动力度，引导电子商务龙头企业与本地企业合作，充分利用县乡村三级资源，积极培育多种类型、多种功能的县域电子商务经营合作主体，提供商品交易、人才培养、创业孵化等各类电子商务服务，形成县域电子商务服务带动城乡协调发展的局面。

（2）提高城乡电子商务品牌及企业化经营意识。加大流通标准、安全追溯体系在电子商务领域的推广应用力度，依托电子商务助推“三品一标”建设，加速农林产品的商品化、品牌化和电商化进程，生产一批质量好、信誉佳的品牌商品，培育一批县域电子商务企业家。

（3）支持连接城乡的电子商务基础设施建设。加大城乡之间仓储配送、冷链物流等和农林地区物流服务站基础设施投入力度，创新发展双向畅通的电子商务物流模式。推动城市金融机构下乡，为村民提供便捷的网银服务。推进“宽带乡村”工程建设，探索费率优惠政策，加强县域地区 4G 无线网络覆盖。

（4）推动农资、休闲农业电商服务体系建设。充分利用信息进村入户平台、大型农业和农资电商平台、邮政、供销社等渠道，开展农资网上销售，建立农资电商配送和售后服务体系。加大城市郊区休闲农业资源开发利用，以接待服务规范、信用评价体系、地理信息系统和移动定位技术为支撑，建立统一的休闲农业线上推介、销售、服务平台和质量监管体系。

5）“电商扶贫”专项行动

（1）支持贫困地区依托电子商务对接大市场。加强贫困地区电子商务基础设施建设，组织企业与贫困户利用电子商务联动经营，开拓国内外市场，发展特色产业、特色旅游，助力精准扶贫。

（2）支持扶贫项目依托电子商务对接扶贫力量。通过电子商务扶贫公益平台、社交网络及大型电子商务平台，推广贫困地区产品或项目，积极组织消费扶贫活动，充分发挥各类社会扶贫力量的积极作用。

（3）支持依托电子商务平台就业创业实现就地脱贫。为符合条件的建档立卡贫困户开设网店提供小额信贷和创业担保贷款支持。加大各级政府部门对贫困者的帮扶力度，发挥电子商务平台积极性，组织开展电子商务培训，提供就业创业条件。

1.1.5 推动电子商务发展的因素

1. 经济因素

经济因素源于对经济效益的追求。企业在降低成本和保持竞争力的双重压力下，看到了电子商务所提供的经济效益，通过电子商务，企业可以利用低成本的技术基础设施，降低技术升级所需的成本，降低与供应商进行电子交易的成本，同时提高交易的准确性。

2. 供应链的发展

电子商务的运用可以将供应商、政府机构和公司连成一个共同的供应链，使它们能在一个系统中合作。企业以 ERP（Enterprise Resource Planning，企业资源计划）系统为工具，积极采取供应链管理策略，寻求对企业内外资源的更有效利用，是经济全球化社会企业铸造核心竞争力的关键。电子商务的运作是对订单流的全程处理，涉及市场营销、客户订单提交，企业订单接收、资金结算、原料采购、产品制造、商品配送、售后服务等企业多个部门的流程化协作处理，其本质就是基于供应链上的信息化和网络化运作。企业供应链管理的实施需求以及强大的 ERP 系统的应用支持也间接地促进了电子商务的发展。

3. 企业的管理需求

企业在管理变革中的需求，促使企业在运用电子商务的时候更加积极、主动，有助于企业管理变革的实施与完成。在管理理念、管理方式与管理工具上进行根本的变革，才能保证企业在网络时代的生成与发展。

1.2 电子商务的内涵与特点

1.2.1 电子商务的内涵

电子商务（Electronic Commerce，EC）通常是指在全球各地广泛的商业贸易活动中，在

Internet 开放的网络环境下，基于浏览器/服务器应用方式，买卖双方不谋面地进行各种商贸活动，实现消费者的网上购物、商户之间的网上交易和在线电子支付，以及各种商务活动、交易活动、金融活动和相关的综合服务活动的一种新型的商业运营模式。欧洲委员会于 1997 年把电子商务定义为“以电子方式进行商务交易”，美国在《全球电子商务纲要》中称：电子商务是利用互联网进行的各项商务，包括广告、交易、支付、服务等活动。

随着以微电子、计算机、通信和网络技术为代表的电子信息技术的发展，电子信息技术作为工具被引入商贸活动中，产生了电子商务。

各国政府、学者、企业界人士都根据自己所处的地位和对电子商务的参与程度，给出了许多表述不同的定义，但终究没有形成完全一致的看法。

下面所列是其中一些较为系统和全面的定义。

（1）国际标准化组织（International Organization for Standardition，ISO）的定义：电子商务是企业之间、企业与消费者之间信息内容与需求交换的一种通用术语。

（2）全球信息基础设施委员会的定义：电子商务是运用电子通信作为手段的经济活动，通过这种方式，人们可以对带有经济价值的产品和服务进行宣传、购买和结算。

（3）联合国国际贸易法律委员会的定义：电子商务是采用 EDI 和其他通信方式增进国际贸易职能的一种商务模式。

（4）欧洲委员会对电子商务的定义：电子商务就是以电子方式进行商务交易。

（5）国际商会在巴黎举行的世界电子商务大会上对电子商务的定义：从业务上讲，电子商务是指实现整个贸易活动的电子化，交易各方以电子交易方式进行的各种形式的商业交易；从技术上讲，电子商务是一种多技术的集合体，包括交换数据，如 EDI、电子邮件；获得数据，如共享数据库、电子公告板；自动捕获数据，如条形码等。

（6）IBM（International Business Machines Corporation，国际商用机器公司）提出的电子商务定义：电子商务＝Web＋IT。它包括三个部分：企业内部网（Intranet）、企业外部网（Extranet）、电子商务，它所强调的是在网络计算机环境下的商业化应用，是把买方、卖方、厂商及其合作伙伴在 Internet、Intranet、Extranet 结合起来的应用。

综上所述，对电子商务的定义应强调两点：一是活动要有商业背景，二是网络化和数字化。

电子商务的主要成分是“商务”，是在“电子”基础上的商务，主要从以下四个方面来理解：①电子商务的前提是商务信息化；②电子商务的核心是人；③电子商务的工具必然是现代化工具；④电子商务活动的虚拟化。

由此，可归纳电子商务的定义。电子商务通常是指通过现代通信技术，特别是 Internet 技术进行的商务活动。

1.2.2　电子商务与其他学科的关系

要进入电子商务领域，一般要进行系统的学习与生造，那么了解电子商务的相关学科，对走进这个领域也是重要的。电子商务专业是融计算机科学、市场营销学、管理学、法学和现代物流为一体的新型交叉学科，目的是培养掌握计算机信息技术、市场营销、国际贸易、管理、法律和现代物流的基本理论及基础知识的相关业务人才，使其具有利用网络开展商务活动的能力和利用计算机信息技术、现代物流方法改善企业管理方法，从而达到企业需要的能提高企业管理水平能力的创新型复合型电子商务高级专门人才。

1.2.3 电子商务与传统商务的比较

电子商务极大提高了传统商务活动的效益和效率。Internet 上的电子商务与传统商务体系相比有其自身的独特优点，这些优点包括以下五个方面。

1. 全新时空优势

传统的商务是以固定不变的销售地点（商店）和固定不变的销售时间为特征的店铺式销售。Internet 上的销售通过以信息库为特征的网上商店进行，所以它的销售空间随网络体系的延伸而延伸，没有任何地理障碍；它的零售时间由消费者即网上用户自己决定。因此，Internet 上的销售相对于传统销售模式具有全新的时空优势，这种优势可在更大程度、更大范围满足网上用户的消费需求，事实上 Internet 上的购物已没有了国界，也没有了昼夜之别。

2. 减轻物资的依赖，全方位展示产品及服务的优势

传统企业的经营活动必须有一定物质基础才可能开展业务活动，而通过 Internet 可以创办虚拟企业，如网上商店和网上银行开设和发展基本不需要很多的实物基础设施，同时企业还可以将节省费用转让给消费者，这正是网上书店亚马逊为什么能给消费者提供传统书店无法提供的优惠折扣原因所在。

同时，网络上的销售可以利用网上多媒体的性能，可以全方位展示产品及服务功能的内部结构，从而有助于消费者在完全地认识了商品或服务后，再去购买。传统的销售在店铺中虽然可以把真实的商品展示给顾客，但对一般顾客而言，对所购商品的认识往往是很浮浅的，也无法了解商品的内在质量，顾客往往容易被商品的外观、包装等外在因素所影响。从理论上说，消费者理性地购买，既能提高自己的消费效用，又能节约社会资源。

3. 减少库存，降低交易成本

企业为应付变化莫测的市场需求，不得不保持一定库存产品和原材料库存。产生库存的根本原因是信息不畅，以信息技术为基础的电子商务则可以改变企业决策中的信息不确切和不及时问题。通过 Internet 可以将市场需求信息传递给企业决策生产，同时企业的需求信息可以马上传递给供应商，使其适时补充供给，从而实现零库存管理。同时，通过网络营销活动，企业可以提高营销效率和降低促销费用。据统计，在互联网上做广告可以提高销售数量 10 倍，而它的成本是传统广告的 1/10；而且，电子商务可以降低采购成本，因为借助 Internet 企业可以在全球市场寻求最优惠价格的供应商，减少中间环节。有资料表明，使用 EDI 通常可以为企业节省 5%～10%的采购成本。

4. 密切用户关系，加深用户了解的优势

由于 Internet 的实时互动式沟通，以及没有任何外界因素干扰，使得产品或服务的消费者更易表达出自己对产品或服务的评价，这种评价一方面使网上的零售商可以更深入了解用户的内在需求。另一方面，零售商的即时互动式沟通促进了两者之间的密切关系。

5. 减少中间环节，降低交易费用的优势

电子商务重新定义了传统的流通模式，减少了中间环节，使得生产者和消费者的直接交易成为可能，从而在一定程度上改变了整个社会经济运行的方式。

电子商务提供企业虚拟的全球性贸易环境，大大提高了商务活动的水平和服务质量。新型的商务通信通道的优越性是显而易见的，其优点包括以下几个。

（1）大大提高了通信速度，尤其是国际范围内的通信速度。

（2）节省了潜在开支。例如，电子邮件节省了通信邮费，而电子数据交换则大大节省了管理和人员环节的开销。

（3）增加了客户和供货方的联系。例如，电子商务系统网络站点使得客户和供货方均能了解对方的最新数据，而 EDI 则意味着企业间的合作得到了加强。

（4）提高了服务质量，能以一种快捷方便的方式提供企业及其产品的信息及客户所需的服务。

（5）提供了交互式的销售渠道，使商家能及时得到市场反馈，改进本身的工作。

（6）提供全天候的服务，即每年 365 天，每天 24 小时的服务。

（7）电子商务增强了企业的竞争力，这也是最重要的一点。

正是由于电子商务具有这些特性与优势，才使得它具有广泛的应用价值和蓬勃的发展前景。

1.2.4　电子商务的特点

与传统的商务活动模式相比，电子商务有以下几个特点。

1）不受空间、时间的限制

互联网络可以一天 24 小时、一年 365 天营业，并能迅速采集顾客购买意向，借助数据库分析顾客的购买行为，向顾客提供咨询、采购等服务，而且还能快速地更新商品信息，调整商品对市场需求和流通趋势的适应性。网上的业务可以开展到传统营销人员销售和广告促销所达不到的市场范围，凡是能够上网的人，无论是在哪里网，都将被包容在一个市场中，有可能成为上网企业的客户。例如，我国重庆一位卖土特产的农民，通过互联网将其产品卖到美国一个未曾谋面的公司。

2）交易快捷化

电子商务能在世界各地瞬间完成传递与计算机自动处理，而且无须人员干预，加快了交易速度。

3）交易虚拟化

通过互联网进行的贸易活动，贸易双方从开始洽谈、签约到订货、支付等，无须当面进行，均通过计算机互联网络完成，整个交易都可在网络这个虚拟化的环境中进行。

4）交易成本低

通过网络进行商务活动，信息成本低，足不出户，可节省交通费；减少了交易环节，减少了中介费用；实现了“无纸贸易”，可减少 90%的文件处理费用；企业利用内部网可实现“无纸办公”，降低了管理成本等，因此使整个交易活动成本大大降低。

5）交易透明化

电子商务中的双方的洽谈、签约，以及货款的支付、交货的通知等整个交易过程都在电子屏幕上显示，因此显得比较透明。

6）交易标准化

电子商务的操作要求按统一的标准进行。

7）交易连续化

国际互联网的网页可以实现24小时的服务。任何人都可以在任何时候在网上查询信息，寻找问题的答案。企业的网址成为永久性的地址，为全球的用户提供不间断的信息源。

1.3 电子商务的功能与效益

1.3.1 电子商务的主要功能

电子商务可提供网上交易和管理等全过程的服务，因此它具有广告宣传、咨询洽谈、网上订购、网上支付、电子账户、服务传递、意见征询、交易管理等各项功能。

1）广告宣传

电子商务可凭借企业的Web服务器和客户的浏览，在Internet上发布各类商业信息。客户可借助网上的检索工具（Search）迅速地找到所需商品信息，而商家可利用网上主页（HomePage）和电子邮件在全球范围内进行广告宣传。与以往的各类广告相比，网上的广告成本最为低廉，而带给顾客的信息量最为丰富。

2）咨询洽谈

电子商务可借助非实时的电子邮件、新闻组（News Group）和实时的讨论组（Chat）来了解市场和商品信息、洽谈交易事务，如有进一步的需求，还可用网上的白板会议（White Board Conference）来交流即时的图形信息。网上的咨询和洽谈能超越人们面对面洽谈的限制、提供多种方便的异地交谈形式。

3）网上订购

电子商务可借助Web中的邮件交互传送实现网上的订购。网上的订购通常都是在产品介绍的页面上提供订购提示信息和订购交互格式框。当客户填完订购单后，通常系统会回复确认信息单来保证订收到购信息。订购信息也可采用加密的方式使客户和商家的商业信息不会泄漏。

4）网上支付

电子商务要成为一个完整的过程，网上支付是重要的环节。客户和商家之间可采用信用卡账号进行支付。在网上直接采用电子支付手段将可省略交易中很多人员的开销。网上支付将需要更为可靠的信息传输安全性控制，以防止欺骗、窃听、冒用等非法行为。

5）电子账户

网上的支付必须要由电子金融来支持，即银行或信用卡公司及保险公司等金融单位要为金融服务提供网上操作的服务。而电子账户管理是其基本的组成部分。

信用卡号或银行账号都是电子账户的一种标志。而其可信度需配以必要技术措施来保证。例如，数字证书、数字签名、加密等手段的应用提供了电子账户操作的安全性。

6）服务传递

对于已付款的客户应将其订购的货物尽快地传递到他们的手中。而有些货物在本地，有些货物在异地，电子邮件将能在网络中进行物流的调配。而最适合在网上直接传递的货物是信息产品，如软件、电子读物、信息服务等。它能直接从电子仓库中将货物发到用户端。

7）意见征询

电子商务能十分方便地采用网页上的“选择”、“填空”等格式文件来收集用户对销售服务的反馈意见。这样使企业的市场运营能形成一个封闭的回路。客户的反馈意见不仅能提高售后服务的水平，更使企业获得改进产品、发现市场的商业机会。

8）交易管理

整个交易的管理将涉及人、财、物多个方面，企业和企业、企业和客户及企业内部等各方面的协调和管理。因此，交易管理是涉及商务活动全过程的管理。

电子商务的发展，将会提供一个良好的交易管理的网络环境及多种多样的应用服务系统。这样，能保障电子商务获得更广泛的应用。

1.3.2 电子商务的效益

1. 电子商务的经济效益

电子商务不断发展、不断完善不但取得了革命性的成果，使企业的促销、采购及办公成本大大降低。通过在线服务宣传，树立企业形象和品牌，提高了企业的生产质量和经营效益，对整个经济的发展都产生了深远影响。

电子商务的发展有利于促进我国产业结构调整，推动经济增长方式由粗放型向集约型转变，提高国民经济运行质量和效率，形成国民经济发展的新动力，实现经济社会的全面协调可持续发展。加快电子商务发展是应对经济全球化挑战、把握发展主动权、提高国际竞争力的必然选择，有利于提高我国在全球范围内配置资源的能力，提升我国经济的国际地位。推广电子商务应用是完善我国社会主义市场经济体制的有效措施，将有力地促进商品和各种要素的流动，消除妨碍公平竞争的制约因素，降低交易成本，推动全国统一市场的形成与完善，更好地实现市场对资源的基础性配置作用。

2. 电子商务的社会效益

电子商务正迅速地渗透到社会生活的方方面面，已成为当今 IT 行业最为热门的话题和竞争的焦点，同时也为社会带来社会效益。

（1）促进全社会经济发展。贸易范围无限扩大而形成了全球贸易活动，贸易机会和交易量极大增加，促使全球范围内的经济形势向良好的增长趋势发展。

（2）促进知识经济的发展。知识经济以信息产业为核心和主要推动力，电子商务是信息产业的最为重要的一个组成部分，电子商务的发展会直接或间接地促进知识经济及相关方面的发展。

（3）促进新行业的出现。在电子商务条件下，传统的模式发生了重大的变化，经济管理从集中走向分散，社会分工方式发生了变化，产生了大量的新兴行业，从而创造了更多的就业机会和社会财富。

案例分析

“破烂村”到“淘宝村”的转变

江苏徐州睢宁县沙集镇东风村在短短4年时间，由一个“破烂村”变成一个电子商务化的“淘宝村”。这一电子商务成功案例吸引了日本、德国等外媒以及中国大陆的主流媒体聚焦。一个乡村，因为电子商务而出名，其发展模式引人注目。

东风村就在沙集镇边上，从睢宁县城驱车20多分钟便到了。镇上有一幅大型的广告招牌，上面写着“最佳网商沃土奖”——2010年9月，阿里巴巴召开“第七届全球网商大会”时将此奖唯一授予沙集镇。之后阿里巴巴发起召开“农村电子商务暨‘沙集模式’高层研讨会”，东风村迎来中国社会科学院院信息化研究中心、国务院研究中心、商务部、工业和信息化部、农业部、国家工商行政管理总局等“国”字号贵宾。

东风村的崛起离不开孙寒、陈雷和夏凯这三位创业青年。孙寒创办的家具加工厂门口挂着三块牌子，一块是公司招牌，一块是“大学生村官网络创业示范基地”，另一块是“共青团睢宁县委青年网络示范基地”。

而在他们带头经营淘宝网店销售简易家居前，拥有1180多户人家的东风村多数从事废旧塑料加工，被人称为“垃圾村”，但东风村也积累了“商务经验”。“如果没有这个从商经历，东风村不可能变成‘淘宝村’。”目前，东风村已有网店1000多家，开网店的农户已超过400户，营业额超过3亿元，不少店主月收入超万元。

孙寒毕业于南京林业大学，大专文凭，当过保安，帮过亲戚做生意，每月工资仅为300元。孙寒还去酒吧做过服务生，也做过群众演员。后来他回到睢宁县移动公司上班，月薪3000元，却因为倒卖公司做促销活动的手机赚差价被迫辞职。失业后，整天摆弄电脑的孙寒一度成了父母的心病。当时为了安装宽带上网，孙寒天天去镇上的电信局软磨硬泡，请相关人员吃饭才安装上宽带。孙寒先在网上卖手机充值卡，一个晚上就卖了30张，于是他发现电子商务可以成为“生存手段”。

2006年，孙寒开了淘宝网店，经营一些小的家具饰品和挂件，每月净利润有2000多元，可以满足日常生活了，但孙寒并不满足，当时他发现淘宝上同类型网店已有1万多家，竞争非常激烈，利润空间很小，自己的网店很难成为自己“主要的生存手段”，他开始谋求销售新产品。2007年，孙寒只身前往上海，发现了宜家家居超市。经过在网络上调查，孙寒发现宜家这种时尚简约的家具很有市场，利润空间也很可观，“于是我当机立断赶回家中，开始了对木制家具生产的探索”。孙寒草根创业，模仿宜家做廉价简易家具，被人称为“山寨宜家产品”。

一开始，孙寒寻找当地木匠代工，他拿着2000元创始资金寻找木匠。接下来，村民们开始发现孙寒每天都在家里发货几十单，却从来看不到顾客上门付钱，也没有实体店铺，于是议论：这孩子是不是在搞传销啊？当初为了保密，孙寒开淘宝店的事情只有两个好朋友陈雷和夏凯知道。三个人便一起创业，他们不仅在当地找到木匠仿制出宜家风格的家具，而且低价时髦，满足了都市白领兼顾时尚和实用的需求，在淘宝上卖得很好。

不久，知情后的村民模仿他们开网店，开公司，亲戚带亲戚，朋友带朋友，电子商务迅速复制。原来经营废塑料回收的村民看到网商在网上卖家具，不出家门就能赚到钱也纷纷弃旧学新。2009 年，更有一大批年轻人陆续返乡开店创业，其中不少是大学毕业生。夏河山便是其中一位返乡大学毕业生，他告诉记者，一年营业额是 100 多万元，利润率是 10%，赚得比新工作的白领还多。

走进孙寒的家具加工厂，迎面就是一个大车间，十几名工人正在操作现代化的机械制造简易家具。孙寒向记者介绍，2007 年他先投入 10 多万元创办了家具加工坊，2010 年又投资 100 多万元升级为拥有现代化设备的加工厂，目前一年营业额 500 多万元，以 20%的毛利润测算，孙寒已经成为“百万富翁”。孙寒还在建设新厂房，源源不断的订单需要他继续扩大规模。孙寒的加工厂现在不仅能生产简易家具，也能生产板式家具、实木家具、实木床家具，开始从单纯仿制到自主创新，试图从“山寨宜家村”转型为“您身边的家具定制专家”。

分析：

1. 从“破烂村”成为电子商务化的“淘宝村”的东风村有何值得创业者思考？
2. 东风村的发展模式是否可模仿？

习　　题

一、选择题

1. 亚马逊网上书店是（　　）正式上线的。
   A．1992 年　B．1994 年　C．1995 年　D．1997 年
2. 阿里巴巴网站是（　　）上线的。
   A．1998 年　B．1999 年　C．2000 年　D．2003 年
3. 中国网络零售市场规模超过美国成为世界第一名，是在（　　）。
   A．2008 年　B．2010 年　C．2013 年　D．2015 年
4. 狭义的电子商务不包括（　　）环节。
   A．购买　B．销售　C．交换　D．客服

二、思考题

1. 电子商务的内涵是什么？
2. 电子商务的发展背景是什么？
3. 我国电子商务的发展历程是什么？
4. 电子商务发展的制约因素是什么？
5. 电子商务发展所带来的经济和社会效益是什么？

三、技能实训题

在日常生活中，你从事的电子商务活动有哪些？介绍两个常用的电子商务的网站，并分享它的主要功能。

第2章

电子商务机理与模式

学习目标

1. 熟悉电子商务的基本框架；
2. 了解电子商务系统及其组成；
3. 掌握电子商务中的“四流”；
4. 掌握电子商务的经营模式。

名人名言

我深信不疑我们的模式会赚钱，亚马逊是世界上最长的河，8848是世界上最高的山，阿里巴巴是世界上最富有的宝藏。一个好的企业靠输血是活不久的，关键是自己造血。

——阿里巴巴集团CEO马云

阿里巴巴的六脉神剑就是阿里巴巴的价值观：诚信、敬业、激情、拥抱变化、团队合作、客户第一。

——阿里巴巴集团CEO马云

引例

弃鲸鱼抓虾米

在“2004 CCTV 中国经济年度人物”颁奖典礼上，马云说：“一个男人的才华与他的智商是成反比的。”引得全场一片欢呼。他为中国中小企业创造了一个“芝麻开门”的神话，成为影响中国经济的人物。《福布斯》的封面文章曾这样介绍他：凸出的颧骨，扭曲的头发，淘气的露齿而笑，拥有一副五英尺①高、一百磅重的顽童模样，这个长相怪异的人有拿破仑一样的身材，同时也有拿破仑一样的伟大志向……

1. 杭州小商人学会宏观思考问题

马云于1984年考入杭州师范大学外语系，毕业后在杭州电子工业学院教英语。1991年，

① 1英尺=0.304 8千米。

马云初涉商海，和朋友成立海博翻译社，结果第一个月收入 700 元，房租 2000 元。在大家开始动摇的时候，马云坚信：只要做下去，一定有前景。于是他一个人背着个大麻袋到义乌、广州去进货，开始卖礼品、鲜花，以最原始的小商品买卖来维持运转。两年后，马云不仅养活了翻译社，组织了杭州第一个英语角，同时还成了全院课程最多的老师。初次下海给马云的感受是“我一直的理念，就是真正想赚钱的人必须把钱看轻，如果脑子里都是钱，一定不可能赚钱”。

马云首次接触到互联网是在 1995 年年初，这对不懂电脑的马云来说是一个新领域的冲击。他发现当时网上没有任何关于中国的资料，出于好奇，便请人做了一个翻译社的网页，没想到 3 个小时就收到 4 封邮件。马云敏锐意识到：互联网必将改变世界。虽然此时的马云已经是杭州十大杰出青年教师，但是看好互联网未来、特立独行的马云毅然下海，开始筹备创业。“当时觉得互联网不错，就找了 24 个人到我家里，对着他们讲了 2 个小时，他们没听懂，我自己也没讲明白，最后说到底怎么样？其中 23 个人说算了吧，只有一个人说你可以试试看，不行赶紧逃回来。想了一晚上，第二天一早我还是决定继续做，于是成立了中国黄页。其实我知道，即使 24 个人都反对，我也会做下去。”创建企业黄页网站，每天出门对陌生人讲互联网的神奇，请他人同意付钱把企业的资料放到网上。没有人相信他，因为在那时，人们不知道互联网。在那段时间里，马云过的是一种被人视为骗子的生活。但是，马云的网站为上网的企业带来了客户，他的网站盈利了。

1996 年，马云的营业额达到了 700 万元。1997 年，在国家对外经济贸易部的邀请下，马云带着自己的创业班子建立了对外经济贸易部官方网站、网上中国商品交易市场、网上中国技术出口交易会、中国招商、网上中国进出口交易会、中国对外经济贸易部等一系列国家级站点。当马云回顾这段经历时说：“在这之前，我只是一个杭州的小商人。在对外经济贸易部的工作经历，使我知道了国家未来的发展方向，学会了从宏观上思考问题，我不再是井底之蛙。”

2. “弃鲸鱼抓虾米”为中小企业“芝麻”开门

“弃鲸鱼而抓虾米，放弃 15%大企业，只做 85%中小企业的生意。”这是马云在开始涉足电子商务领域时所做的决断。“如果把企业也分成富人、穷人，那么互联网就是穷人的世界。因为大企业有专门的信息渠道，有巨额广告费，小企业什么都没有，它们才是最需要互联网的。”马云要做的事就是提供这样的一个平台，将全球中小企业的进出口信息汇集起来，1999 年 3 月 10 日，阿里巴巴公司在马云家中创立。

《亚洲华尔街日报》总编当时参观过过阿里巴巴，“没日没夜地工作，地上有一个睡袋，谁累了就钻进去睡一会儿。”他笑称：“阿里巴巴是中国电子商务的阿里妈妈。”在拒绝 38 家风险投资后，马云接受投资集团 500 万美元的投资，度过了创业初期。当提到为何将网站名称起为神话故事的名字，马云说：“因为最早创立这家公司的时候，我们希望它能成为全世界的十大网站之一，也希望全世界只要是商人一定要用到我们。你既然有这样一个想法，你就需要有一个优秀的品牌、优秀的名字让全世界的人都记得住，我没有想在中国做一个网站，而是想在全世界做一个网站，那时候就想了很多天，最后觉得阿里巴巴这个名字很好，顾客记得住，在全世界的发音也都一样。然后我觉得阿里巴巴是一个比较善良正直的青年，他希望把财富给别人而不是自己抓财富。所以我们后来说这英文叫 Open Sesami，给中小型企业网上“芝麻”开门。”

当时国内正是互联网“热潮”涌动的时刻，但无论是投资商还是公众，其注意力始终放在门户网站上。马云在这个时候建立电子商务网站，在国内是一个逆势而为的举动，在整个互联网界开创了一种崭新的模式，被国际媒体称为继雅虎、亚马逊、eBay 之后的第四种互联网模式。

2000 年 9 月 10 日，阿里巴巴成立一周年之际，马云邀请金庸、新浪的王志东、网易的丁磊、搜狐的张朝阳以及 8848 的王峻涛等。这些人首次坐到一起共同探讨互联网的发展和对策。此活动后来改为了一年一度的“西湖论剑”，成为中国互联网界的年度盛事。

6 年后，阿里巴巴成为全球著名的 B2B 电子商务服务公司，管理运营着全球最大的网上贸易市场和商人社区——阿里巴巴网站，为来自 220 多个国家和地区的 600 多万企业和商人提供网上商务服务，是全球首家拥有百万商人的商务网站。在全球网站浏览量排名中，稳居国际商务及贸易类网站第一位。阿里巴巴两次被哈佛大学商学院选为 MBA 案例，在美国学术界掀起研究热潮，连续五次被美国财经杂志《福布斯》选为全球最佳 B2B 站点之一，多次被相关机构评为全球最受欢迎的 B2B 网站、中国商务类优秀网站、中国百家优秀网站、中国最佳贸易网，被国内外媒体、硅谷和国外风险投资家誉为与雅虎、亚马逊、eBay、AOL 比肩的五大互联网商务流派代表之一。阿里巴巴创始人、首席执行官马云被世界经济论坛选为“未来领袖”、被美国亚洲商业协会选为“商业领袖”，是 50 年来第一位成为《福布斯》封面人物的中国企业家，并曾多次应邀为全球高等学府麻省理工学院、沃顿商学院、哈佛大学讲学。

阿里巴巴成立以来，全球十几种语言 400 多家新闻传媒对阿里巴巴的追踪报道从未间断，阿里巴巴被传媒界誉为“真正的世界级品牌”。2003 年，阿里巴巴实现了一天收入 100 万元；2004 年，实现了一天利润 100 万元；2005 年，阿里巴巴又实现了一天缴税 100 万元……

3. 102 年企业和全球十大网站之一

阿里巴巴的远景目标是“成为一家持续发展 102 年的企业，成为全球十大网站之一”。

2.1 电子商务的基本框架

企业开展电子商务需要电子商务基本框架来指导。电子商务的一般框架是指实现电子商务的技术保证和电子商务应用所涉及的领域。电子商务的系统框架一般包括三个层次，即基础网络层、安全交易层、商务应用层，另外还包括技术、法律、物流等外部环境，如图 2.1 所示。

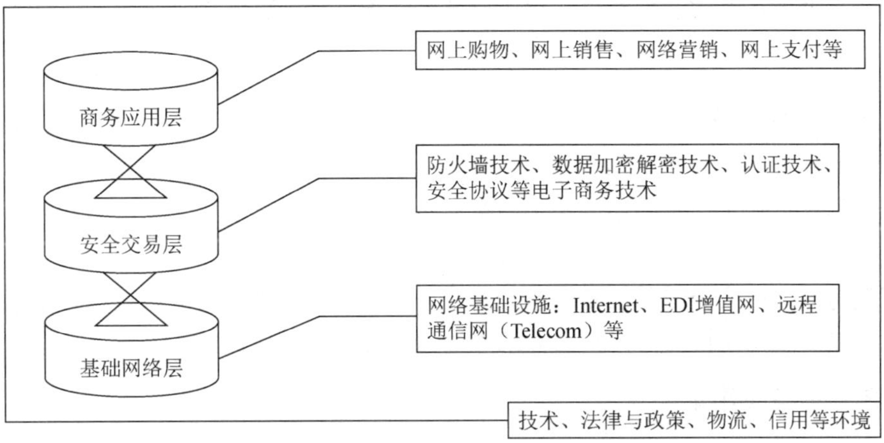

图 2.1　电子商务框架模型

2.1.1　基础网络层

电子商务系统的基础网络层主要是指各种硬软件构成的网络基础设施，即“信息高速公路”。基础网络层是电子商务的网络基础设施，是信息传输系统，主要包括：Internet、EDI 增值网、远程通信网、有线电视网、无线通信网（Wireless）等。

远程通信网包括公用交换电话网（Public Switched Telephone Network，PSTN）、公用数字网（Pubic Data Network，PDN）、综合业务数字网（Integrated Services Digital Nerwork，ISDN）等；无线通信网包括移动通信系统、微波通信系统和卫星通信系统。这些不同的网络都提供了电子商务信息传输的线路，但是大部分的电子商务应用还是基于 Internet。

按照网络的覆盖范围，电子商务系统的网络层次可以分为三个部分：Intranet、Extranet、Internet，如图 2.2 所示。

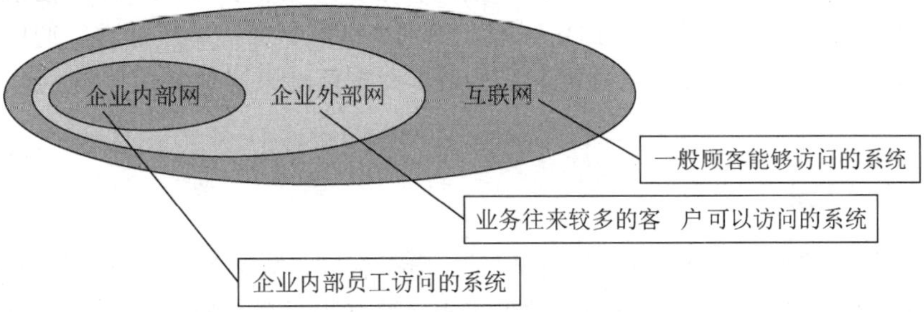

图 2.2　电子商务系统的网络层次

基础网络层是电子商务的信息传输系统。经营计算机网络服务的是互联网网络接入服务供应商（Internet Access Provider，IAP）和内容服务供应商（Internet Content Provider，ICP），统称为网络服务供应商（Internet Service Provider，ISP）。

近年来，我国的信息基础设施、网络的规模以及技术水平、服务水平迅速发展，这为电子商务的发展奠定了必要的物质基础。目前已经逐步形成了一些较大的互联网络中心，如中国公用计算机互联网、中国科技网、中国教育网等，然而网络基础设施仍是制约我国电子商务发展的主要瓶颈。因此，要想促进电子商务的快速发展，就必须加大对网络基础设施建设的投入。

2.1.2 安全交易层

电子商务发展的核心和关键问题是交易的安全性，这是网上交易的基础，也是电子商务技术的难点所在。作为一个安全的电子商务系统，要满足信息的保密性、完整性、不可否认性，以及交易者身份的真实性和系统的可靠性等安全要求。

电子商务系统的安全交易层是在基础网络平台的基础上借助防火墙技术、数据加密解密技术、认证技术、安全协议等电子商务技术所构筑的安全平台。

2.1.3 商务应用层

商务应用层在整个电子商务系统的顶层，面向电子商务系统最终用户。它是电子商务系统的核心组成部分。电子商务的应用范围十分广泛，包括网上购物、网上销售、网络营销、网上支付、供应链管理、其他企业内部管理系统等商务应用活动。

2.1.4 外部环境

电子商务系统的外部环境主要包括技术环境、法律与政策环境、物流环境和信用环境。技术标准是保证电子商务正常开展和安全性的技术保障，同时，所有商务活动要在现有的法律法规和政策制度允许的范围内开展。

1. 技术标准环境

技术标准是信息发布、传递的基础，是网络信息一致性的保障。为了保证商务数据或单证能被不同国家、不同行业贸易伙伴的计算机系统识别处理，就需要有统一的数据格式和交易标准。电子商务标准体系包括公共标准、网络标准、应用平台标准和应用技术标准。电子商务有许多重要技术应用标准，如 EDI 标准、识别卡标准、商品编码标准、通信网络标准和其他相关标准。我国电子商务技术标准起步较晚、许多标准未成体系因素制约着我国电子商务的发展。

2. 法律与政策环境

电子商务的法律规范涵盖了知识产权保护、电子合同、数字签名、网络犯罪等诸多方面。电子商务方面的公共政策是指政府制订的促进电子商务发展的宏观政策。随着电子商务的发展，由此引发的问题和纠纷不断增加，原有的法律法规已经不能适应新的发展环境，在一定程度上制约着电子商务的发展，制定新的法律、法规并形成成熟统一的法律体系，成为世界各国发展电子商务的必然趋势。

3. 物流环境

随着电子商务时代的到来，对大多数有形商品来说物流仍要经由物理的方式传输，使得送货上门等业务成为一项极为重要的服务业务，这极大地促进了物流行业的兴起。而在发展过程中，物流不仅成为有形商品网上交易的一个障碍，而且也已成为有形商品网上商务活动能否顺利进行和发展的一个关键因素。因此，电子商务优势的发挥需要有一个与电子商务相适应的，高效、合理、畅通的物流体系。

4. 信用环境

在电子商务条件下，商务活动是在网络中进行研究的，买卖双方在网上沟通、签订电子合同、使用数字签名和电子支付等，改变了传统商务模式中面对面的交易方式，因此商业信用体系的建立对电子商务来说就显得更加重要。

电子商务系统的外部环境除了以上四个外，还和其他因素有关，如网络的普及程度、企业领导对电子商务的重视程度等。

2.2　电子商务系统及其组成

电子商务系统是指帮助企业完成电子商务活动的信息系统，是保证以电子商务为基础的网上交易得以实现的体系。电子商务系统是由许多系统角色构成的一个大系统。电子商务系统的主要角色有采购者、供应者、支付中心、认证中心、物流中心、电子商务服务商等。电子商务的价值主要体现在与企业结合，特别是与传统企业进行整合，提升企业的竞争能力上。电子商务的实质是企业利用电子方式在客户、供应商和合作伙伴之间，实现在线交易、相互协作和价值交换。除了支持在网上交易中购销的活动外，更强调交易流程的整体效率与效益的提升。商家通过网上交易市场开发新的市场及客户群、维护老顾客、提升供应链效率，从而为企业扩大市场收入，降低运营成本，赢得更高的投资回报创造良好的条件。

然而在电子商务的实际应用过程中，由于各企业的性质和规模存在一定的差异，因此电子商务实现的要求各不相同。就像有的企业是面向消费者的，有的电子商务服务是面向供应商或销售商的，甚至两者兼而有之；在商务活动上有电子采购和在线客户服务等。具体来说，电子商务系统的参与主体如图 2.3 所示。

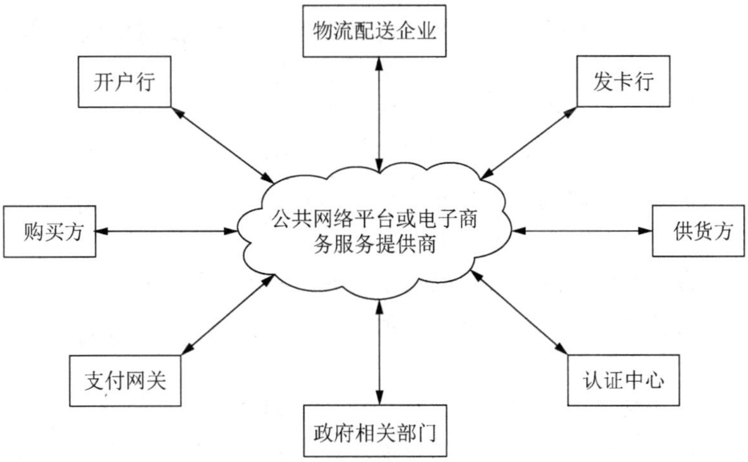

图 2.3　电子商务系统的主要参与主体

其中，购买方是指电子商务系统的客户，如企业、组织或个人消费者；也有可能是另一家企业的购买行为，购买商品作企业生产或转售。

供货方即卖方，主要是指企业、商家或网上商城平台，他们通过网络或网站展开商务活动，展示商品并完成交易过程。供货方在电子商务中为客户提供相应的货物或服务。

电子商务系统中的银行包括卖方的开户行和买方的发卡行，通过网络来提供方便的买卖双方的在线电子支付和结算，为商务交易中的买卖双方提供 24 小时全天候的实时服务。

认证中心又被称为 CA（Certificate Authority，电子商务认证授权机构）认证中心。认证中心一般是由买方、卖方及银行都信任的第四方担任，负责为各实体颁发数字证书，并负责在交易中检验证书。数字证书是一个包含证书持有人的个人信息、公开密钥、证书序列号、有效期、发证机关的数字签名等内容的数字文件。它是认证中心为个人、企事业单位和政府机构签发的“网上身份证”。

公共网络平台或者电子商务服务提供商是指为电子商务参与各方提供信息传递与交换服务的公告通信网络平台，或提供电子商务服务的机构。

支付网关是银行金融网络系统和 Internet 网络之间的接口。

物流配送是完成“一手交钱，一手交货”的交货服务，即将商品送到购买者手中，并提供商品流向的跟踪查询服务。物流配送企业是提供商品运送服务的专业化部门，是电子商务系统中重要的参与主体之一，也是制约电子商务发展的瓶颈。

政府相关部门是电子商务活动的管理机构，主要是指工商、税务、海关等国家机关，起着对电子商务交易进行宏观管理与监控的作用。

2.3 电子商务的“四流”

众所周知，经济活动发展离不开“四流”：商流、信息流、资金流和物流。而电子商务的发展也是围绕这“四流”来展开的。众多对策和措施是为了顺利实现四流的运转而设计的，是企业与供应商之间、企业相互之间及企业与客户之间高效沟通的四条主线。因此，从“四流”的角度，我们可以得出一个大的电子商务框架，如图 2.4 所示。

（1）商流：一种买卖或者说是一种交易活动过程。

（2）信息流：既包括商品信息的提供、促销、行销、技术支持、售后服务等内容，也包括诸如询价单、报价单、付款通知单、转账通知单等商业贸易单证，还包括交易方的支付能力、支付信誉等。

（3）资金流：资金的转移过程，包括付款、转账、汇兑等过程。

（4）物流：物资实体（商品和服务）的流动过程，具体指运输、储存、配送、装卸、保管、物流信息管理等各种活动。

所以，在电子商务交易活动中，商流是动机和目的，信息流是手段，资金流是条件，物流是过程。这些都是为了企业和企业链满足最终客户的需要而形成的。

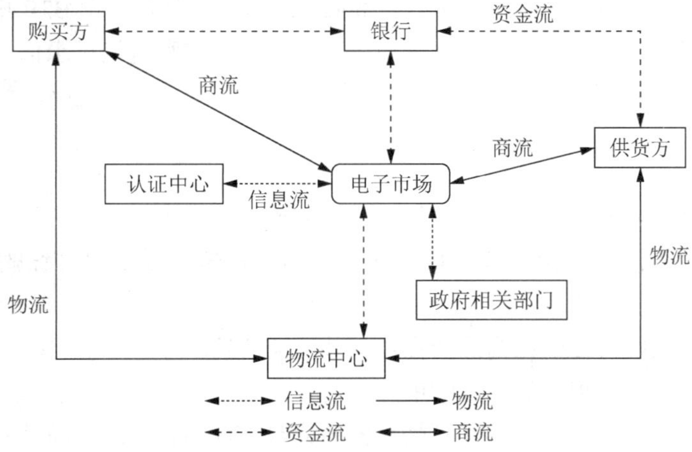

图 2.4　电子商务的“四流”

2.4　电子商务的经营模式

电子商务经营模式是指电子化企业（E-business）如何运用资讯科技与互联网，来经营企业的方式。电子商务的主要参与主体有 B（Business，企业）、C（Consumer，消费者）、G（Government，政府）。按照电子商务参与主体不同进行分类，电子商务主要分为 B2B、B2C、C2C（Consumer to Consumer，消费者对消费者）、O2O（Online To Offline，线上线下）、其他类型等经营模式。

2.4.1　B2B 模式

1. B2B 模式概述

B2B 电子商务是企业对企业的电子商务，或者说是企业间的电子商务交易模式，即企业与企业之间通过互联网进行产品、服务及信息的交换。目前，世界上 80%的电子商务交易额是在企业之间完成，而不是企业和消费者之间完成的。通俗的说法是指进行电子商务交易的供需双方都是商家（或企业、公司），他们使用了 Internet 的技术或各种商务网络平台，完成商务交易的过程。这些过程包括发布供求信息，订货及确认订货，支付过程及票据的签发、传送和接收等。

B2B 电子商务模式是电子商务中的最主要模式。它是指企业在开放的网络中寻求贸易伙伴、谈判、订购到结算的整个贸易过程。通过电子商务，处于生产领域的商品生产企业可以根据买方的需求和数量进行生产，以及实现个性化的生产；处于流通领域的商贸企业可以更及时、准确地获取消费者信息，从而准确订货，减少库存，并通过网络促进销售，提高效率、降低成本，获取更大的利益。在 B2B 电子商务运行模式中，参与主体主要包括认证机构、采购商、供应商、B2B 服务平台、物流配送中心、网上银行等。

B2B 电子商务有两种基本模式：一种是在企业间直接进行，如制造商的在线采购和在线供货；另一种是通过第三方网站平台进行。例如，阿里巴巴就是一个 B2B 电子商务网站，中小企业可以通过阿里巴巴网进行企业间的电子商务，如发布和查询供求信息，与潜在客户或供应商进行在线交流和商务洽谈等。

2. B2B 在线交易流程

B2B 的交易流程按电子商务交易应遵循的基本程序有以下几个。

（1）采购方向供应方发出交易意向，提出商品报价请求并询问打算购买的商品的详细信息。

（2）供应方向采购方提供该商品的报价，并反馈信息。

（3）采购方向供应方提出商品订购单。

（4）供应方对采购方提出的商品订购单做出应答，说明有无此商品及目前存货的规格型号、品种、质量等信息。

（5）采购方根据供应方的应答决定是否对订购单进行调整，并最终做出购买商品信息的决定。

（6）采购方向供应方提出商品运输要求，明确使用的运输工具和交货地点等信息。

（7）供应方向采购方发出发货通知，说明所用运输公司的名称、交货的时间、地点、所用的运输设备和包装等信息。

（8）采购方向供应方发回收货通知。

（9）交易双方收发汇款通知。采购方发出汇款通知，供应方告之收款信息。

（10）供应方备货并开出电子发票，采购方收到货物，供应方收到货款，整个 B2B 交易流程结束。

如果是外贸企业，中间还将涉及海关、商检、国际运输、外汇结算等业务。

3. B2B 的主要特点

（1）相对于 B2C 和 C2C 来说，B2B 的交易次数会相对较少，但交易金额往往会大于前两者。

（2）从较传统的企业间的交易来看，B2B 的交易操作相对规范化、标准化及流程化，大大降低了企业的经营成本及时间，大大提高了工作效率。

（3）从较传统的企业间的交易来看，B2B 交易不再受地区限制，可以横跨各大洲。

（4）从较传统的企业间的交易来看，B2B 交易对象广泛，可以是任何一种产品原料，也可以是半成品或成品。

4. 我国 B2B 市场规模

B2B 市场规模正处于上升通道，根据艾瑞咨询集团 2015 年中国电子商务市场交易数据，2015 年中国 B2B 电子商务市场交易规模达 11.8 万亿元。B2B 电子商务仍有较大的发展空间。根据工业和信息化部《信息化和工业化深度融合专项行动计划（2013—2018）》和艾媒咨询集团综合评估估值模型预测：B2B 市场规模在未来数年内仍将维持平稳增长，并将在 2018 年超过 18 万亿元，如图 2.5 所示。

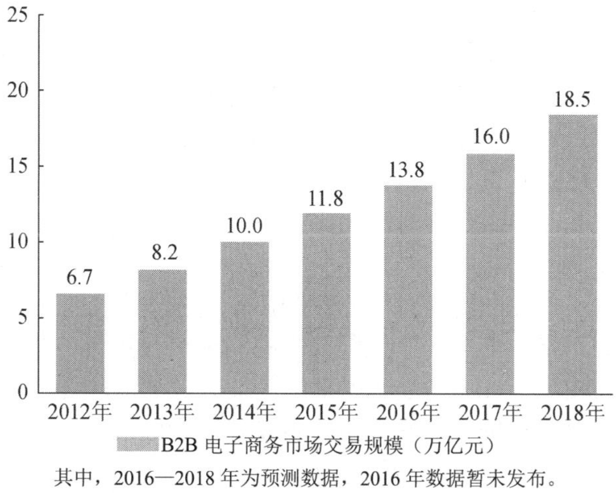

图 2.5　中国 B2B 电子商务市场交易规模

5. B2B 网站实例

据中国 B2B 电子商务网（www.100ec.cn/zt/B2B）企业库据库监测显示，近两年中国 B2B 电商垂直领域快速崛起，正在“撬动”中国具备万亿市场规模相对“封闭”的领域。目前在 B2B 市场包括综合类的阿里巴巴、环球资源、慧聪网等；钢铁类的上海钢联、中钢网等；服纺类的中国服装网、环球鞋网等；化塑类的找塑料网、环球塑化网等；农业类的小农女、云农场等；旅游类的票管家、旅游圈等；快消类的易酒批、品尚汇等；医药类的珍诚医药、药给力等；印包类的中国包装网、七彩云等；IC（Intergrated Circuit，集成电路）元器件类的华强电子市场网、维库电子市场网等。当前著名的 B2B 网站有阿里巴巴、慧聪网、中国制造网、环球资源网、敦煌网、中国化工网等。

6. B2B 电子商务模式典型代表企业——阿里巴巴

1）简介

阿里巴巴是目前全球最大的专门从事 B2B 业务的服务运营商，为福布斯连续 5 年全球最佳 B2B 网站，多次被相关机构评为全球最受欢迎的 B2B 网站、中国商务类优秀网站、中国百家优秀网站、中国最佳贸易网。

阿里巴巴的运行模式为注册会员提供贸易平台和资讯收发，使企业和企业通过网络做成生意、达成交易。服务的级别则是按照收费的不同，针对目标企业的类型不同，由高到低、从粗至精阶梯分布。阿里巴巴其实就是把一种贴着标有阿里巴巴品牌商标的资讯服务，贩卖给各类需要这种服务的中小企业、私营业主，为目标企业提供了传统线下贸易之外的另一种全新的途径——网上贸易。

2）发展历程

阿里巴巴于 1999 年 3 月开始创建，投资 50 万元，1999 年 7 月在我国香港成立阿里巴巴中国控股有限公司，即总公司，9 月在杭州成立阿里巴巴（中国）网络技术有限公司，即中国区总部，这时有 2 万会员；10 月引入 500 万美元风险投资资金；1999 年年底有 8.9 万会员；

2000 年 1 月日本互联网投资公司入股 2000 万美元，达到 50 万会员；2001 年 6 月韩文站在韩国汉城[1]正式开通；2001 年 12 月开始赢利，注册有 100 万商人会员，成为全球首家会员超过百万的商务网；2002 年 2 月日本亚洲投资公司投资；2002 年 3 月与商人会员创建诚信的网上商务社区；2002 年 10 月日文网站正式开通；2002 年年底盈利，冲破现金盈利 600 万元；2003 年 5 月提前实现当月每日 100 万元人民币；2003 年 7 月 7 日宣布投资 1 亿元用于建设淘宝网站，阿里巴巴只做信息流，不做资金流和物流业务。

3）经营模式

依托阿里巴巴网站（中文、英文、日文三个版本），来聚拢企业会员，将其整合成一个不断扩张的庞大买卖交互网络，形成一个无限膨胀的网上交易市场，通过向非付费、付费会员提供、出售资讯和更高端服务，赢得越来越多的企业会员注册加盟。

阿里巴巴在充分调研企业需求的基础上，将企业登录汇聚的信息整合分类，形成网站独具特色的栏目，使企业用户获得有效的信息和服务。

4）定位——全品类综合 B2B 平台

阿里巴巴面向国内批发市场，以批发和采购为核心，如图 2.6 所示。2015 年正式上线全球货源平台，成为集团跨境进口战略的重要环节，打通海外原产地与中国零售商家的中间链条。

阿里巴巴国际站面向国外批发市场，帮助中小企业拓展国际贸易的出口营销推广服务，向海外买家展示、推广供应商的企业和产品，进而获得贸易商集合订单。

图 2.6　阿里巴巴网站

2.4.2　B2C 模式

1. B2C 模式概述

B2C 就是企业通过网络将产品或服务销售给个人消费者，即企业厂商直接将产品或服务推上网络，并提供充足资讯与便利的接口吸引消费者选购。B2C 模式是我国最早应用的电子商务模式，以天猫商城为标志，目前采用 B2C 模式的主要以当当网、亚马逊等为代表。这也是目前一般的电子商务模式。例如，网络购物、证券公司网络下单作业、一般网站的资料查

① 汉城：今为首尔。

询作业等，都是属于企业直接接触顾客的作业方式。

B2C 模式是我国最早产生的电子商务模式，如今的 B2C 电子商务网站非常多，比较大型的有天猫、京东商城、唯品会、1 号店等。

2. B2C 在线交易流程

以消费者进行网上购物为例，B2C 交易的过程如下。

（1）消费者使用自己的计算机，通过互联网搜索想要购买的商品。

（2）消费者在网上浏览，选购所需的商品并将其放入购物车内，填写系统自动生成的订货单，包括商品名称、数量、单价、总价等，并注明将此商品何时送到何地以及交给何人等详细信息。

（3）通过服务器与有关商店联系并取得应答，商店告诉消费者所购货物的单价、应付款数、交货等信息。

（4）消费者确认上述信息后，用电子钱包付款。在系统中装入并打开电子钱包，输入自己的密码口令，取出其中的电子信用卡进行付款。

（5）电子信用卡号码被加密发送到相应的银行，网上商店收到订购单，等待银行的付款确认。当然商店不知道也不应该知道顾客的信用卡信息，无权也无法处理信用卡中的钱款。

（6）如果付款不成功，则说明信用卡上的钱款已经超过透支限额或者是上了黑名单，消费者已不能使用该卡。消费者可再次打开电子钱包，取出另一张电子信用卡，重复上述操作。

（7）如果经银行证明信用卡有效并已授权，网上商店就可付货，同时销售商店留下整个交易过程中发生往来的财务数据，并出示一份电子收据发送给消费者。

（8）在上述交易成交后，网上商店就按照消费者提供的电子订单，将货物在指定地点交到消费者指明的收货人手中。

就上述电子购物而言，在实际进行过程中，即从顾客输入订货单后开始到拿到销售商店出具的电子收据为止的全过程仅用 5～20 秒的时间。这种电子购物方式十分省事、省力、省时。B2C 平台仍然是很多企业选择网上销售平台的第一目标。

3. B2C 交易商品的特点

B2C 电子商务模式最大的特点是商品的交易完全通过网络的方式进行，从消费者到网上挑选和比较商品开始，到网上购物支付和物流配送以及售后服务，是一条龙通过网络为媒介完成的，企业和消费者之间不进行面对面的交易。因此，B2C 模式交易的商品有如下特点。

（1）适合在网上销售。这是 B2C 电子商务模式对产品的特殊要求。只有能通过电子传输的产品和服务，如电影、Flash、电子杂志等，才适合在网上销售，这样的产品被当作 B2C 电子商务最好的目标产品，在网上实施全天候服务，实时交易，商品传递速度快。

（2）商品的搜索成本低。这是因为适合做电子商务的商品大多是书、音乐和光盘等。

（3）具有标准化、不易变质、适合传递等特征。例如，小型数码产品适合做电子商务，这是因为在网上销售的商品受限较多，如没有库存，不能完全真实地感受信息及物流配送的特点等，一般要求网上商品具有标准化、不易变质、适合传递等特征。

4. B2C 模式的主要特点

（1）降低消费者的购买成本：消费者为了购买一件自己想要的商品，不用花时间跑遍所有的商城。另外，由于卖家在网上开店不需要大量的资金投入（不用租赁门面、交纳国家税收），因此降低了开店成本，降低了商品的成本，所以也就降低了商品的售价，这样消费者在网络上购买的商品通常会比实体店便宜。

（2）商品不受区域限制：网络商店没有区域界限，只要能上网，世界各地的消费者都可以成为客户。同理，只要上网，消费者就可以购买到世界各地的商品。

（3）可以对所有同类商品进行比价（给消费者带来实惠）：只要是网络上存在的所有商品，就可以进行清晰的比价，通过单击就可以列出所有的相同商品，同时进行价格排列，让消费者在最短时间内找到商品的最低售价。

5. 中国 B2C 网站市场份额占比

如图 2.7 所示，据中国电子商务研究中心报告，B2C 网络零售市场占有率，2016 年上半年中国 B2C 网络零售市场，天猫排名第一位，占 53.2%份额；京东商城名列第二位，占据 24.8%份额；唯品会位于第三位，占 3.8%份额；位于 4～10 名的电商依次为：苏宁易购（3.3%）、国美在线（2.2%）、亚马逊中国（1.6%）、1 号店（1.5%）、当当（1.4%）、聚美优品（0.8%）、易迅网（0.3%）。

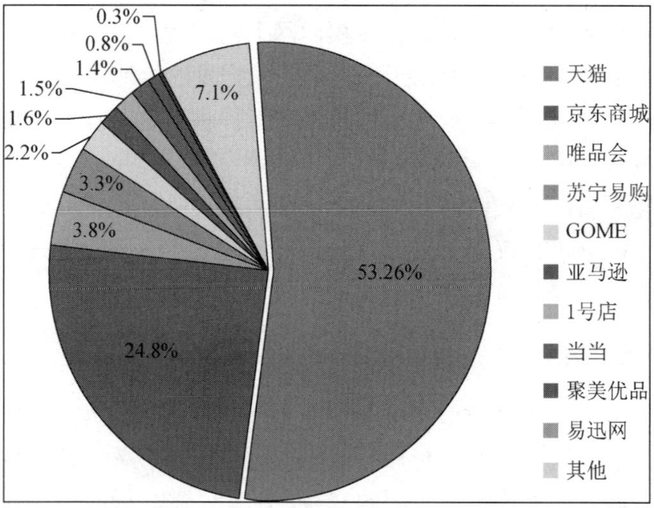

图 2.7 2016 年（上）中国 B2C 网站市场份额占比

2.4.3 C2C 模式

1. C2C 模式概述

C2C 是个人对个人的电子商务模式，C2C 电子商务平台是通过为买卖双方提供一个在线交易平台，使卖方可以主动提供商品并上网拍卖，而买方可以自行选择商品进行竞价。

C2C 是指消费者与消费者之间的互动交易行为，这种交易方式是多变的。例如，消费者可同在某一竞标网站或拍卖网站中，共同在线上出价而由价高者得标。或由消费者自行在网络新闻论坛或 BBS 上张贴布告以出售二手货品，甚至是新品，诸如此类因消费者间的互动而完成的交易，就是 C2C 的交易。其代表是 eBay、淘宝网电子商务模式。

C2C 模式的产生以 1998 年 eBay 的成立为标志，目前采用 C2C 模式的主要以 eBay、淘宝等为代表。C2C 电子商务模式是一种个人对个人的网上交易行为，目前 C2C 电子商务企业采用的运作模式是通过为买卖双方搭建拍卖平台，按比例收取交易费用，或者提供平台方便个人在平台上开设网上商店，以会员制的方式收取服务费。

2. C2C 在线交易流程

以交易者网上竞拍为例，C2C 在线交易流程如下。

（1）交易者登录 C2C 类型网站，注册相关信息。

（2）卖方发布拍卖商品的信息，确定起拍价格和竞价幅度、截止日期等信息。

（3）买方查询商品信息，参与网上竞价过程。

（4）双方成交，买方付款，卖方交货，完成交易。

目前竞标拍卖已经成为决定稀有物价格最有效率的方法之一，如古董、名人物品、稀有邮票等，只要需求面大于供给面的物品，就可以使用拍卖的模式决定最佳市场价格。拍卖会商品的价格因为欲购者的彼此相较而逐渐升高，最后由最想买到商品的买家用最高价买到商品，而卖家则以市场所能接受的最高价格卖出商品，这就是传统的 C2C 竞标模式。

C2C 竞标网站中的竞标物品是多样化而毫无限制的，商品提供者可能是邻居，也可能是跨国大企业；货品可是自制的糕饼，也可能是毕加索的真迹名画。且 C2C 并不局限于物品与货币的交易，在这虚拟的网站中，买卖双方可选择以物易物，或以人力资源交换商品。例如，一位家庭主妇以准备一桌筵席的服务，换取心理医生一节心灵澄静之旅，这就是参加网络竞标交易的魅力，网站经营者不负责物流，而是协助市场资讯的汇集，以及建立信用平等制度。买卖两方消费者，自行商量交货和付款方式，每个人都可以创造一笔交易。

3. C2C 模式的主要特点

（1）辅助性：C2C 电子商务对于人类的日常活动来说，是一种互换有无、互相方便的一种买卖关系，对人类正常购买行为的辅助。

（2）节约性：C2C 电子商务的节约性体现在对生活资源的节约上，真正的 C2C 交易主要应该是二手商品，对二手商品的再次利用本身就是对地球资源的节约，是对人类当前无当消费模式的一种矫正，当然，信息搜寻成本的节约、买卖过程的节约也是 C2C 节约性的体现。

（3）繁杂性：无论 C2C 中消费者的信息，还是 C2C 上海量的虚拟商品信息以及少量的消费者的言论评价信息，都说明了 C2C 的繁杂性。另外，C2C 交易形式的随意性和多元性也是 C2C 繁杂性的体现。

（4）创造性：C2C 电子商务模式不是专业化的模式，而是广大消费者具有创意的交易形式，在 C2C 交易中，网络消费者可以选择物物交换，也可以选择议价交换，还可以选择拍卖方式，即网络消费者完全可以选择任意一种交易方式，当然，网络消费者之间还可以创造出新的交易形式。

4. C2C 网站实例：淘宝网

淘宝网是较大的网络零售、商圈，是 C2C 个人网上交易平台，主要用于商品网上零售，是国内最大的 C2C 网站。淘宝网首页如图 2.8 所示。

图 2.8　淘宝网首页

截至 2016 年 7 月 1 日，淘宝网站总覆盖人数 11 343.70 万人。截至 2014 年年底，淘宝网拥有注册会员近 5 亿，日活跃用户超 1.2 亿，在线商品数量达到 10 亿，在 C2C 市场，淘宝网占 95.1%的市场份额。淘宝网在手机端的发展势头迅猛，据易观 2014 年最新发布的手机购物报告数字，手机淘宝+天猫的市场份额达到 85.1%。随着淘宝网规模的扩大和用户数量的增加，淘宝也从单一的 C2C 网络集市变成包括 C2C、团购、分销、拍卖等多种电子商务模式在内的综合性零售商圈。淘宝网目前已经成为世界范围的电子商务交易平台之一。

2.4.4　O2O 模式

1. O2O 模式概述

O2O 即是近年来新兴起的一种新的电子商务商业模式，也即将线下商务的机会与互联网结合在一起，让互联网成为线下交易的前台。这样线下服务就可以用线上来揽客，消费者可以用线上来筛选服务，在线结算。该模式最重要的特点是推广效果可查，每笔交易可跟踪。O2O 营销模式的核心是在线预付。

O2O 通过网购导购机制，把互联网与地面店对接，实现互联网“落地”。让消费者在享受线上优惠价格的同时，又可享受线下贴心的服务。中国较早转型 O2O 并成熟运营的企业代表为家具网购市场领先的美乐乐，其 O2O 模式具体表现为线上家具网与线下体验馆的双平台运营，国内首家社区电子商务开创者九社区是鼻祖。

2. O2O 交易流程

（1）线上平台（移动网站、移动 APP 应用、PC 网站等）通过与线下商家沟通，就商品或服务及开展经营活动的时间达成协议。

（2）线上平台通过各种渠道和推广手段将准备开展的经营活动向自身的用户进行推介，用户则向线上平台付款而获得线上平台提供的商品或服务消费“凭证”。

（3）用户持“凭证”到线下商家获取商品或享受服务。

（4）用户获得商品或享受服务后，线上平台与线下商家进行结算，线上平台获得一定比例的佣金，线下商家获得提供商品或服务的款项，完成交易。

3. O2O 模式分类

1）轻型 O2O

电子商务平台解决人与商品的关系，而本地生活消费平台即 O2O 解决人与服务的关系。轻型 O2O 本地服务介入程度浅，如大众点评、美团、易到用车；它的优势是资产相对较轻、属于网络型应用、易于跟踪数据、流量购买相对容易、团队构成单一、文化冲突较少。

2）重型 O2O

重型 O2O 本地服务的介入程度较深，如安居客、神州租车、到家美食会等。重型 O2O 的优势：对服务体验有较强的控制和保障，在商家合作中有较强议价能力，能很快收到佣金，能提供个性化服务，而且不易被复制。重型 O2O 面临的挑战：实体资产比例大，规模化难度大，推广有较大限制，团队构建难度高。

4. O2O 营销模式的主要特点

（1）O2O 对用户而言具有的特点：①获取更丰富、全面的商家及其服务的内容信息。②更加便捷地向商家在线咨询并进行预售。③获得相比线下直接消费较为便宜的价格。

（2）O2O 对商家而言具有的特点：①能够获得更多的宣传、展示机会，吸引更多新客户到店消费。②推广效果可查，每笔交易可跟踪。③掌握用户数据，大大提升对老客户的维护与营销效果。④通过与用户进行沟通、释疑更好地了解用户心理。⑤通过在线有效预订等方式合理安排经营模式，节约成本。⑥对拉动新品、新店的消费更加快捷。⑦降低线下实体对黄金地段旺铺的依赖，大大减少租金支出。

5. O2O 的典型企业

传统的 B2C 商业模式采用的是网上订购＋物流配送的方式，但是无法使顾客体验服务，针对商品和服务必须到店消费的情况，O2O 即将线下商务的机会与互联网结合起来让互联网成为线下交易的前台。O2O 可以称得上是商业中的“红娘”。O2O 的典型企业见表 2-1。

表 2-1　O2O 的典型企业

行业	典型企业
餐饮业	百度外卖、饿了么
票务	格瓦拉电影、大麦网
美业	嘟嘟美甲、河狸家
旅游业	携程网、途牛网
房产业	途家、蚂蚁短租
家装业	土巴兔、齐家网

续表

行业	典型企业
医药医疗	好药师、药给力
租车打车	滴滴打车、神州租车
家政服务	58 同城、e 家洁
在线教育	好未来、学大教育
亲子母婴	红孩子、宝宝树

2.4.5 其他类型的电子商务

1. C2B 模式

C2B（Customer to Business，消费者对企业）是电子商务模式的一种，即消费者对企业的电子商务模式，最先流行于美国。C2B 模式的核心是通过聚合分散分布但数量庞大的用户形成一个强大的采购集团，以此来改变 B2C 模式中用户一对一出价的弱势地位，使之享受到以批发商的价格购买单件商品的优惠。

1）C2B 平台的主要特点。

① 具有革命性，它将商品的主导权和先发权由厂商转交给消费者。

② 强调由“汇聚需求（demand aggregator）”取代传统“汇聚供应商”的购物中心形态，被视为是一种接近完美的交易形式。

③ 充分利用 Internet 的特点，把分散的消费者及其购买需求聚合起来，形成类似于集团购买的大订单。在采购过程中，以数量优势同厂商进行价格谈判，争取最优惠的折扣。个体消费者可享受到以批发商价格购买单件商品的实际利益，从而增加了其参与感与成就感。

C2B 模式企业主要有海比网、去哪儿、响应网等。

2. G2B 与 G2C 模式

企业与政府之间的电子商务涵盖了政府与企业间的各项事务，包括政府采购、税收、商检、管理条例发布，以及法规政策颁布等。政府一方面作为消费者，可以通过 Internet 发布自己的采购清单，公开、透明、高效、廉洁地完成所需物品的采购；另一方面，政府对企业宏观调控、指导规范、监督管理的职能通过网络以电子商务方式更能充分、及时地发挥。借助于网络及其他信息技术，政府职能部门能更及时全面地获取所需信息，做出正确决策，做到快速反应，能迅速、直接地将政策法规及调控信息传达于企业，起到管理与服务的作用。在电子商务中，政府还有一个重要作用，就是对电子商务的推动、管理和规范作用。

政府机构对企业的电子商务（Government to Business，G2B）可以覆盖政府组织与企业间的许多事务，如政府采购。政府采购是一种公共经济行为，其宗旨是降低成本，反腐倡廉，调控市场。通过政府采购可以将政府的管理向透明化、高效率转型，同时在管理的取向上，向科学化、服务性靠拢；政府通过提供企业报税、进出口报关、企业办事、招商投资、招标公告、中标公告等服务内容，向企业和个人投资者提供办事、政策、信用、财经、招标、投资、产业等相关服务。

政府机构对公众的电子商务（Government to Customer，G2C）是指政府通过各级政府网站，向民众提供市民办事、便民公告、政策答疑、民意调查、福利费发放、个人缴税等服务内容，引导公民方便地获得政务、办事、旅游、生活等方面的信息咨询及服务。G2C 的主要特点是辅助政府办公，这些模式典型的如徐行经济城等。

案例分析

中国网上零售传奇——天猫

1. 天猫商城的基本情况

1）天猫的发展历程

淘宝网是亚洲及太平洋地区最大的网络零售商圈，致力打造全球领先网络零售商圈，由阿里巴巴于 2003 年 5 月 10 日投资创立。天猫原名淘宝商城，于 2008 年 4 月 10 日建立，是一个购物网站。淘宝网全新打造的 B2C 平台整合了数千家品牌商、生产商，为商家和消费者之间提供一站式解决方案，提供 100%品质保证的商品，7 天无理由退货的售后服务，以及购物积分返现等优质服务。2012 年 1 月 11 日，淘宝商城正式宣布更名为“天猫”。2012 年 3 月 29 日，天猫发布全新 Logo 形象。迄今为止，天猫已经拥有 4 亿多买家、5 万多家商户、7 万多个品牌。天猫首页如图 2.9 所示。

2）天猫文化

猫是性感而有品位的，天猫网购代表的就是时尚、性感、潮流和品质；猫天生挑剔，挑剔品质，挑剔品牌，挑剔环境，这恰好就是天猫网购要全力打造的品质。天猫是时尚、性感、潮流、品质的代名词和化身。

天猫的目标是成为网购世界的第五大街、香榭丽大道，成为全球 B2C 的地标，为消费者提供最时尚、潮流的商品。天猫坚持对品质的追求，对消费体验的追求，围绕客户需求进行不断的创新。天猫坚持开放合作，追求构建和谐商业生态环境，实现自身健康成长，最终成为全球最大的 B2C 平台。

图 2.9 天猫首页

2. 天猫商业模式创新

1）天猫 B2C 经营模式

天猫、京东商城和凡客是三大 B2C 电商品牌。其三者的商业模式有所不同：天猫只做平台，让商家入驻。

天猫的模式是做网络销售平台，卖家可以通过这个平台销售各种商品，这种模式类似于现实生活中的百货大楼，每个商家在这个网络“百货大楼”里面交一定的租金就可以销售商品，即提供商家销售东西的平台。天猫不直接参与销售任何商品，但是商家在做生意的时候要按照天猫的规定，不能违规，否则会被处罚。这个网络“百货大楼”会提高租金以赚取更多的利润，商家如不交就会被赶到（淘宝）集市上“摆摊”。而不服管制的业主也会与商城的负责人理论。

2）天猫盈利模式

天猫建立了一种新的 B2C 模式，传统的 B2C 的盈利模式主要是压低生产商的价格，进而在采购价与销售价之间赚取差价。新的 B2C 模式则让生产商直接充当卖方的角色，直接让生产商获取更大的利益，天猫作为一个平台只收取一定的技术服务费。这种模式中间省去了分销环节，使电子商务直接介入商品从生产到价值变现的流程中。

3. 天猫核心竞争力——数据分析

马云曾经说过：“21 世纪实际的竞争就是数据的竞争。”可见现代化的网络已经演变成数据的载体，天猫的核心竞争力也是数据分析。从数据中我们可以看到消费者的购买行为和心理，以及想要购买的商品，好像可以看透一个人，数据分析就是这么神奇。

与传统的商务模式相比，电子商务能够方便记录消费者的购买行为数据，而基于数据分析挖掘进行针对性的营销推广和产品研发设计将是电子商务的核心竞争力。

亚马逊就根据不同的用户设计出不同的服务套餐，例如，针对学生就根据其年级进行相应的图书推荐，并根据时间的推移将其更改为相应年级阶段的图书推荐；对孕妇分不同怀孕阶段进行产品推荐，并在生产后进行相应的婴幼儿产品推荐。在产品设计中，也能通过数据发现不同用户群的产品偏好，从而设计出针对性的产品。

因此，对电商网站而言，应加强对核心竞争力建设方面的研发投入，而不只是为了一时的销售额，才是电子商务未来能否获取成功的关键。

4. 结论与建议

天猫将 B2C 业务贴上了独立的标签，全力打造商家与合作伙伴的服务平台，成为专门为广大商家尤其是品牌商家提供绝佳的电子商务的平台，吸引更具品牌价值的商户提供更多高品质商品，满足市场的变化和需求。同时对消费者的诉求，潮流的生活通过品牌的打造展示出来，通过各种消费细节，最后让消费者理解和确认这是一个有品质和服务的地方。

从淘宝商城更名天猫以后，名字变了，要走的路线也有变化，天猫的三个关键词是品质、时尚、多元化。提出这三个关键词不是淡化销售，而是看中天猫销售是更加理性的，是回归到本质的。过去的几年在天猫里面卖得比较好的可能是过季产品，要占库存的商品中，拿到网上卖，卖得也比较好。很多品牌定性：把所谓的清仓放到互联网上销售。

分析：

1. 天猫从 2008 年淘宝商城建立开始，短短几年取得了巨大的成功，你认为这种成功与阿里巴巴 B2B 以及淘宝 C2C 的发展有哪些联系。

2. 我国 B2C 的发展存在哪些问题？应该怎么解决？

习　　题

一、选择题

1．天猫属于（　　）模式的电子商务网站。

A．B2C　　B．B2B　　C．O2O　　D．B2G

2．阿里巴巴属于（　　）类型的平台。

A．全球企业间（B2B）电子商务

B．小额批发零售垂直平台 B2C

C．小额零售综合门户平台 C2C

D．专业第三方服务平台

3．B2C 电子商务是按照（　　）标准分类的结果。

A．主体的性质　　B．数字化程度

C．使用的网络类型　　D．主体所属关境

4．（　　）术语是不属于电子商务范畴的。

A．B2C　　B．B2B　　C．P2P　　D．B2G

5．一淘网主要提供的属于（　　）服务。

A．购物门户　　B．比较购物助手　　C．消费者社团网　　D．信用认证网站

二、思考题

1．B2B 和 B2C 两种交易模式有哪些区别？并举例说明。

2．在 C2C 业务流程中，关键环节在哪里？

3．传统企业在 O2O 电商征途上如何取得成效？

三、技能实训题

1．登录阿里巴巴、天猫、京东商城等网站，了解各个交易模式的电商网站特点以及主要模块，分析这些网站经营模式的异同点和每个网站的营销特色。

2．B2B 电子商务平台的选择调研：如果你是你家乡所在地区重庆 XX 食品有限公司的业务员，想着手利用 B2B 电子商务平台推广企业产品或服务，对阿里巴巴、环球资源、中国制造网、慧聪网、中国化工网等 B2B 网站进行调研，最后为企业提出相应的建议，并将调查结果填入表 2-2。

表 2-2　调查结果

网站名称	网站类型	服务种类	网站特色	盈利模式	调研结论
阿里巴巴					
环球资源					
中国制造网					
慧聪网					
敦煌网					
中国化工网					

第3章

电子商务技术基础

学习目标

1. 掌握计算机网络技术的概念和功能;
2. 理解计算机网络技术的分类和网络软件的组成;
3. 掌握 Internet 技术及 Internet 接入技术、Internet 常用服务;
4. 理解 EDI 技术。

名人名言

互联网精神和硬件的完美结合有三个关键词：测量、连接和智慧。其中，连接人和人的是腾讯，连接人和交易的是阿里巴巴，连接人和信息的是百度，第四种是连接服务，所依靠的就是手机这个平台。

——搜狗 CEO 王小川

引例

亚马逊的云计算服务

亚马逊是全球最大的在线图书零售商，在发展主营业务即在线图书零售的过程中，亚马逊为支撑业务的发展，在全美部署 IT 基础设施，其中包括存储服务器、带宽、CPU 资源。

亚马逊于 2006 年推出了 AWS 服务，帮助其他公司利用亚马逊数据中心的设备运行网络应用。通过 AWS，这些企业将没有必要再购买软硬件设备，也不必再聘请 IT 工程师来管理这些技术基础设施。

从 2010 年左右开始，AWS 逐渐引起了全球的关注。当时，硅谷和纽约的所有热门创业公司都开始利用 AWS 来运行网站。2010 年，AWS 为亚马逊带来了 5 亿美元的营业收入，约占亚马逊 342 亿美元营业收入总额的 1.5%，同时云计算还是亚马逊增长最迅速的业务。

亚马逊的云计算服务有多大？它运行着地球上规模最大的计算机集群。

亚马逊的 AWS 服务在全世界有 11 个区域云，每个区域有多组数据中心，每组有至少一个数据中心，每个数据中心有 5 万~8 万台服务器，在全世界有 28 组数据中心，保守估计有超过 150 万台服务器。而某市场研究公司分析师则估计服务器数量超过 200 万台。

相比之下，Rackspace Hosting 公司只有区区 10 万台服务器；Google 有 8 组数据中心；微软股份有限公司有 17 个区域云，其拥有的服务器超过 100 万台，Google 的服务器也有超过 100 万台。

AWS 有超过百万用户，它的云服务还被用于创建超级计算机集群，用于解决复杂的数学难题，如西部数据就曾使用超过 7 万个处理器核心建模硬盘内的流体动力和磁性关系。

亚马逊云计算的 IAAS 服务是 EC2 和 S3，为企业提供计算和存储服务。收费的服务项目包括存储服务器、带宽、CPU 资源以及月租费。月租费与电话月租费类似，存储服务器、宽带按容量收费，CPU 根据时长（小时）运算收费。

3.1 计算机网络技术

3.1.1 计算机网络技术的概念和功能

1. 计算机网络技术的概念

计算机网络技术（Computer Network Technology）是通信技术与计算机技术相结合的产物。计算机网络是按照网络协议，将地球上分散的、独立的计算机相互连接的集合。连接介质可以是电缆、双绞线、光纤、微波、载波或通信卫星。计算机网络具有共享硬件、软件和数据资源的功能，具有对共享数据资源集中处理及管理和维护的能力。

计算机网络包括计算机和网络两部分。计算机是由硬件和软件所组成的，没有安装任何软件的计算机称为裸机。日常生活中我们常见的形式有台式计算机、笔记本式计算机、大型计算机等，较先进的计算机有生物计算机、光子计算机、量子计算机等。而网络就是用物理链路将各个孤立的工作站或主机相连在一起，组成数据链路，从而达到资源共享和通信的目的。所以计算机网络是指将地理位置不同的多台自治计算机系统及其外部网络通过通信介质互联，在网络操作系统和网络管理软件及通信协议的管理和协调下，实现资源共享和信息传递的系统。

2. 计算机网络技术的功能

随着科技的不断发展，计算机网络技术的概念，尤其是计算机部分不再仅仅只是局限在计算机上，能够支持并链接网络的终端设备也越来越多，如智能手机、平板电脑、车载导航仪、智能电视、智能手表等都是以计算机网络技术，来实现与体现其功能价值的。而在电子商务中，计算机网络技术是电子商务活动能够正常开展的根本前提。

社会及科学技术的发展，对计算机网络的发展提出了更高的要求，同时也为其发展提供了更加有利的条件。计算机网络与通信网的结合，可以使众多的个人计算机不仅能够同时处理文字、数据、图像、声音等信息，而且还可以使这些信息四通八达，及时地与全国乃至全世界的信息进行交换。

一般来说，计算机网络可以提供以下主要功能：资源共享，信息传输与集中处理，均衡负荷与分布处理，综合信息服务。

通过计算机网络可以向全社会提供各种经济信息、科研情报和咨询服务。其中国际互联网上的环球信息网（World Wide Web，WWW）服务就是一个最典型也是最成功的例子。又如，综合业务数字网络就是将电话、传真机、电视机和复印机等办公设备纳入计算机网络中，提供了数字、语音、图形图像等多种信息的传输。

计算机网络目前正处于迅速发展的阶段，网络技术的不断更新，进一步扩大了计算机网络的应用范围。除了资源共享和信息传输等基本功能外，计算机网络还具有以下几个主要方面的应用。

（1）远程登录。远程登录是指允许一个地点的用户与另一个地点的计算机上运行的应用程序进行交互对话。

（2）传送电子邮件。计算机网络可以作为通信媒介，用户可以在自己的计算机上将电子邮件发送到世界各地，这些邮件中可以包括文字、声音、图形图像等信息。

（3）电子数据交换。电子数据交换是计算机网络在商业中的一种重要的应用形式。它以共同认可的数据格式，在贸易伙伴的计算机之间传输数据，代替了传统的贸易单据，从而节省了大量的人力和财力，提高了效率。

（4）联机会议。利用计算机网络，人们可以通过个人计算机参加会议讨论。联机会议除了可以使用文字外，还可以传送声音和图像。

总之，计算机网络的应用范围非常广泛，它已经渗透到国民经济以及人们日常生活的各个方面。随着计算机应用的深入，特别是家用计算机越来越普及，一方面希望众多用户能共享信息资源，另一方面也希望各计算机之间能互相传递信息进行通信。个人计算机的硬件和软件配置一般比较低，其功能也有限，因此，要求大型与巨型计算机的硬件和软件资源，以及它们所管理的信息资源应该为众多的微型计算机所共享，以便充分利用这些资源。

3.1.2　计算机网络技术的分类

1. 按广义定义

计算机网络也称计算机通信网。关于计算机网络的最简单定义是一些相互连接的、以共享资源为目的的、自治的计算机的集合。若按此定义，则早期的面向终端的网络都不能算是计算机网络，而只能称为联机系统（因为那时的许多终端不能算是自治的计算机）。但随着硬件价格的下降，许多终端都具有一定的智能，因而“终端”和“自治的计算机”逐渐失去了严格的界限。若用微型计算机作为终端使用，按上述定义，则早期的面向终端的网络也可称为计算机网络。

另外，从逻辑功能看，计算机网络是以传输信息为基础目的，用通信线路将多个计算机连接起来的计算机系统的集合，计算机网络包括传输介质和通信设备。从用户角度看，计算机网络是这样定义的：存在着一个能为用户自动管理的网络操作系统。由它调用完成用户所调用的资源，而整个网络像一个大的计算机系统一样，对用户是透明的。

一个比较通用的定义：利用通信线路将地理上分散的、具有独立功能的计算机系统和通信设备按不同的形式连接起来，以功能完善的网络软件及协议实现资源共享和信息传递的系统。从整体上来说，计算机网络就是把分布在不同地理区域的计算机与专门的外部设备用通信线路互联成一个规模大、功能强的系统，从而使众多的计算机可以方便地互相传递信息，共享硬件、软件、数据信息等资源。简单来说，计算机网络就是由通信线路互相连接的许多自主工作的计算机构成的集合体。最简单的计算机网络就只有两台计算机和连接它们的一条链路，即两个节点和一条链路。

2. 按连接定义

计算机网络就是通过线路互联起来的、资质的计算机集合，确切地说就是将分布在不同地理位置上的具有独立工作能力的计算机、终端及其附属设备用通信设备和通信线路连接起来，并配置网络软件，以实现计算机资源共享的系统。

3. 按需求定义

计算机网络就是由大量独立的但相互连接起来的计算机来共同完成计算机任务。这些系统称为计算机网络。

4. 主要的网络分类

虽然网络类型的划分标准各种各样，但是从地理范围划分是一种大家都认可的通用网络划分标准。按这种标准可以把各种网络类型划分为局域网、城域网、广域网和互联网四种。局域网一般来说只能在一个较小区域内，城域网是不同地区的网络互联，但是在此要说明的一点就是这里的网络划分并没有严格意义上地理范围的区分，只能是一个定性的概念。下面简要介绍这几种计算机网络。

计算机网络可按网络拓扑结构、网络涉辖范围和互联距离、网络数据传输和网络系统的拥有者、不同的服务对象等不同标准进行种类划分。下面以网络范围和网拓的拓扑结构来介绍常用的计算机网络的种类划分。

1）按网络范围划分

（1）局域网（Local Area Network，LAN）。是指局部范围内的网络，在有限的范围内将数台计算机进行连接，实现数据通信。局域网的地理范围一般在 10 千米以内，属于一个部门或一组群体组建的小范围网，如一个学校、一个单位或一个系统等。其有以下几个特点：①距离小，参加组成的计算机一般在 10 千米内；②信道的带宽大，数据的传输速率高，一般是在 1～1 000bit/s；③数据传输可靠，误码率低；④局域网大多采用总线型、星形及环形拓扑结构，结构简单，实现容易；⑤网络的控制一般趋向分布式，从而减少对某一节点的依赖性；⑥归一个单一的组织拥有和使用，不受公共网络管理的约束。

（2）城域网（Metropolitan Area Network，MAN）。城域网介于局域网和广域网之间，其范围通常覆盖一个城市或地区，距离从几十千米到上百千米。

（3）广域网（Wide Area Network，WAN）。广域网的通信距离大，传输速率低于局域网，常常借用公共通信网来实现，但广域网的数据传输率较低，错误率也较高。Internet 是世界上最大的广域网。广域网涉辖范围大，一般从几十千米至几万千米，如一个城市、一个国家或者洲际网络，此时用于通信的传输装置和介质一般由电信部门提供，能实现较大范围的资源共享。

（4）互联网，是网络与网络之间所串连成的庞大网络，这些网络以一组通用的协定相连，形成逻辑上的单一巨大国际网络。这种将计算机网络互相连接在一起的方法可称作“网络互连”，在这基础上发展出覆盖全世界的全球性互联网络——“互联网”，即“互相连接一起的网络”。

2）按网络的拓扑结构划分

网络拓扑结构指网络中的通信线路和各个节点、计算机之间的几何排列，它用以表示网络的整体结构外貌。同时也反映了各个模块之间的结构关系，也就是网络中各个节点相互连接的形式。拓扑学把实体抽象成与大小、形状无关的点，将连接实体的线路抽象成线，进而研究点、线、面之间的关系。

（1）总线型[图 3.1（a）]。总线型采用单根传输线路作为公共传输信息，可以双向传输。

优点：结构简单，布线容易，可靠性高，易于扩充，节点的故障不会殃及系统，是局域网常用的拓扑结构。

缺点：出现故障后诊断困难。节点不宜过多。最著名的总线型网络是以太网。

（2）星形[图 3.1（b）]。星形是以中央结点为中心，把若干外围结点连接起来的辐射式互联结构。这种连接方式以双绞线或同轴电缆作为连接线路。

优点：结构简单，容易实现，便于管理，常以交换机作为中央结点，便于维护和管理。

缺点：中心结点是全网络的可靠性瓶颈，中心结点出现故障会导致网络瘫痪。

（3）环形[图 3.1（c）]。环形是指各个结点通过通信线路组成的闭合线路，环中只能沿一个方单向传输。信息在每台设备上的延迟时间是固定的，特别适合实时控制和局域网系统。

优点：结构简单，控制简便，结构对称性好，传输速率高。

缺点：任意结点出现故障都会造成网络瘫痪。

（4）树形[图 3.1（d）]。树形是一种层次结构，结点按照层次连接，信息交换主要在上、下结点进行，相邻结点或同层结点一般不会进行数据交换。

优点：连接简单、维护方便、适用于汇集信息的应用要求。

缺点：资源共享能力差，可靠性低，如果中心结点出现故障，会影响整个网络。

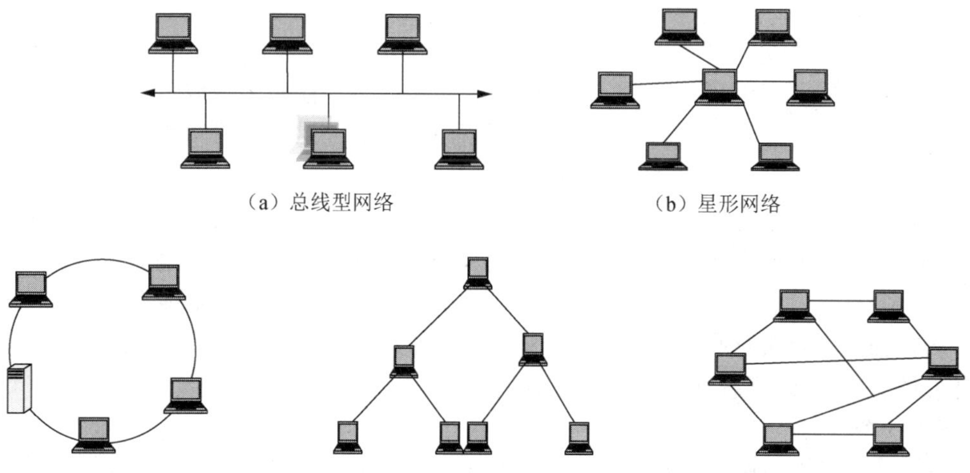

（a）总线型网络　（b）星形网络

（c）环形网络　（d）树形网络　（e）网状网络

图 3.1　按网络的拓扑结构分类

（5）网状[图 3.1（e）]。网状是指各个结点与通信线路互联成各种形状，每个结点至少要与其他两个结点连接，连接是任意的，无规律。

优点：可靠性高，比较容易扩展。

缺点：管理复杂。

5. 无线网络

近年来，无线蜂窝电话通信技术得到了飞速发展。人们也希望能够在移动通信中使用计算机网络。随着个人手机等移动终端设备的普遍使用，无线计算机网络也逐渐流行起来。

1）无线局域网

无线局域网（Wireless Local Area Networks，WLAN）提供了移动接入的功能，这就为需要发送数据但又不能坐在办公室的工作人员提供了方便。当大量持有笔记本式计算机的用户都在同一个地方同时要求上网时，若用电缆连网，那么布线就是个一很大的问题。这时若采用无线局域网则比较容易。

无线局域网可分为两大类。第一类是有固定基础设施的，第二类是无固定基础设施的。固定基础设施是指预先建立起来的、能够覆盖一定地理范围的一批固定基础。蜂窝移动电话就是利用电信公司预先建立的、覆盖全国的大量固定基站来接通用户手机拨打的电话。无固定基础设施的无线局域网，又叫作自组网络。这种自组网络没有上述基本服务集中的接入点（AP），而是由一些处于平等状态的移动站之间相互通信组成的临时网络。

自组网络通常是这样构成的：一些可移动的设备发现在它们附近还有其他的可移动设备，并且要求和其他移动设备进行通信。随着笔记本式计算机的大量普及，自组网络的组网方式已受到人们的广泛关注。由于在自组网络中的每一个移动站都要参与到网络中的其他移动站的路由的发现和维护，同时由移动站构成的网络拓扑有可能随时间变化得很快，因此在固定网络中行之有效的一些路由选择协议对移动自组网络已不适用。这样，在自组网络中路由选择协议就引起了特别的关注。另一个重要问题是多播。在移动自组网络中往往需要将某个重要信息同时向多个移动站传送。这种多播比固定节点网络的多播复杂得多，需要有实时性好而效率又高的多播协议。在移动自组网络中，安全问题也是一个更为突出的问题。

移动自组网络在军用和民用领域都有很好的应用前景。在军事领域中，由于战场上往往没有预先建好的固定接入点，其移动站就可以用临时建立的移动自组网络进行通信。这种组网方式也能够应用到作战的地面车辆群和坦克群，以及海上的舰艇群、空中的机群。由于每一个移动设备都具有路由器转发分组的功能，因此分布式的移动自组网络的生存性非常好。在民用领域，持有笔记本式计算机的人可以利用这种移动自组网络方便地交换信息，而不受笔记本式计算机附近没有电话线插头的限制。当出现各种自然灾害（如地震、洪水、森林火灾等）时，在抢险救灾时利用移动自组网络进行及时的通信往往也是很有效的，因为这时事先已建好的固定网络基础设施（基站）可能已经都被破坏。

2）无线个人局域网

无线个人局域网（Wireles Personal Area Network，WPAN）就是在个人工作地方把属于个人使用的电子设备（如便携式计算机、掌上电脑、便携式打印机以及蜂窝电话等）用无线技术连接起来自组网络，不需要使用接入点 AP，整个网络的范围为 10 米左右。无线个人局域网可以是一个人使用，也可以是若干人共同使用。无线个人局域网是以个人为中心来使用的，它实际上就是一个低功率、小范围、低速率和低价格的电缆替代技术。

3）无线城域网（WMAN）

如今实现了多种有线宽带接入 Internet 的网络，然而人们发现，在许多情况下，使用无线宽带接入可以带来很多好处，如更加经济和安装快捷，同时也可以得到更高的数据率。近年来，无线城域网（Wireles Metropolitan Area Network，WMAN）又成为无线网络中的一个热点。无线城域网可提供“最后一英里①”的宽带无线接入（固定的、移动的和便携的）。许多情况下，无线城域网可用来替代现有的有线宽带接入，所以可称无线本地环路。

知识扩展

OSI 参考模型

OSI（Open System Interconnect，开放式系统互联）一般称为 OSI 参考模型，是 ISO 于 1985 年研究的网络互联模型。该体系结构标准定义了网络互连的七层框架（物理层、数据链路层、网络层、传输层、会话层、表示层和应用层），即 ISO 开放系统互联参考模型。在这一框架下进一步详细规定了每一层的功能，以实现开放系统环境中的互联性、互操作性和应用的可移植性。

3.1.3　计算机网络的组成

一个完整的计算机网络系统是由网络硬件和网络软件所组成的。网络硬件是计算机网络系统的物理实现，网络软件是网络系统中的技术支持。两者相互作用，共同完成网络功能。

1．网络硬件的组成

计算机网络硬件系统是由计算机（主机、网络工作站、终端）、通信处理机（集线器、交换机、路由器）、通信线路（同轴电缆、双绞线、光纤）、信息变换设备（调制解调器，编码解码器）等构成。

1）主机

在一般的局域网中，主机通常被称为服务器，是为客户提供各种服务的计算机，因此对其有一定的技术指标要求，特别是对主、辅存储容量及其处理速度要求较高。根据服务器在网络中所提供的服务不同，可将其划分为文件服务器、打印服务器、通信服务器、域名服务器、数据库服务器等。

2）网络工作站

除主机外，网络上的其余计算机主要是通过执行应用程序来完成工作任务的，这种计算机称为网络工作站或网络客户机，它是网络数据主要的发生场所和使用场所，用户主要是通过使用工作站来利用网络资源并完成作业的。

3）网络终端

网络终端是用户访问网络的界面，它可以通过主机联入网内，也可以通过通信控制处理机联入网内。

4）通信处理机

通信处理机一方面作为资源子网的主机、终端连接的接口，将主机和终端联入网内；另

① 1 英里=1 609.344 米。

一方面它又作为通信子网中分组存储转发结点，完成分组的接收、校验、存储和转发等功能。

5）通信线路

通信线路（链路）为通信处理机与通信处理机、通信处理机与主机之间提供通信信道。

6）信息变换设备

信息变换设备对信号进行变换，包括调制解调器、无线通信接收和发送器、用于光纤通信的编码解码器等。

知识扩展

网 络 设 备

1．集线器

集线器（HUB）是目前使用较广泛的网络设备之一，主要用来组建星形拓扑的网络。在网络中，集线器是一个集中点，通过众多的端口将网络中的计算机连接起来，使不同计算机能够相互通信。

集线器的基本功能是信息分发，它将一个端口收到的信号转发给其他所有端口。同时，集线器的所有端口共享集线器的带宽。当在一台 10Mbit/s 带宽的集线器上只连接一台计算机时，此计算机的带宽是 10Mbit/s；而当连接两台计算机，每台计算机的带宽是 5Mbit/s；当连接 10 台计算机时，带宽则是 1Mbit/s。即用集线器组网时，连接的计算机越多，网络速度越慢。按端口个数划分，集线器分为 5 口、8 口、16 口、24 口等。

集线器通过其端口实现网络连接。集线器主要有 RJ-45 接口和级联口两种接口。集线器的大部分接口属于 RJ-45 接口，主要用于连接网络中的计算机，从而组建计算机网络。

2．交换机

交换机（Switch）也是目前使用较广泛的网络设备之一，同样用来组建星形拓扑网络。从外观上看，交换机与集线器几乎一样，其端口与连接方式和集线器几乎也一样，但是由于交换机采用了交换技术，其性能优于集线器。

由于交换机采用交换技术，使其可以并行通信而不像集线器那样平均分配带宽。例如，一台 100Mbit/s 交换机的每端口都是 100Mbit/s，互联的每台计算机均以 100Mbit/s 的速率通信，而不像集线器那样平均分配带宽，这使交换机能够提供更佳的通信性能。

像集线器一样，交换机的接口也分为 RJ-45 接口和级联口，其中 RJ-45 接口用于连接计算机，级联口用于连接其他交换机或集线器。连接方式也与集线器相同。

3．路由器

路由器（Router）并不是组建局域网所必需的设备，但随着企业网规模的不断扩大和企业网接入互联网的需求，路由器的使用率越来越高。

路由，即信息传输路径的选择。当使用路由器将不同网络连接起来后，路由器可以在不同网络间选择最佳的信息传输路径，从而使信息更快地传输到目的地。事实上，我们访问的互联网就是通过众多的路由器将世界各地的不同网络互联起来的，路由器在互联网中选择路径并转发信息，使世界各地的网络可以共享网络资源。

广域网接入：当一个较大的网络要访问互联网并要求有较高带宽时，通常采用专线接入的方式，一些大型网吧、校园网、企业网等往往采用这种接入方法。当通过专线使局域网接入互联网时，则需要用路由器实现接入。

路由器的接口：主要有串口、以太口和 CONSOLE 口等，通常，串口连接广域网；以太口连接局域网；而 CONSOLE 口用于连接计算机或终端，配置路由器。

4. 调制解调器

调制解调器（Modem，俗称“猫”）的功能就是将计算机中表示数据的数字信号在模拟电话线上传输，从而达到数据通信的目的，主要由两部分功能构成：调制和解调。调制是将数字信号转换成适合于在电话线上传输的模拟信号进行传输，解调则是将电话线上的模拟信号转换成数字信号，由计算机接收并处理。

2. 网络软件的组成

在计算机网络系统中，除了各种网络硬件设备外，还必须具有网络软件。

1）网络操作系统

网络操作系统是网络软件中最主要的软件，用于实现不同主机之间的用户通信，以及全网硬件和软件资源的共享，并向用户提供统一的、方便的网络接口，便于用户使用网络。目前网络操作系统有：UNIX 操作系统、NetWare 操作系统和 Windows 操作系统。目前，我国使用最广泛的是 Windows 操作系统。

2）网络协议软件

网络协议是网络通信的数据传输规范，网络协议软件是用于实现网络协议功能的软件。目前，典型的网络协议软件有 TCP/IP 协议、IPX/SPX 协议、IEEE 802 标准协议系列等。其中，TCP/IP 是当前异种网络互联应用最为广泛的网络协议软件。

3）网络管理软件

网络管理软件是用来对网络资源进行管理以及对网络进行维护的软件，如性能管理、配置管理、故障管理、计费管理、安全管理、网络运行状态监视与统计等。

4）网络通信软件

网络通信软件是用于实现网络中各种设备之间进行通信的软件，使用户能够在不必详细了解通信控制规程的情况下，控制应用程序与多个站进行通信，并对大量的通信数据进行加工和管理。

5）网络应用软件

网络应用软件为网络用户提供服务，最重要的特征是它研究的重点不是网络中各个独立的计算机本身的功能，而是如何实现网络特有的功能。

3.2　Internet 技术

Internet 又叫作因特网。它是由使用公用语言互相通信的计算机连接而成的全球网络。一旦连接到它的任何一个节点上，就意味着计算机已经连入 Internet。目前 Internet 的用户已经遍及全球，有超过几亿人在使用 Internet，并且它的用户数还在以等比级数上升。

Internet 是一组全球信息资源的总汇。有一种粗略的说法，认为 Internet 是由许多小的网络（子网）互联而成的一个逻辑网，每个子网中连接着若干台计算机（主机）。Internet 以相互交流信息资源为目的，基于一些共同的协议，并通过许多路由器和公共互联网而成，它是一个信息资源和资源共享的集合。计算机网络只是传播信息的载体，而 Internet 的优越性和实用性则在于本身。Internet 最高层域名分为机构性域名和地理性域名两大类，目前主要有 14 种机构性域名。

3.2.1 IP 地址与域名系统

1. IP 及 IP 地址

1）IP

要了解什么 IP 地址，就需要先了解什么是 IP。IP（Internet Protocol，网络之间互联的协议）是为计算机网络相互连接进行通信而设计的协议。在 Internet 中，它是能使连接到网上的所有计算机网络实现相互通信的一套规则，规定了计算机在 Internet 上进行通信时应当遵守的规则。任何厂家生产的计算机系统，只要遵守 IP 协议就可以与 Internet 互联互通。正是因为有了 IP 协议，Internet 才得以迅速发展成为世界上最大的、开放的计算机通信网络。因此，IP 协议也可以叫作 Internet 协议。

2）IP 地址

（1）IP 地址的概念。IP 地址就是为每个连接在 Internet 上的主机分配的一个 32bit 地址。按照 TCP/IP 协议规定，IP 地址用二进制来表示，每个 IP 地址长 32bit，比特换算成字节，就是4个字节。例如，一个采用二进制形式的IP地址是“00001010 00000000 00000000 00000001”，这么长的地址，人们处理起来很费劲。为了方便人们的使用，IP 地址经常被写成十进制的形式，中间使用符号“.”分开不同的字节。于是，上面的 IP 地址可以表示为“10.0.0.1”。IP 地址的这种表示法叫作“点分十进制表示法”，这显然比 1 和 0 容易记忆得多。

（2）IP 构成与分类。Internet 上的每台主机都有一个唯一的 IP 地址。IP 协议就是使用这个地址在主机之间传递信息，这是 Internet 能够运行的基础。IP 地址的长度为 32 位，分为 4 段，每段 8 位，用十进制数字表示，每段数字范围为 0～255，段与段之间用句点隔开，如 159.226.1.1。IP 地址由两部分组成，一部分为网络地址，另一部分为主机地址。IP 地址分为 A、B、C、D、E 五类。常用的是 B 和 C 两类。

最初设计互联网络时，为了便于寻址以及层次化构造网络，每个 IP 地址包括两个标识码（ID），即网络 ID 和主机 ID。同一个物理网络上的所有主机都使用同一个网络 ID，网络上的一个主机（包括网络工作站、服务器和路由器等）有一个主机 ID 与其对应。Internet 架构委员会定义了五种 IP 地址类型以适合不同容量的网络，即 A 类～E 类。

① A 类 IP 地址。A 类 IP 地址分配给规模特别大的网络使用，由 1 字节的网络地址和 3 字节主机地址组成，网络地址的最高位必须是“0”，地址范围为 1.0.0.0～126.255.255.255。可用的 A 类网络共有 126 个，每个网络能容纳 65 534 台主机。

② B 类 IP 地址。B 类 IP 地址分配给各大、中型网络使用，由 2 个字节的网络地址和 2 个字节的主机地址组成，网络地址的最高位必须是“10”，地址范围为 128.0.0.0～191.254.255.255。可用的 B 类网络有 16 384 个，每个网络能容纳 65 534 台主机。

③ C 类 IP 地址。C 类 IP 地址分配给小型网络使用，由 3 字节的网络地址和 1 字节的主机地址组成，网络地址的最高位必须是“110”，地址范围为 192.0.0.0～223.255.255.255。C 类网络可达 2 097 152 个网络，每个网络能容纳 254 个主机。

④ D 类 IP 地址，用于多点广播（Multicast）。D 类 IP 地址是一个专门保留的地址。它并不指向特定的网络，目前这一类地址被用在多点广播中。多点广播地址用于一次寻址一组计算机，它标识共享同一协议的一组计算机。地址范围为 224.0.0.0～239.255.255.255。

⑤ E 类 IP 地址。E 类地址保留，仅作实验和开发使用，以备将来扩充使用，地址范围为 240.0.0.1～255.255.255.254。

另外，还有两个特殊地址，即 127.0.0.0，是网络中本机的 IP 地址；255.255.255.255，是受限广播地址。

2. 域名及域名系统

1）域名

域名（Domain Name），是由一串用点分隔的名字组成的 Internet 上某一台计算机或计算机组的名称，用于在数据传输时标识计算机的电子方位（有时也指地理位置）。同时域名与 IP 地址是对应的，一般用数字组成的 IP 地址很难记忆，实际应用时，用户一般不需要记住 IP 地址，Internet 允许为计算机起一个名字，习惯上将其称作域名。目前域名已经成为互联网的品牌、网上商标保护必备的产品之一。

例如，“www.it.com.cn”的形式。它同 IP 地址一样，都是用来表示一个单位、机构或个人在网上的一个确定的名称或位置。所不同的是，它比 IP 地址较有亲和力，容易被人们记忆和使用。由于国际域名资源有限，各个国家、地区在域名最后都加上了国家的标识段，由此形成了各个国家、地区自己的国内域名。国别的最高层域名如.cn——中国；.au——澳大利亚；.jp——日本等。另外，不同的组织、机构都有不同的域名标识，如.com——商业公司；.org——组织、协会等；.net——网络服务；.edu——教育机构；.gov——政府部门；.mil——军事领域；.arts——艺术机构；.firm——商业公司；.info——提供信息的机构等。

2）域名系统

（1）域名系统的内涵。域名系统（Domain Name System，DNS）是 Internet 上解决网上机器命名的一种系统。Internet 上当一台主机要访问另外一台主机时，必须首先获知其地址，TCP/IP 中的 IP 地址是由四段以“.”分开的数字组成的，记时不如名字方便，所以，就采用了域名系统来管理名字和 IP 的对应关系。

例如，计算机在网络上进行通信时只能识别如“202.101.139.188”之类的 IP 地址，而不能识别如 “www.it.com.cn”之类的域名。因此，想要让好记的域名能被网络所认识，则需要在域名和网络之间有一个“翻译”，它能将域名翻译成网络能够识别的 IP 地址，域名系统起的正是这种作用。

域名系统的主要工作就是域名解析，在 Internet 上域名与 IP 地址之间是一一对应的，域名虽然便于记忆，但机器之间只能识别 IP 地址，它们之间的工作便称为域名解析。域名解析需要由专门的域名解析服务器来完成，整个过程是自动进行的。

具体来说，当在地址栏中输入“www.it.com.cn”的域名之后，计算机会向域名系统服务器查询该域名所对应的 IP 地址，然后计算机就可以调出 IP 地址所对应的网页，并将网页在浏览器上显示。

知识拓展

根域名服务器

全球共有13台根域名服务器。这13台根域名服务器中的名字分别为“A”至“M”，其中10台设置在美国，另外各有一台设置于英国、瑞典和日本。表3-1列举了“A”—“E”五台根域名服务器的管理单位、设置地点及最新的IP地址。

表3-1 根域名服务器

字母	IPv4地址	IPv6地址	设置地点#数量（全球性/地区性）
A	198.41.0.4	2001:503:ba3e::2:30	以任播技术分散设置于多处 6/0
B	192.228.79.201（2004年1月起生效，旧IP地址为128.9.0.107）	2001:478:65::53 (not in root zone yet)	美国加州马里纳戴尔雷伊（Marina del Rey） 0/1
C	192.33.4.12		以任播技术分散设置于多处 6/0
D	199.7.91.13（2013年起生效，旧IP地址为128.8.10.90）		美国马里兰州大学公园市（College Park） 1/0
E	192.203.230.10		美国加州山景城（Mountain View） 1/0

根域名服务器中虽然没有每个域名的具体信息，但储存了负责每个域（如com、net、org等）的解析的域名服务器的地址信息，如同通过北京电信查不到广州市某单位的电话号码，但是北京电信可以告诉自己去查020114。世界上所有互联网访问者的浏览器的将域名转化为IP地址的请求（浏览器必须知道数字化的IP地址才能访问网站）理论上都要经过根服务器的指引后在该域名的权威域名服务器（Authoritative Name Server，如haier.com的权威域名服务器是dns1.hichina.com）上得到对应的IP地址，当然现实中提供接入服务的ISP的缓存域名服务器上可能已经有了这个对应关系（域名到IP地址）的缓存。

（2）域名的基本类型。一是国际域名，也叫国际顶级域名（International Top Level Domain names，ITDs）。这也是使用最早、最广泛的域名。例如，表示工商企业的.com，表示网络提供商的.net，表示非营利组织的.org等。二是国内域名，又称为国内顶级域名（National Top Level Domain-names，NTLDs），即按照国家的不同分配不同后缀，这些域名即为该国的国内顶级域名。目前200多个国家和地区都按照ISO 3166国家代码分配了顶级域名。例如，中国是cn，美国是us，日本是jp等。

在实际使用和功能上，国际域名与国内域名没有任何区别，都是互联网上的具有唯一性的标识。只是在最终管理机构上，国际域名由美国商业部授权的互联网名称与数字地址分配机构（The Internet Corporation for Assigned Names and Numbers，ICANN）负责注册和管理；而国内域名则由中国互联网络管理中心（China Internet Network Information Center，CNNIC）负责注册和管理。

（3）域名级别。域名可分为不同级别，包括顶级域名、二级域名等。

① 顶级域名。顶级域名又分为以下两类。

一是国内域名，目前，超过200个国家按照ISO 3166国家代码分配了顶级域名，见表3-2。

表 3-2　国内域名

序号	域名	含义	序号	域名	含义
1	cn	中国	5	uk	英国
2	us	美国	6	ru	俄罗斯
3	jp	日本	7	fr	法国
4	kr	韩国	8	de	德国

二是国际域名，见表 3-3。目前大多数域名争议都发生在 com 的顶级域名下，因为多数公司上网的目的都是盈利。为加强域名管理，解决域名资源的紧张，互联网协会、互联网分址机构及世界知识产权组织（World Intellectual Property Organization，WIPO）等国际组织经过广泛协商，在三个国际通用域名的基础上，新增加了七个国际通用顶级域名：biz（只限于商业）、info（向所有的网站开放）、name（个人注册）、pro（限于有执照的职业，包括律师、医生和会计使用）、aero（用于与空中传输有关的所有网站）、museum（用于博物馆）以及 coop（用于合作型企业），并在世界范围内选择新的注册机构来受理域名注册申请。

表 3-3　国际域名

序号	域名	含义	序号	域名	含义
1	com	工商企业	6	edu	教育机构
2	net	网络提供商	7	gov	政府部门
3	org	非营利组织	8	biz	商业组织
4	name	个人网站	9	info	信息服务
5	coop	商业行业协会	10	mobi	移动网络

② 二级域名。二级域名是指国际域名之下的域名，是指域名注册人的网上名称，如 ibm、yahoo、microsoft 等；在国家域名下，它是表示注册企业类别的符号，如 com、edu、gov、net 等。

中国在国际互联网络信息中心正式注册并运行的顶级域名是 cn，这也是中国的一级域名。在顶级域名之下，中国的二级域名又分为类别域名和行政区域名两类。类别域名共六个，包括用于科研机构的 ac，用于工商金融企业的 com，用于教育机构的 edu，用于政府部门的 gov，用于网络服务机构的 net，用于非营利组织的 org。而行政区域名有 34 个，分别对应于中国各省、自治区和直辖市。

③ 三级域名。三级域名用字母（A～Z、a～z、大小写等）、数字（0～9）和连接符（-）组成，各级域名之间用实点“.”连接，三级域名的长度不能超过 20 个字符。如无特殊原因，建议采用申请人的英文名（或者缩写）或者汉语拼音名（或者缩写）作为三级域名，以保持域名的清晰性和简洁性。

3.2.2　Internet 接入技术

Internet 接入方式的结构，统称为 Internet 接入技术。Internet 的发展有两个因素，即 Internet 主干网速度和接入网速度。随着 Internet 技术的不断发展和完善，接入网的带宽分为窄带和宽带。网络接入技术与网络接入方式的结构密切相关，发生在连接网络与用户的最后一段路程（称“最后 1 千米”）。Internet 服务提供者（ISP）是用户 Internet 接入的入口。

1. 骨干网

骨干网是国家批准的可以直接和国外连接的城市级高速互联网，它由所有用户共享，负责传输大范围（在城市之间和国家之间）的骨干数据流。骨干网基于光纤，通常采用高速传输网络传输数据和高速包交换设备提供网络路由。我国现有的骨干网有中国科技网、中国公用计算机互联网、中国教育和科研计算机网、中国联通计算机互联网、中国网通公用互联网。

2. 接入网

1）接入网定义和结构

公用电信网络在传统上被划分为三个部分，即长途网、中继网、用户接入网（端局与用户之间的部分）。长途网和中继网在一起称为核心网（Core Network，CN），余下部分称为接入网（Access Network，AN），或用户环路，即交换局到用户终端之间的所有机线设备，主要用来完成用户接入核心网的任务，如图 3.2 所示。

图 3.2　接入网结构

2）接入网分类

接入网根据使用的媒体可以分为有线接入网和无线接入网两大类，其中有线接入网又可分为铜线接入网（PSTN、ISDN、xDSL）、光纤接入网（FTTx）和混合光纤同轴电缆网（Hybrid Fiber Coaxial，HFC）等；无线接入网又可分为固定接入网和移动接入网，主要基于微波、卫星、蜂窝移动通信、无绳电话、集群无线电话、无线寻呼等多种无线通信系统。

知识拓展

Xdsl、FTTx、SNI、UNI

XDSL 是一种新的传输技术，在现有的铜质电话线路上采用较高的频率及相应调制技术，即利用在模拟线路中加入或获取更多的数字数据的信号处理技术来获得高传输速率（理论值可达到 52Mbit/s）。

FTTx 技术主要用于接入网络光纤化，范围从区域电信机房的局端设备到用户终端设备，局端设备为光线路终端（Optical Line Terminal，OLT），用户端设备为光网络单元（Optical Network Unit，ONU）或光网络终端（Optical Network Terminal，ONT）。根据光纤到用户的距离来分类，可分成光纤到交换箱（Fiber To The Cabinet，FTTCab）、光纤到路边（Fiber To The Curb，FTTC）、光纤到大楼（Fiber To The Building，FTTB）及光纤到户（Fiber To The Home，FTTH）四种服务形态。美国运营商 Verizon 将 FTTB 及 FTTH 合称光纤到驻地（Fiber To The Premise，FTTP）。上述服务可统称 FTTx。

SNI 是 AN 与 SN 之间的接口。如果 AN-SNI 点与 SNI-SN 点不在同一地方，可以通过透明传输通道实现远端连接。

UNI 接入网由业务节点接口（SNI）和用户网络接口（UNI）之间的一系列传送实体（如线路设备和传输设施）组成，为供给电信业务而提供所需传送承载能力的实施系统，可经由管理接口（Q3）配置和管理。原则上对接入网可以实现的 UNI 和 SNI 的类型和数目没有限制。

3）主要接入技术

Internet 接入技术很多，除了最常见的拨号接入外，目前正广泛兴起的宽带接入相对于传统的窄带接入而言显示了其不可比拟的优势和强劲的生命力。

宽带是一个相对于窄带而言的电信术语，为动态指标，用于度量用户享用的业务带宽，目前国际上还没有统一的定义。一般而论，宽带是指用户接入传输速率达到 2Mbit/s 及以上、可以提供 24 小时在线的网络基础设备和服务。

宽带接入技术主要包括以现有电话网铜线为基础的 xDSL 接入技术，以电缆电视为基础的 HFC 接入技术，以太网接入技术，光纤接入技术等多种有线接入技术以及无线接入技术。

3. 三大网络接入

网络接入目前有电信网络、计算机网络和有线电视网络。

（1）电信网络：从公众电话网的调制解调器、DDN（Digital Date Network，数字数据网）、ISDN 到 ADSL（Asymmetric Digital Subscriber Line，非对称数字用户环路）。接入灵活，价格便宜。

（2）计算机网络：采用局域网传输方式、基带传输，通过双绞线和传输设备实现 10Mbit/s～1Gbit/s 的网络传输。大部分企事业采用以太网接入，家庭使用少。价格昂贵。

（3）有线电视网络：覆盖范围很广。充分利用有线电视网是一种相对比较经济、高性能的宽带接入方案。将原来完全基于同轴电缆的单向有线电视改造为双向传输的光纤同轴混合网，并提供 ISP 接入服务。

4. 网络接入方式

1）电话拨号接入方式

电话拨号接入方式是通过公用电话交换网接入 Internet 。用户计算机通过调制解调器和电话网相连，再通过 ISP 接入 Internet。

PSTN 是最容易实施的方法，费用低廉。只要一条可以连接 ISP 的电话线和一个账号即可。但缺点是传输速度低，线路可靠性差。适合对可靠性要求不高的办公室以及小型企业。如果用户多，可以使多条电话线共同工作，提高访问速度。

2）DDN 专线接入方式

DDN 专线接入方式提供了高速度、高质量的通信环境，可以向用户提供点对点、点对多点透明传输的数据专线出租电路，为用户传输数据、图像、声音等信息。

DDN 的收费一般可以采用包月制和计流量制，这与一般用户拨号上网的按时计费方式不同。DDN 的租用费较高，普通个人用户负担不起。DDN 主要面向集团公司等需要综合运用的单位。

这种线路的优点：有固定的 IP 地址、可靠的线路运行、永久的连接等。但是性能价格比太低。DDN 方式是我国租用专线最为常用的一种。

3）ISDN 接入方式

ISDN 接入技术俗称“一线通”。它采用数字传输和数字交换技术，将电话、传真、数据、图像等多种业务综合在一个统一的数字网络中进行传输和处理。

用户利用一条 ISDN 用户线路，可以在上网的同时拨打电话、收发传真，就像两条电话线一样。两个信道的 128kbit 的速率，快速的连接以及比较可靠的线路，可以满足中小型企业浏览以及收发电子邮件的需求。

4）ADSL 接入方式

ADSL 接入方式是一种能够通过普通电话线提供宽带数据业务的技术，也是目前极具发展前景的一种接入技术。由于其下行速率高、频带宽、性能优、安装方便、不需交纳电话费等特点而深受广大用户喜爱，成为继调制解调器、ISDN 之后的又一种全新的高效接入方式。

ADSL 方案的最大特点是不需要改造信号传输线路，完全可以利用普通铜质电话线作为传输介质，配上专用的调制解调器即可实现数据高速传输。ADSL 支持上行速率 640kbit/s～1Mbit/s，下行速率 1Mbit/s～8Mbit/s，其有效的传输距离为 3～5 千米。

5）HFC 接入方式

有线电视使用的都是同轴电缆，近几年为了提高传输距离和信号质量，有线电视网络逐渐用 HFC 取代纯同轴电缆。

主干网采用光纤，距用户最后 1.6 千米采用同轴电缆，这样传输的效果与光纤传输一样。用户的微机还需要安装一个线缆调制解调器（Cable Modem）接入 HFC。

6）无线接入方式

无线接入有全部或部分采用无线传输方式。广义上分为固定无线接入和移动无线接入。固定无线接入又称无线本地环路（Wireless Local Loop，WLL），用户终端是固定或只有有限的移动性。

无线接入要求在接入的计算机插入无线接入卡，得到无线接入网 ISP 的服务，便可实现与 Internet 接入。移动无线接入主要指用户终端在较大范围内移动的通信系统的接入技术。

移动无线接入系统主要有无绳电话系统、移动卫星系统、集群系统、无线局域网、蜂窝移动通信系统。

接入互联网技术比较见表 3-4。

表 3-4　接入互联网技术比较

接入方式	优势	劣势
电话拨号	接入成本最低，简单方便	带宽最低，服务质量难以保证
DDN	专线接入独享带宽，传输速率高	租用价格昂贵，要单独设立传输线路
ADSL	充分利用电信现有网络资源，对各种业务支持能力较强	价格高于拨号方式，传输质量受传输距离影响较大，很难达到理论值
以太网	简单方便，带宽大	目前只适合居民集中居住区域，要单独架设网络，前期投入比较大
Cable Modem	利用有线电视网络，带宽大，普及性高	对有线电视网络双向改造投资很大
无线	适用于不方便布线或移动的场合，可以随时获取信息	带宽比以太网接入小，服务质量易受环境影响

知识拓展

以太网

以太网指的是由施乐公司创建并由施乐公司、英特尔公司和 DEC 公司联合开发的基带局域网规范，是当今现有局域网采用的最通用的通信协议标准。以太网络使用 CSMA/CD（载波监听多路访问及冲突检测）技术，并以 10m/S 的速率运行在多种类型的电缆上。

ISDN 是一个数字电话网络国际标准，是一种典型的电路交换网络系统。ITU 认为，ISDN 是一种在数字电话网 IDN 的基础上发展起来的通信网络，能够支持多种业务，包括电话业务和非电话业务。

HFC 是一种经济实用的综合数字服务宽带网接入技术。有线电视网目前在全世界已有超过 9.4 亿的用户，我国有线电视网自 20 世纪 90 年代初发展至今，全国覆盖面已达 50%，电视家庭用户数有 8 000 多万，成为世界上第一大有线电视网。随着计算机技术、通信技术、网络技术、有线电视技术及多媒体技术的飞速发展，尤其在 Internet 的推动下，用户对信息交换和网络传输都提出了新的要求，希望融合 CATV 网络、计算机网络和电信网为一体的呼声越来越高。利用 HFC 网络结构，建立一种经济实用的宽带综合信息服务网的方案也由此而生。

3.2.3 Internet 常用服务

Internet 是一个涵盖极广的信息库，它存储的信息上至天文，下至地理，以商业、科技和娱乐信息为主。除此之外，Internet 还是一个覆盖全球的枢纽中心，通过它，可以了解来自世界各地的信息，收发电子邮件，和朋友聊天，进行网上购物，观看影片片断，阅读网上杂志，聆听音乐会。我们将其概括为如下几个功能。

1）信息传播

你或他人都可以把各种信息任意输入网络中，进行交流传播。 Internet 上传播的信息形式多种多样，世界各地利用它传播信息的机构和个人越来越多，网上的信息资料内容也越来越广泛和复杂。目前，Internet 已成为世界上最大的广告系统、信息网络和新闻媒体。现在，Internet 除商用外，许多国家的政府、政党、团体还用它进行政治宣传。

2）通信联络

Internet 有电子函件通信系统，可以利用电子函件取代邮政信件和传真与他人进行联络，甚至可以在网上通电话，乃至召开电话会议。

3）专题讨论

Internet 中设有专题论坛组，一些相同专业、行业或兴趣相投的人可以在网上提出专题展开讨论，论文可长期存储在网上，供人调阅或补充。

4）资料检索

由于有很多人不停地向网上输入各种资料，特别是美国等许多国家的数据库和信息系统纷纷上网，Internet 已成为目前世界上资料最多、门类最全、规模最大的资料库，可以自由在网上检索所需资料。

目前，Internet 已成为世界许多研究和情报机构的重要信息来源。

Internet 创造的计算机空间正在以爆炸性的势头迅速发展。只要坐在微型计算机前，不管对方在世界什么地方，都可以互相交换信息、购买物品、签订项目合同，也可以结算国际贷款。企业领导可以通过 Internet 洞察商机，从而得以确保企业的发展；科研人员可以通过 Internet 检索众多国家的图书馆和数据库；医疗人员可以通过 Internet 同世界范围内的同行共同探讨医学难题；工程人员可以通过 Internet 了解同行业发展的最新动态：商界人员可以通过 Internet 实时了解最新的股票行情、期货动态，使自己能够及时地抓住每一次商机；学生也可以通过 Internet 开阔眼界，并且学习到更多的有益知识。

总之，Internet 能使我们现有的生活、学习、工作以及思维模式发生根本性的变化。无论来自何方，Internet 都能把我们和世界连在一起。Internet 使我们在家中就能够和世界交流，有了 Internet，世界变小了，Internet 将改变我们的生活。

那么，Internet 是怎样完成上述功能的呢？那就是它所提供的服务。它提供的服务包括 Web、电子邮件、文件传输（File Transfer Protocol，FTP）、远程登录（Telnet）、新闻论坛（Usenet）、新闻组（News Group）、电子布告栏（Bulletin Board System，BBS）、Gopher 搜索、文件搜寻（Archie）等，全球用户可以通过 Internet 提供的这些服务，获取 Internet 上提供的信息和功能。以下简单地介绍最常用的服务。

（1）高级浏览 WWW。WWW 是一张附着在 Internet 上的覆盖全球的信息“蜘蛛网”，镶嵌着无数以超文本形式存在的信息。称为全球网或万维网，简称为 Web（全国科学技术名词审定委员会建议）。Web 是当前 Internet 上最受欢迎、最为流行、最新的信息检索服务系统。它把 Internet 上现有资源统统连接起来，使用户能在 Internet 上已经建立了 Web 服务器的所有站点提供超文本媒体资源文档。这是因为，Web 能把各种类型的信息（静止图像、文本声音和音像）天衣无缝地集成起来。Web 不仅提供了图形界面的快速信息查找，还可以通过同样的图形用户界面（Graphical User Interface，GUI）与 Internet 的其他服务器对接。

由于 Web 为全世界的人们提供查找和共享信息的手段，所以也可以把它看作世界上各种组织机构、科研机关、大学、公司厂商热衷于研究开发的信息集合。它基于 Internet 的查询。信息分布和管理系统，是人们进行交互的多媒体通信动态格式。它的正式提法是“一种广域超媒体信息检索原始规约，目的是访问巨量的文档”。Web 已经实现的部分是，为计算机网络上的用户提供一种兼容的手段，以简单的方式访问各种媒体。它是第一个真正的全球性超媒体网络，改变了人们观察和创建信息的方法。因而，整个世界迅速掀起了研究开发使用 Web 的巨大热潮。

Web 诞生于 Internet 之中，后来成为 Internet 的一部分，而今天，Web 几乎成了 Internet 的代名词。通过它，加入其中的每个人能够在瞬间抵达世界的各个角落，只要将一根电话线插入 PC（Personal Computer，个人计算机，它可能是笔记本式计算机加上一部移动电话），此时全球的信息就在指尖。

Web 并不是实际存在于世界的哪一个地方，事实上，Web 的使用者每天都赋予它新的含义。Internet 社会的机构和个人把他们需要公之于众的各类信息以主页的形式嵌入 Web，主页中除了文本外，还包括图形、声音和其他媒体形式；而内容则从各类招聘广告到电子版圣经，可以说包罗万象。主页是在 Web 上出版的主要形式是 HTML 文本

（2）收发电子邮件服务。电子邮件服务是 Internet 所有信息服务中用户最多和接触面最广泛的一类服务。电子邮件不仅可以到达直接与 Internet 连接的用户以及通过电话拨号可以进入 Internet 结点的用户，还可以用来同一些商业网（如 CompuServe、America Online）以及世界

范围的其他计算机网络（如 BITNET）上的用户通信联系。电子邮件的收发过程和普通信件的工作原理是非常相似的。

电子邮件和普通信件的不同在于它传送的不是具体的实物而是电子信号，因此它不仅可以传送文字、图形，甚至可以寄送动画或程序。电子邮件也可以传送订单或书信。由于不需要印刷费及邮费，因此大大节省了成本。通过电子邮件，如同杂志般贴有许多照片的样本都可以简单地传送出去。同时，在世界上只要可以上网的地方，都可以收到别人寄给自己的邮件，而不像平常的邮件，必须回到收信的地址才能拿到信件。Internet 为用户提供完善的电子邮件传递与管理服务。电子邮件系统的使用非常方便。

（3）共享远程的资源（远程登录服务）。远程登录是指允许一个地点的用户与另一个地点的计算机上运行的应用程序进行交互对话。

远程登录使用支持 Telnet 协议的 Telnet 软件。Telnet 协议是 TCP/IP 通信协议中的终端机协议。它有什么作用呢？例如，假设 A、B 两地相距很远，地点 A 的人想使用位于地点 B 的巨型机的资源，他应该怎么办呢？如果乘坐交通工具从地点 A 转移到地点 B，然后利用位于地点 B 的终端来调用巨型机资源。这种方法既费钱又费时，不可取。把 B 地点的终端搬回 A 地点，不就可以了？但是 A、B 两地相距太远，即使可以把终端搬回去，线也无法连接，这种方法也是不可行的。

但是有了 Internet 的远程登录服务，位于 A 地的用户就可以通过 Internet 很方便地使用 B 地巨型机的资源。远程登录使自己能够从与 Internet 连接的一台主机进入 Internet 上的任何计算机系统，只要自己是该系统的注册用户即可。它的基本工作过程是这样的。

（4）FTP 服务。FTP 是文件传输的最主要工具，可以传输任何格式的数据。用 FTP 可以访问 Internet 的各种 FTP 服务器。访问 FTP 服务器有两种方式：一种是注册用户登录到服务器系统，另一种是用“隐名”（Anonymous）进入服务器。

Internet 上有许多公用的免费软件，允许用户无偿转让、复制、使用和修改。这些公用的免费软件种类繁多，从多媒体文件到普通的文本文件，从大型的 Internet 软件包到小型的应用软件和游戏软件应有尽有。充分利用这些软件资源，能大大节省软件编制时间，提高效率。用户要获取 Internet 上的免费软件，可以利用 FTP 工具。FTP 是一种实时的联机服务功能，它支持将一台计算机上的文件传到另一台计算机上。工作时用户必须先登录到 FTP 服务器上。使用 FTP 几乎可以传送任何类型的文件，如文本文件、二进制可执行文件、图形文件、图像文件、声音文件、数据压缩文件等。

由于现在越来越多的政府机构、公司、大学、科研机构将大量的信息以公开的文件形式存放在 Internet 中，因此，使用 FTP 几乎可以获取任何领域的信息。

3.2.4　Internet、Intranet 和 Extranet

要认识 Intranet 和 Extranet，必须从概念上理解 Internet、Intranet 和 Extranet。

1．基本概念

1）Internet

Internet 是一个以 TCP/IP 网络协议连接各个国家、地区、机构的计算机网络的数据通信网，它将数万个计算机网络、数千万台主机互联在一起，覆盖全球；从信息资源的角度看，

Internet 是一个融各个部门、各个领域的信息资源为一体的，供网络用户共享的信息资源网。

2）Intranet

Intranet 网络是在一个组织机构中使信息和数据得以交换的一个系统。它包含在一个公司内部交换信息所涉及的方方面面，如工具、程序和协议。Intranet 的基本思想是在企业内部网络上采用 TCP/IP 协议，以 Internet 的 Web 概念与技术为标准平台，通过防火墙把内部网络和 Internet 隔开。

3）Extranet

一般地，Extranet 是一种将企业 Intranet 网络扩展到合作伙伴，以实现企业相关信息共享、信息交流和相互沟通的综合网络信息系统。可以说，Extranet 是一种介于 Intranet 和 Internet 之间的网络，可看成由若干个相关单位的 Intranet 通过 Internet 实现互联而成。

2. Internet、Intranet 和 Extranet 的区别

Internet 和 Intranet 的区别在于 Internet 连接了全球各地的网络，是公用的网络，允许任何人从任何一个站点访问它的资源。而 Intranet 是一种企业内部的计算机信息网络，是专用或私有的网络，对其访问具有一定的权限，其内部信息必须严格加以维护，因此对网络安全性有特别要求，如必须通过防火墙与 Internet 连接。而 Intranet 也只有与 Internet 互联才能真正发挥作用。企业经营的全球化和兼并重组浪潮，不仅要求企业信息网络对内高效运作，而且能够与贸易合作伙伴共享企业信息，保持密切的联系。而 Intranet 仅适用于企业内部，满足公司内部员工的信息查询，不能满足其他人员，如客户、经销商和供货商对企业内部信息的密切关注。Extranet 弥补了 Intranet 在与外界联系方面的不足，成了 Intranet 的新发展。Extranet 又称外连网，往往被看作企业网的一部分，是现有 Intranet 向外的延伸。它是一个使用公共通信设施和 Internet 技术的私有网，也是一个能够使其客户和其他相关企业（如银行、贸易合作伙伴、运输行业等）相连以完成共同目标的交互式合作网络。

（1）在操作权限上，互联网提供的服务基本上对用户没有全线控制或很少控制，而 Intranet 提供的控制是很严的。Extranet 是一个使用与互联网同样技术的网络，它通常属于一个企业或组织的 Intranet 或建立在互联网中并为指定的用户提供信息的共享和交流等服务。

（2）在内容上，互联网提供信息的页面以静态为主，而 Intranet 提供的信息内容大部分与数据库有关，即 Intranet 提供的信息内容是动态的，随着底层数据库的变化而变化。

（3）在服务对象上，互联网服务的对象是全世界用户，而 Intranet 服务的对象是企业员工。

（4）在联结方式上，互联网强调各个组织网站之间的联结，无交易的企业、消费者都是它的业务范围；Extranet 强调各个企业间的联结，业务范围包括交易伙伴、合作对象、相关公司、销售商店以及主要客户；Extranet 强调企业内部各部门的联结，业务范围仅限于企业内。

3.3 EDI 技术

3.3.1 EDI 概述

EDI 在我国香港、澳门及海外华人地区被称作“电子资料联通”。它是一种在公司之间传

输订单、发票等作业文件的电子化手段。它通过计算机通信网络将贸易、运输、保险、银行和海关等行业信息，用一种国际公认的标准格式，实现各有关部门或公司与企业之间的数据交换与处理，并完成以贸易为中心的全部过程，它是 20 世纪 80 年代发展起来的一种新颖的电子化贸易工具，是计算机、通信和现代管理技术相结合的产物。ISO 将 EDI 描述成“将贸易（商业）或行政事务处理按照一个公认的标准变成结构化的事务处理或信息数据格式，从计算机到计算机的电子传输”。而国际电信联盟电信标准化部门将 EDI 定义为“从计算机到计算机之间的结构化的事务数据互换”。又由于使用 EDI 可以减少甚至消除贸易过程中的纸面文件，因此 EDI 又被人们通俗地称为“无纸贸易”。

1）EDI 的定义

1995 年版的《美国电子商务辞典》将 EDI 定义为，“为了商业用途在计算机之间所进行的标准格式单据的交换”。

美国国家标准局 EDI 标准委员会对 EDI 的解释是，“EDI 指的是在相互独立的组织机构之间所进行的标准格式、非模糊的具有商业或战略意义的信息的传输”。

联合国 EDIFACT 培训指南认为，“EDI 指的是在最少的人工干预下，在贸易伙伴的计算机应用系统之间的标准格式数据的交换”。

从上述 EDI 定义不难看出，EDI 包含三个方面的内容，即计算机应用、通信环境和数据标准化。其中计算机应用是 EDI 的条件，通信环境是 EDI 应用的基础，数据标准化是 EDI 的特征。这三方面相互衔接、相互依存，构成 EDI 的基础框架。

2）EDI 的发展历史

当代世界，科学技术突飞猛进，社会经济日新月异。特别是自 20 世纪 80 年代以来，在新技术革命浪潮的猛烈冲击下，一场高技术竞争席卷世界，使人类社会的一切领域正在飞速地改变。国际贸易也空前活跃，市场竞争愈演愈烈。

在国际贸易中，由于买卖双方地处不同的国家和地区，因此在大多数情况下，不是简单地直接地面对面地买卖，而必须以银行进行担保，以各种纸面单证为凭证，方能达到商品与货币交换的目的。这时，纸面单证就代表了货物所有权的转移，因此从某种意义上讲“纸面单证就是外汇”。

全球贸易额的上升带来了各种贸易单证、文件数量的激增。虽然计算机及其他办公自动化设备的出现可以在一定范围内减轻了人工处理纸面单证的劳动强度，但由于各种型号的计算机不能完全兼容，实际上又增加了对纸张的需求。美国森林纸业协会曾经做过统计，得出了用纸量超速增长的规律，即年国民生产总值每增加 10 亿美元，用纸量就会增加 8 万吨。此处，在各类商业贸易单证中有相当大的一部分数据是重复出现的，需要反复地输入。有人对此也做过统计，计算机的输入平均 70%来自另一台计算机的输出，且重复输入也使出差错的概率增高，据美国一家大型分销中心统计，有 5%的单证中存在着错误。同时重复录入浪费人力和时间、降低效率。因此，纸面贸易文件成了阻碍贸易发展的一个比较突出的因素。

另外，市场竞争也出现了新的特征。价格因素在竞争中所占的比例逐渐减小，而服务性因素所占比例增大。销售商为了降低风险，要求小批量、多品种、供货快，以适应瞬息万变的市场行情。而在整个贸易链中，绝大多数的企业既是供货商又是销售商，因此提高商业文件传递速度和处理速度成了所有贸易链中成员的共同需求。同样，现代计算机的大量普及和应用以及功能的不断提高，已使计算机应用从单机应用走向系统应用；同时通信条件和技术的完善、网络的普及又为EDI的应用提供了坚实的基础。

正是在这样的背景下，以计算机应用、通信网络和数据标准化为基础的EDI应运而生。EDI一经出现便显示出强大的生命力，迅速地在世界各主要工业发达国家和地区得到广泛的应用。正如某公司的宣传资料所指出的："当EDI于20世纪60年代末期在美国首次被采用时，只属于当时经商的途径之一；时至今日，不但美国和欧洲大部分国家，以至越来越多的亚洲及太平洋地区国家，均已认定EDI是经商的唯一途径。"

由于EDI具有高速、精确、远程和巨量的技术性能，因此EDI的兴起标志着一场全新的、全球性的商业革命的开始。国外专家深刻地指出："能否开发和推动EDI计划，将决定对外贸易方面的兴衰和存亡。如果跟随世界贸易潮流，积极推行，EDI就会成为巨龙而腾飞，否则就会成为恐龙而绝种。"

20世纪60年代末，欧洲和美国几乎同时提出了EDI的概念。早期的EDI只是在两个商业伙伴之间，依靠计算机与计算机直接通信完成。

20世纪70年代，数字通信技术的发展大大加快了EDI技术的成熟和应用范围的扩大，也带动了跨行业EDI系统的出现。80年代，EDI标准的国际化又使EDI的应用跃入了一个新的里程。

时至今日，EDI历经萌芽期、发展期已步入成熟期。英国的EDI专家明确指出："以现有的信息技术水平，实现EDI已不是技术问题，而仅仅是一个商业问题。"

3）EDI的特点

（1）EDI使用电子方法传递信息和处理数据。EDI一方面用电子传输的方式取代了以往纸单证的邮寄和递送，从而提高了传输效率；另一方面通过计算机处理数据取代人工处理数据，从而减少了差错和延误。

（2）EDI是采用统一标准编制数据信息的。这是EDI与电传、传真等其他传递方式的重要区别，电传、传真等并没有统一格式标准，而EDI必须有统一的标准方能运作。

（3）EDI是计算机应用程序之间的连接。一般的电子通信手段是人与人之间的信息传递，传输的内容即使不完整、格式即使不规范，也能被人所理解。这些通信手段仅仅是人与人之间的信息传递工具，不能处理和返回信息。EDI实现的是计算机应用程序与计算机应用程序之间的信息传递与交换。由于计算机只能按照给定的程序识别和接受信息，因此电子单证必须符合标准格式并且内容完整准确。在电子单证符合标准且内容完整的情况下，EDI系统不但能识别、接受、存储信息，还能对单证数据信息进行处理，自动制作新的电子单据并传输到有关部门。在有关部门就自己发出的电子单证进行查询时，计算机还可以反馈有关信息的处理结果和进展状况。在收到一些重要电子邮件时，计算机还可以按程序自动产生电子收据并传回对方。

（4）EDI系统采用加密防伪手段。EDI系统有相应的保密措施，EDI传输信息的保密通常采用密码系统，各用户掌握自己的密码，可打开自己的"邮箱"取出信息，他人却不能打开这个"邮箱"，有关部门和企业发给自己的电子信息均自动进入自己的"邮箱"。一些重要信息在传递时还要加密，即把信息转换成他人无法识别的代码，接收方计算机按特定程序译码后还原成可识别信息。为防止有些信息在传递过程中被篡改，或防止有人传递假信息，还可以使用证实手段，即将普通信息与转变成代码的信息同时传递给接收方，接收方把代码翻译成普通信息进行比较，如二者完全一致，可知信息未被篡改，也不是伪造的信息。

4）EDI 的优势

（1）节约成本。英国的研究显示，杂货店行业每年因使用 EDI 而节省的成本多达 6 亿 5 千万英镑。该项研究还指出，仅仅将“提前发货通知”这项商业文件自动化，就可为杂货店行业进一步节省 2 亿英镑。仅从财政角度而言，与业务伙伴实施 EDI，有助于显著节省成本，而且每添加一项文档，都可以提升节省幅度。

① 各项研究均显示，EDI 的成本只及纸张文件模式的 1/3。

② 一项报告更指出可将成本降低至 1/70

③ 欧洲联盟报告指出，若处理电子发票能节省 10 分钟时间，则每年每项发票能节省 120 欧元。

④ 英国杂货商每张电子订单可节省 14 英镑。

（2）提高速度及准确度。

① 通过纸张文件模式要花 5 天时间的交易，通过 EDI 只需不足 1 小时。

② 研究显示，通过纸张文件模式处理发票，数据出错率可高达 5%，而通过 EDI 则降低了出错率。

③ 提高数据准确度，可相应提高整个供应链的效率。有分析估计，EDI 可将交付时间加快 30%。

（3）提升运营商效率。

① 将纸张文件工作自动化，可让员工有更多时间处理更有价值的工作，并提升他们的生产力。研究显示，使用 EDI 可节省多达 50%的人力资源。

② 快速、准确地处理商业文档，可减少重做订单、缺货及订单取消等问题的发生。

③ 买家可享有更优惠的付款安排及折扣。

④ 买家可增加现金流及缩短“订货—收回现金”周期。

⑤ 缩短订单处理及交付时间，有助于企业减少库存量。研究数据显示，库存量可平均减少约 10%。若库存成本占产品成本的 90%，那么，所节省的成本非常显著。

（4）提升商业运营的策略性层面。

① 缩短改良产品或推出新产品的周期。

② 快速导入全球各地的业务伙伴，以拓展新领域或市场。

③ 取得全新层次的管理信息，以提升管理供应链及业务伙伴的表现。

④ 把商业模式由供应主导转化为由需求主导。

以电子方式取代纸张文件流程，从而加强实践企业社会责任及可持续性，既可节省成本，又能减少碳排放。

5）EDI 的有关标准

标准化的工作是实现 EDI 互通和互联的前提和基础。EDI 的标准包括 EDI 网络通信标准、EDI 处理标准、EDI 联系标准和 EDI 语义语法标准等。

EDI 网络通信标准是要解决 EDI 通信网络应该建立在何种通信网络协议之上，以保证各类 EDI 用户系统的互联。目前国际上主要采用 MHX（X.400）作为 EDI 通信网络协议，以解决 EDI 的支撑环境。

EDI 处理标准是要研究不同地域不同行业的各种 EDI 报文，是相互共有的“公共元素报文”的处理标准。它与数据库、管理信息系统等接口有关。

EDI 联系标准解决 EDI 用户所属的其他信息管理系统或数据库与 EDI 系统之间的接口。

EDI 语义语法标准（又称 EDI 报文标准）解决各种报文类型格式、数据元编码、字符集和语法规则以及报表生成应用程序设计语言等。

这里的 EDI 语义语法标准又是 EDI 技术的核心。

EDI 一产生，其标准的国际化就成为人们日益关注的焦点之一。早期的 EDI 使用的大都是各处的行业标准，不能进行跨行业 EDI 互联，严重影响了 EDI 的效益，阻碍了全球 EDI 的发展。例如，美国就存在汽车工业的 AIAG 标准、零售业的 UCS 标准、货栈和冷冻食品储存业的 WINS 标准等；日本有连锁店协会的 JCQ 行业标准、全国银行协会的 Aengin 标准和电子工业协会的 EIAT 标准等。

为促进 EDI 的发展，世界各国都在不遗余力地促进 EDI 标准的国际化，以求最大限度地发挥 EDI 的作用。目前，在 EDI 标准上，国际上最有名的是联合国欧洲经济委员会下属第四工作组（WP4）于 1986 年制定的《用于行政管理、商业和运输的电子数据互换》（Electronic Data Interchange For Administration， Commerce and Trans port，EDIFACT）标准，已被 ISO 接收为国际标准，编号为 ISO 9735。同时还有广泛应用于北美区。美国国家标准化协会 X.12 鉴定标准委员会于 1985 年制定 NSI X.12 标准。

3.3.2 EDI 系统

根据功能，EDI 可分为以下四类不同的系统。

（1）贸易数据互换系统（Trade Data Interchange，TDI）：是最基本的，也是最知名的 EDI 系统。它又可称为订货信息系统，用电子数据文件来传输订单、发货票和各类通知。

（2）电子金融汇兑系统（Electronic Fund Transfer，EFT）：在银行和其他组织之间实行电子费用汇兑。EFT 已使用多年，但它仍在不断地改进中。最大的改进是同贸易数据互换系统联系起来，形成一个自动化水平更高的系统。

（3）交互式应答系统（Interactive Query Response，IQR）。它可应用在旅行社或航空公司作为机票预订系统。这种 EDI 在应用时要询问到达某一目的地的航班，要求显示航班的时间、票价或其他信息，根据旅客的要求确定航班，打印机票。

（4）计算机辅助设计（Computer Aided Design，CAD）：是带有图形资料自动传输的 EDI。例如，设计公司完成一个厂房的平面布置图，将其平面布置图传输给厂房的主人，主人提出修改意见。一旦该设计被认可，系统将自动输出订单，发出购买建筑材料的报告。在收到这些建筑材料后，自动开出收据。例如，一个厨房用品制造公司，在 PC 机上以 CAD 设计厨房的平面布置图，再用 EDI 传输设计图纸、订货、收据等。

3.3.3 EDI 的工作过程

EDI 是将数据和信息规范化和格式化，并通过计算机网络进行交换和处理的信息交换系统，在国际贸易中，EDI 处理的数据和信息是订单、发票、报关单等商业文件，它大大提高了国际贸易的工作效率。

EDI 应用到国际贸易中，是以计算机网络为依托，通过 EDI 网络中心，把与国际贸易有关的工厂、公司、海关、运输公司、保险公司、银行联系起来，可以大大加速国际贸易的全过程。

1）EDI 网络服务中心的基本业务

生产企业的 EDI 系统，就是要把买卖双方在贸易处理过程中的所有纸面单证由 EDI 通信网来传送，并由计算机自动完成全部（或大部分）处理过程。具体过程为：企业收到一份 EDI 订单，则系统自动处理该订单，检查订单是否符合要求；通知企业内部管理系统安排生产；向零配件供应商订购零配件；向交通运输部门预订货运集装箱；向海关、商检等有关部门申请进出口许可证；通知银行并为订货方开出 EDI 发票；向保险公司申请保险单等。从而使整个商贸活动过程中在最短时间内准确地完成。一个真正的 EDI 系统是将订单、发货、报关、商检和银行结算合成一体，从而大大加速了贸易的全过程。因此，EDI 对企业文化、业务流程和组织机构的影响是巨大的。

2）EDI 网络服务中心的职能

集中处理各 EDI 用户的业务数据及 EDI 信息，并将其翻译、分发至目的方。它一般不是一个 EDI 的用户，只是作为 EDI 业务的第三中介方，向 EDI 的用户提供 EDI 增值网服务、信息服务以及其他 EDI 业务服务等，是 EDI 用户之间连接的主要方式。EDI 服务中心不仅是一个大型的信息交换中心，必须提供完整的 EDI 服务、保障信息交换的可靠性，还具有权威性和合法性，能起到信息公证机构的作用等。所以 EDI 中心建设和运行在我国 EDI 应用发展中十分重要。

案例分析

某用户接入小区宽带出现的问题

某用户计算机接入小区宽带，小区采用光纤到楼宇、100M 交换机到用户、用户桌面 100Mbit/s 的网络结构。使用一块普通 10Mbit/s～100Mbit/s 自适应网卡，在 Windows 2000 操作系统的网络配置中按要求将 IP 地址、子网掩码、网关地址、DNS 地址等信息正确配置。虽然网络连接成功，但上网速度非常慢，使用 QQ 聊天时经常和服务器断开连接，打开网页时经常无法正常打开，进行文件传输时经常是传输一部分就出错或终止传输。

分析：

1. 简单分析一下本小区的网络结构是怎么设置的？
2. 如何解决用户计算机的网络设置问题？

习　　题

一、单项选择题

1．Internet 的起源时间为（　　）年。

A．1969　　B．1983　　C．1989　　D．1994

2．我国正式连入 Internet 的时间为（　　）年。

A．1969　　B．1983　　C．1989　　D．1994

3．IP 地址一般由四组数字组成，每组数范围为（　　）。

A．0～254　　B．0～255　　C．0～256　　D．0～257

4．顶层域中代表商业机构的为（　　）。

A．ac　　B．com　　C．edu　　D．net

5．统一资源定位器的英文缩写是（　　）。

A．Http　　B．URL　　C．FTP　　D．USENET

二、多项选择题

1．计算机网络由（　　）组成。

A．通信子网　　B．计算机　　C．资源子网　　D．数据传输介质

2．关于计算机网络的分类，以下说法正确的是（　　）。

A．按网络拓扑结构划分，分为总线型、环形、星形和树形等

B．按网络覆盖范围和计算机间的连接距离划分，分为局域网、城域网、广域网。

C．按传送数据所用的结构和技术划分，分为资源子网、通信子网

D．按通信传输介质划分，分为低速网、中速网、高速网

3．（　　）信息可在 Internet 上传输。

A．声音　　B．图像　　C．文字　　D．普通邮件

三、思考题

1．举例说明一个完整的电子商务活动需要用到哪些 Internet 服务。

2．企业在注册域名时可采取哪些保护策略？如何应对域名侵权问题？

四、技能实训题

1．某用户在公共机房登录网络银行后，需要清除使用过的表单和密码信息。写出清除表单和密码信息的过程。

2．如何清除 IE 的临时文件（不允许使用专用工具）？记录你的解决办法。

3．假如某计算机的网卡型号为 RTL 8139，但已经没有 Windows 98 操作系统下的驱动程序。给出解决方法。

第 4 章

电子商务运行环境

学习目标

1. 了解电子商务的法律环境和各类法律问题及国内外电子商务法律概况；
2. 了解电子商务的信用环境和信用问题，着重掌握电子商务的信用体系的构建；
3. 了解电子商务的税收环境和税收问题，掌握电子商务税收政策；
4. 了解电子商务的语言、文化等其他环境。

名人名言

现在人类已经进入互联网时代这样一个历史阶段，这是一个世界潮流，而且这个互联网时代对人类的生活、生产、生产力的发展都具有很大的推动作用。

——中国国家主席习近平

引例

国内第一起域名纠纷案

——广东某制衣厂抢注英文商标“kelon”域名纠纷案

1998 年 3 月，被广东某制衣厂抢注其英文“kelon”作为域名的科龙集团向法院提出诉讼，请求法院确认该制衣厂的抢注行为属于恶意侵权行为，令其承担相应的法律责任。这是我国第一例域名纠纷案，最后法院裁定该制衣厂注册“kelon”域名行为属于非法。该制衣厂已向中国互联网信息中心提出申请，要求注销其注册的“www.kelon.com.cn”域名，并交回注册证书。

4.1 电子商务的法律环境

4.1.1 电子交易的基本规则

电子商务的参与者，包括企业、消费者、金融机构和网络服务商等主体之间必须建立起一套共同遵守的商业规则，且这种规则要为各国法律所确认。这些规则包括电子商务合同订立，生效的时间、地点、电子商务文件的证据效力，电子商务的书面形式要求和电子签名的认证，争端的解决方式及电子商务纠纷的司法管辖权问题等内容。

4.1.2 电子商务的法律问题

电子商务的突出特征是使重要的商业活动通过计算机及互联网完成，这种网络世界构成了一个区别于传统商业环境的新环境。在这个虚拟世界里，来自于全世界每个角落里的人和企业均可以低成本、高效率地完成各种交易，而无须受到时间与空间的限制。这种环境与交易手段的改变，使在传统交易方式下形成的规则很难完全适应，因此，需要有新的法律法规来适应电子商务运作的法律环境。然而，就目前状况看，世界各国在电子商务法律建设中存在诸多问题，法律的滞后与缺失使得电子商务交易中出现的问题无法可依，严重制约了电子商务的发展。

电子商务的法律问题主要涉及在电子商务活动中出现的各方当事人之间的法律关系，包括电子合同、电子商务支付、电子商务隐私权、电子商务交易安全、电子商务知识产权等方面所引起的法律问题。

1. 电子合同中的法律问题

随着互联网在全球范围内的迅猛发展，越来越多的企业纷纷将传统的销售领域转移到网络上，以网络为基础的电子协议、电子合同的数量急剧增加。电子合同，是通过互联网订立的，明确当事人彼此之间的权利和义务关系的协议，也被称为“无纸合同”，以区别于传统意义上的合同，这种新兴的合同与传统意义上的合同不同，它有着自身的法律特征，但目前无论是国际贸易还是国内贸易，都有签字、盖章、书面形式等传统的法律要求，这对电子合同在许多方面都意味着严峻的挑战，《中华人民共和国合同法》（以下简称《合同法》）中规定，合同的书面形式可以是数据电文。数据电文包括 EDI、电子邮件等形式。这从法律上明确了电子合同的地位，但是，由于世界各国电子商务发展水平相距甚远，对待电子合同的标准也千差万别，因此，在电子商务的实际应用中必须充分考虑各国的不同法律标准。

电子合同作为一种新型合同，除了具备传统合同的一般特征外，还具有以下特征：合同的要约与承诺均需通过互联网进行，即合同双方当事人通过互联网以电子数据的传递来完成要约与承诺；合同的成立、变更和解除不需要采用书面形式，即电子合同采用 EDI 的方法签订；合同的成立不需要经过签字，即电子合同是通过“电子签名”的方式确定合同成立的。

正因为上述特征，使电子合同在使用过程中与现有法律规定存在如下问题。

1）电子合同中的要约与承诺问题

《合同法》中所称合同是指“平等主体的自然人、法人和其他组织之间建立、变更、终止民事权利义务关系的协议”“当事人订立合同，采取要约、承诺方式”。“要约”是指一方当事人以缔结合同为目的，向对方当事人提出要约条件，希望对方当事人接收的意思表示。“承诺”是指受要约人做出的同意要约以成立合同的意思表示。当两个过程意思一致时，即告合同成立。在传统商务模式下，要约是可以撤销的，但前提是撤销的通知早于原要约到达受要约人。这条规定在传统交易中是可以实现的，而通过电子方式发出的要约是否可以撤销则是一个值得探讨的问题。因为通过互联网进行电子数据传递的速度极快，并且，目前尚无另外一种速度更快的数据传递方式；另外，当受要约人通过计算机系统收到要约或订单的电子信息后，便可立即处理，并且向对方发出承诺电文，在这种情况下，要约很难有撤销的机会。

2）电子合同的承诺生效问题

承诺是指受要约人同意接受要约的条件以缔结合同的意思表示。承诺从什么时候起生效是合同法中一个十分重要的问题。因为，按照各国的法律，承诺一旦生效，合同即告成立，当事人双方就要受到合同的约束，承担合同所规定的权利与义务。订立合同的地点对于确定合同的适用惯例，在诉讼时确立主管法院以及对确定使用的国际司法来说是相当重要的。

法律规定，传统商务活动中，承诺生效的原则有“投邮生效”原则，即凡是以信件、电报做出承诺的，承诺的信函一经投邮，合同立即生效，生效地点是“合同投邮地”；“到达生效”原则，即按照德国法律，要约和承诺都是一种意思表示，而意思表示到达相对人时发生效力。因此，按照不同国家的法律规定，合同成立的时间和地点也有所不同。

但在电子商务环境下，电子合同的订立是在不同的计算机系统之间完成的，对于电子合同而言，采用“到达生效”较为适宜，电子商务中，承诺生效的时间和地点，可以通过对收到该条数据电文的时间和地点加以确定而获知。联合国《电子商务示范法》第 11 条进行了详细规定：发出和收到数据电文的时间和地点除非发件人与收件人另有协议，数据电文的收到时间按下述方法确定：如收件人为接收数据电文而制定了某一信息系统，以数据电文进入该指定信息系统的时间为收到时间，或数据电文发给收件人的一个信息系统的时间为收到时间。也就是说，要约和承诺的生效时间当双方有约定但并未按照约定方式发送电文时，以接受电文方检索到该电文时方为收到。第 4 款对电子合同的生效地点作了规定：除非发件人和收件人另有协议，数据电文以发件人设有营业地的地点为其发出地点，而以收件人设有营业地的地点为其收到地点。如果发件人或收件人无营业地，应以对基础交易具有密切关系的营业地为主，如果并无任何基础交易，发件人或收件人没有营业地，则以其惯常居住地为准。

3）电子合同的签字署名问题

许多国家的法律规定，交易的单证必须有签字予以确认才有效。采用电子商务进行交易，很难在电子文件或单证上亲自签字署名。为了克服这个法律障碍，各个国家积极探索，于是电子签名应运而生。因为签字的基本要求具有独特性，在文件上签字就是为了证实该项文件，所以在电子商务环境下，通过使用某种特殊的符号就可以达到传统签字署名的法律要求。以电子商务方式进行的交易，双方所达成的协议往往不是书面形式的，而且也没有签名，因此，联合国《电子商务示范法》中规定，如果法律要求有一个人签字，对于一项数据电文而言，倘若符合以下情况，就满足了该项要求：使用了一项方法鉴定了该人的身份，而且表明该人认可了数据电文内所含的信息；从所有各种情况来看，包括根据任何相关协议，所用方法是可靠的，对生成或传递数据电文的目的来说也是适当的。

4）电子合同的“书面形式”问题

电子商务合同的出现，取代了一系列繁杂的纸面文件，从而实现了“无纸贸易”。但是，大多数国家的法律仍强调以书面形式作为合同存在的证据价值，否则合同属于无效合同。但是采用电子商务进行贸易活动时，买卖双方通过电子数据完成信息交换，不存在传统意义的书面合同形式。关于电子数据能够视为书面文件，并取得与书面文件同等的法律效力，是各国法律尚未解决的问题。

联合国《电子商务示范法》对数据电文的规定是：不得仅仅以某项信息采用数据电文形

式为由而否定其法律书面效力、有效性和可执行性；对“书面”的规定为，如果法律要求信息必须采用书面形式，则假如一项数据电文所包含信息可以存取以备日后采用，即满足了该项要求；无论前款所述要求是否采取一项义务的形式，也无论法律是否仅仅规定了信息不采用书面形式的后果，该款均将适用。《合同法》第 11 条规定，电子数据交换、电子邮件等数据电文形式都属于合同的书面形式。但是《合同法》对电子合同这种方式也有所保留，鼓励交易双方在订立合同之前另行签订“确认书”，签订“确认书”时合同成立。

5）电子商务文件的证据效力问题

电子商务的电子文件包括电子商务合同以及电子商务中流转的电子单据。电子文件的实质是一组电子信息，是通过调用存储在软盘中的文件信息，显示在计算机的屏幕上的文字来表现的，已经突破了传统法律对文件的界定，因此，与传统书面形式相比，电子文件有一定的不稳定性，一切来自于外界的对计算机及其网络的干扰，都有可能造成它的丢失、损坏或更改。由于电子文件使用的是磁性介质，其存储的数据内容可以随时被改动，而且即使被改动或添加也不易留下痕迹。另外，电子文件容易出错，这些差错有些是人为造成的，有些归咎于环境和技术条件。还有，电子文件一经泄露给未经授权的人，将给用户造成巨大损失。这些原因使电子文件的安全性和真实性受到威胁，一旦发生纠纷，这种电子文件在诉讼时能否被采纳为证据，就成为法律上的难题。

但是随着计算机及网络技术的发展，通过技术处理，电子文件将无法被删除、修改，这将使以磁性介质为载体的网络文件的伪造比书面文件还困难，网络文件的安全性将大大提高。

2. 电子商务支付问题

电子商务的优势在于能够实现零距离收付、零距离购销，如果没有安全有效的电子商务金融渠道，尤其是电子支付手段，是做不到“零距离”的。而我国现在的金融支付手段不完善，各大商业银行的电子支付程序比较烦琐，并且还没达到数据的交互，没有形成统一的支付系统。当电子交易中的当事人采用不同的支付方式且这些支付方式又不互相兼容时，双方就不可能通过电子支付的手段来完成款项支付，从而也就不能实现网上的交易。另外，现存的支付宝手段虽然在电子商务活动中起到了很好的作用，但这只是电子支付中的过渡产品，其在解决电子支付的安全性和资金流动的实时性上存在明显缺陷，不能完全满足金融电子化的要求。

3. 电子商务隐私权保护问题

网络隐私权是指公民在网络中享有的私人生活安宁与私人信息依法受到保护，不被他人非法侵犯、知悉、搜集、复制、利用和公开的一种人格权；也指禁止在网上泄露某些与个人相关的敏感信息，这些信息的范围包括事实、图像（如照片、录像等），以及诽谤的意见等。目前电子商务隐私权保护领域有三大问题，即个人信息数据保护、个人数据二次开发利用和个人数据交易。网络侵权行为的泛滥会使电子商务交易的诚信基础更为削弱，不利于电子商务交易的长期发展。

除上述法律问题外，电子商务还涉及的法律问题有 CA 认证机构的规范，物流配送涉及的规范问题，电子商务企业的资质、组织、技术规范，网络广告行为规范，网络发布内容的审查与管理，网络经营者的法律责任，电子商务中消费者权益保护等问题。

4. 电子商务交易安全问题

电子商务交易安全的法律问题涉及下面三个方面。第一，电子商务网站的安全管理存在很大隐患，普遍容易受到黑客攻击，国内安全技术结构和加密技术强度普遍不够。第二，电子商务交易售后安全也是“真空地带”，出现问题后无人负责。第三，电子商务交易安全缺乏足够法律、制度体系支持。我国现今对电子商务交易的保护主要散见于计算机网络技术相关法律法规及民商法，没有相关的专门法律体系，制度建设上也存在混乱，加上网络技术发展速度过快，法治远远滞后。

5. 电子商务知识产权保护问题

知识产权与有形财产存在明显不同的特点，如垄断性、地域性、时间性、无形性、政府确认性等。其中又以垄断性和地域性更为特别。如果知识产权不能保证权利人的专有，则知识产权制度就不能发挥其应有的作用，其权利也就成了一种摆设。如果地域性被彻底打破，权利就有可能成为世界通行的“全球权利”或产生世界性统一的制度。电子商务活动建立在互联网上，网络的传输表现出“公开”的开放性和“无国界”的全球性特点及状态。“公开”为“公知”提供了前提，也为“公用”提供了方便;“无国界”又使得地域性的知识产权受到严峻的挑战。在知识产权保护国际化趋向的状况下，是否因电子商务的发展而导致知识产权保护的真正本质意义上的国际化？

电子商务中的知识产权问题主要是由现有的网络技术给版权、专利权和商标权等制度带来的问题。在其上的知识产权法律冲突呈现复杂性和难以根除性，有些问题在现有的法律制度中还难以找到有效解决的方法。

应用案例

2014 年 7 月 1 日，中文域名正式开放注册，京东商城、腾讯、可口可乐等公司已经注册，以期保护其商标。随着电子商务的蓬勃发展，域名经济价值不断提升，将他人已经注册的商标抢注为域名，或将他人所有并具有较高知名度的域名注册为商标的情况时有发生。中文域名开放注册后这一情况可能会更为普遍，那么如何制止域名抢注、商标权滥用等违法行为呢?

1. 恶意抢注遭到各国普遍禁止

2010 年，第一个中文顶级域名“.中国”被正式纳入全球互联网根域名系统，一年后，“.公司”、“.网络”也被正式写入全球互联网根域名系统，成为可实现全球访问的中文新通用顶级域名。域名作为一种字符形标识，包含一定的语词意义，已经成为企业的重要商业标识，承载企业商誉，是企业重要的无形资产。域名相当于一个家庭的门牌号码，别人通过这个号码就可以很容易地找到自己。新浪微博将其英文域名改为“weibo.com”，成为微博的“唯一代言人”。现实生活中，企业普遍追求“商业标识一体化”，将域名、商标、商号等标识一同进行广告宣传，向消费者展示企业形象，域名被誉为“企业的网上商标”。

恶意抢注包括对域名的抢注和对商标的抢注。美国《反域名抢注消费者保护法》认为，域名抢注是指个人或公司将其他公司企业的商标、名称或名人的姓名及这些标记的相关变形恶意注册为域名，并通过恶意使用以从中牟利或达到其他不正当目的的行为。现实生活中，抢注域名的现象较为多见，但也不乏商标抢注现象，即在后注册的商标权人将他人持有的知名域名注册为商标，通过“搭便车”达到扩大自己影响力的目的。

各国立法均普遍禁止此种人为、有意造成的域名和商标权利冲突现象。2005 年，福建德尔惠鞋业有限公司以刘某在互联网上将“德尔惠体育用品.cn”注册为中文域名，涉嫌不正当竞争为由向法院起诉，后法院经审理判决刘某停止使用并撤销该域名，由德尔惠鞋业有限公司使用该域名。域名和商标在排他性上存在不同。域名是为了替代不易识别和记忆的数字地址（IP 地址）而设计的一种形象化的标识，其与 IP 地址一一对应，每台主机的 IP 地址是唯一的，这就决定了域名具有唯一性，而且在全球范围内域名具有绝对排他性。与此不同，商标权仅在同一地域、同一商品类别范围内具有唯一性，因此，同一商标在不同地域范围内或不同商品类别上可以有多个权利主体。例如，熊猫这一商标，可以被熊猫电子集团有限公司在电视上注册，同时也被其他公司在烟花上注册为商标。此时，如果多个商标权权利主体均申请与该商标完全相同的域名注册，就会因为域名的绝对排他性造成权利冲突。

2. 解决域名与商标权利冲突的办法

在我国颁布《中国互联网络域名管理办法》、《中国互联网络信息中心域名争议解决办法》等部门规章之前，对于域名抢注等行为均作为商标侵权行为或不正当竞争行为处理。但随着电子商务的蓬勃发展，该类型的权利冲突案件发生频率越来越高，而且案件专业性、复杂性越来越强。传统意义上的权利冲突解决模式已经很难满足实践需求。

对此，中国互联网络信息中心颁布了一系列规章，着力解决域名相关的争议，其中借鉴互联网络名称及编码公司于 1999 年颁布实施的《统一域名争端解决规则》而制定的《中国互联网络信息中心域名争议解决办法》，是我国解决域名与商标权利冲突案件的主要依据。该办法详细规定了争端解决机构、争议解决期限、争议解决原则以及恶意抢注的标准等具体解决细则。

4.1.3 电子商务的国内外法律环境概况

1）电子商务的国际法律环境概况

国际上关于协调电子商务交易的法规主要由各国国际组织发起并制定，由各成员国共同遵守和执行。其中，最具代表性和普遍性的是联合国国际贸易法委员会于 1996 年 6 月 14 日颁布的《电子商务示范法》及世界贸易组织（World Trade Organization，WTO）关于电子商务的规定。电子商务作为一个新生事物，世界各国对此还处于摸索阶段，立法相对滞后，有关的法律规范框架都还在构建之中。从发达国家目前的立法动向来看，基本上是从一个战略发展角度来规范和建立电子商务 立法规制的。目前许多发达国家纷纷制定法律法规、起草电子商务基本框架、签署双边协定、发表白皮书等，都是为了争取制定电子商务国际规则的立法权。

美国是 Internet 的发源地，在电子商务立法方面比其他国家深入。美国政府在 1997 年 1 月公布了《全球电子商务框架》白皮书，提出了发展电子商务的一般规则、面临的问题和相关建议。1998 年 4 月，美国商务部发表了《崛起的数字经济》，呼吁建立规范的 Internet 电子商务法律框架。1998 年 6 月 23 日，美国通过了“反 Internet 税”，禁止对新的 Internet 和 Internet

服务征收税费。英国贸易与工业部于 1998 年 10 月发表了《网络的利益——英国电子商务发展规划》，阐述了英国政府的电子商务方针和政策。其他如澳大利亚、日本、新加坡等国也都提出了自己的涉及电子商务法律建设的发展框架。

2）电子书商务的国内法律环境概况

与美国等西方国家相比，我国的电子商务立法相对滞后，存在的主要问题包括：立法层次普遍较低；电子商务法与网络立法界限不清；分别立法现象、法律重复建设现象严重；现行法律的修订相对滞后；大多立法针对表层问题，在深层问题上缺乏相应法规的规范。现代电子商务在我国的出现时间虽然不长，但它的发展速度非常迅速，使得立法远远跟不上电子商务在我国的发展，制约了电子商务的发展。从电子商务的实践来看，由于没有相关法律、法规约束，电子商务中出现的各种纠纷必将影响电子商务健康发展。《合同法》有关电子合同的描述还相当简单，缺乏详细的具体规定，操作起来比较困难。而电子商务在体系、组织、模式、法律、管理、技术上的不成熟，给电子商务立法带来了许多问题。

我国电子商务立法可采用两种模式。一种是从立法到基本法分两步走，即先从个别法律入手，如修改合同法、贸易法中有关电子商务实施中关于书面文件、签字、证据力等的规定，到时机成熟时，再起草电子商务法或电子贸易法。二是以由点到面的方式从基本法到专门法。由于电子商务的使用是从不同部门开始的，在时机不成熟时先分别修改这些部门的法规，但部门与部门之间的规定不能违背基本法规定。与此同时，在各点的不断实践中逐步开展连点成面的统一立法。我国电子商务的立法从 2003 年以来已经有了显著的进步。

4.2　电子商务的信用环境

4.2.1　我国电子商务的信用问题

1）普遍缺乏信用意识和信用道德规范

我国经济是由计划经济脱胎而来的，社会信用经济发育较晚，市场信用交易不发达，社会普遍缺乏市场经济条件下的信用意识和信用道德规范。国内企业的交易多限于面对面地进行，网上信用意识较差。很多企业与个人对于信用的重要性缺乏应有的认识，社会上的信用缺失行为非常盛行，这种现实状况无疑制约了电子商务信用状况的改善。

2）市场法制建设不健全

在目前情况下，尤其是电子商务法律、法规不完善，缺乏明确的法律、法规对电子商务进行规范，加大了电子商务活动的风险。虽然已经颁布了《中华人民共和国电子签名法》，但它只是在一个很浅的层面上对电子商务企业进行控制。由于对电子商务活动缺乏法律制约，一旦交易者利用法律空白和漏洞从事网上欺诈活动，就会严重制约电子商务的持续快速发展。

3）信用中介服务落后

目前，我国缺乏完善的国家信用管理体系，而且社会信用中介服务行业发展滞后，信用管理行业的市场化程度较低，信用中介机构很多没有自己的信用资料数据库，即使有规模也普遍偏小，信用信息不完整。就是有一些机构为电子商务企业提供信用服务和信用产品，如信用抽查报告、资信评级报告等，市场规模也很小且经营分散，而且行业整体水平不高。

4）电子商务的安全性问题带来隐私泄露的风险

用户在进行网络购物时，往往会被要求提交一些个人信息，包括姓名、年龄、电话号码、身份证号码，以及信用卡号码和密码等。在网络环境下购买这些信息普遍具有了财产化的趋势，因此成为商家竞相追逐的稀缺资源。电子商务是一种建立在信任基础上的经济模式，其成功的关键在于交易双方的彼此之间有足够的信任。如果不对收集和利用用户的个人信息的行为进行必要的规制，为用户提供良好的网络隐私权保障，则人们会逐渐丧失对网络交易模式的信任，最终导致电子商务的失败。

5）电子商务交易中的物流配送问题

电子商务交易的最后一个环节便是物流，物流不仅提供货品运输和配送，还承担反馈信息和售后服务的责任。然而，虽然今年来物流体系有了较大的发展，但是配送成本高、服务质量差、效率低下等问题依然阻碍着物流行业的发展，尤其当商品在配送过程中出现损坏或遗失时，责任人难以确定，使得电子商务信用风险再次显现。

4.2.2 电子商务信用体系的构建

电子商务作为一种商业活动，信用是其存在和发展的基础，需要采取以下措施加以规范和促进电子商务信用机制建设。

1）培养诚信意识

网民一直迫切地呼唤企业诚信，其实诚信的源头在于社会大众，政府应加大宣传力度，对社会的信用意识加以培养、加以教育，让网民认识到诚信、信用本身就是一种财富；社会的信用问题是一个根本问题，有了社会信用意识，就会产生信用文化，信用自然而然深入人心，这才会在市场经济体制中形成一个良好的社会信用氛围，进而形成一个良好健康的市场经济体制。

在我国信用评价和监督机制不健全的环境下，企业和个人在交易过程中诚实守信的意识还很淡薄，因为人们的失信成本很低，或者说有时还不存在失信成本，这使得部分人越来越不诚实、不守信。这也就是为什么屡屡出现不诚信的企业，为了一己之私铤而走险，全然不顾消费者的利益。

2）加大信用管理体制宣传

我国经济是由计划经济脱胎而来的，信用基础较薄弱，无论是企业还是个人均缺乏资信管理的意识，虽说市场经济就是信用经济，但时至今日，我国有相当一部分企业领导对电子商务信用问题缺乏最起码的了解。为了尽快提高电子商务交易主体的积极性，加速电子商务信用问题的解决，必须更新观念，大力加强宣传力度和培训力度，加强和拓展信用披露制度和方式，增强全社会的资信观念，力争在较短的时间内实现企业领导观念的现代化。

3）建立完善的社会信用体系

电子商务作为一种新型的商务活动模式，它的每一次交易活动都要涉及多方参与者，每个参与者都要承担一定的信用责任。他们需要在一个完善的诚信环境下进行交易，但建设这种环境不是电子商务活动的某一参与者具有诚信意识就能解决的问题。这种诚信环境和机制需要社会各方共同长期努力才能营造出来。我们应借鉴发达国家现行的相关立法，尽快出台信用法律规范，同时建立相关信用管理机构，并出台相关的法律、法规。

4）通过第三方资信机构认证建立信用体系

这几年电子商务网站通过其自身实践，不断对其信用控制体系进行完善补充，如阿里巴巴的“诚信通”等。这对于电子商务平台上的交易越来越起到良性规范的作用，而且也正在吸引着诚信的企业和消费者不断加入其中，但是单靠一个网站自己内部建立起来的信用评价体系肯定是片面的、局部的，随着电子商务的发展一定还需要不断地完善。

5）构建网站、物流对卖家的综合信用评价体系

为了避免虚假评价、信用吹捧，有学者建议采用收取交易费用的方法，即对每一笔交易收取一定的交易费用，但目前从网站对商户的政策上一段时间内还是免费开放的，短期内不会采用付费形式。在免费情形下，网站根据投诉状况和物流反馈信息，定期对买卖双方做信用调整，对短期信用度提升异常的卖家，加大回访工作量，监督鉴定信用真实度。同时，加强物流监管功能，在收获时简单验货，避免虚假交易和信用互刷。长期看来，收取交易费用也是可行之策。

6）建立信用累奖惩机制

政府主管部门在加大信用宣传力度的同时，应采取各种激励措施，推动和保障行业信用体系建设，建立一个完善健全的信用管理体系，包括国家关于信用方面的立法、执法；政府对开展电子商务的企业实施跟踪调查的过程中，赋予相关部门依据法律法规实施奖惩的权力，如对信誉良好的企业给予优惠政策，采取免于检查、失信信誉年检等措施予以奖励。对于失信企业和个人，让其受到应有的行政或司法处罚，使其在经济上受到严重损失。例如，遇到投诉，就要对其高额惩罚一次让其能牢牢记住，而不是“挠痒痒”，并对其进行重点监管，定期审查。同时将失信企业或个人的不良行为记录在媒体上予以公布，让失信者难以在社会经济生活中立足。

7）加大电子商务的行业自律性

对于电子商务信用问题的解决，除了上述内容外，政府还应加强行业自律性。规定所有电子商务会员应共同遵守的商业规则和一些独特行业所应遵守的特殊规则以保护消费者的切实权益。对一些不遵守共同商业规则的行业进行处罚，严重者开除其会员资格。

8）加大电子商务技术的开发和应用

建立完善的电子商务信用体系，必须依靠高科技手段，必须不断加强网上安全认证技术的开发和应用，如数据挖掘技术的开发、信息安全技术的开发、信用系统数据平台建设、数据仓库的整合与数据采集。另外，制定政府信用相关数据和信息的采集、交换和存储标准、电子签名、CA 认证服务体系，加快各级各部门政务信息电子化、网络化建设，建立并完善电子商务政务技术平台，将为信用信息资源的整合和共享创造条件。

9）健全企业内部电子商务信用管理机制

企业在进行电子商务的过程中，应建立一套完整的信用管理机制，对客户进行跟踪调查，以保障企业的切身利益，促进电子商务信用体系建设。具体来说，应从以下两个方面入手。

（1）构建网上信用销售评估模型。企业信用部门在电子商务交易之前，首先通过两种方式评估客户信用：一种方式是根据客户的财务报表进行评估；另一种方式是开发出适合本行业特点和本企业特征的信用评估系统。

（2）加强网上客户档案管理。企业应建立完善的网上客户档案，并定期进行跟踪调查，以更好地维护企业自身利益。国家可以搭建一个公共的信息平台，为电子参与商建立一个公

开的信息档案，以记录电子参与商的信用度，每一个电子参与商都可以在这个公共的信息平台上查看对方的信用指数，以决定双方是否合作，合作是否安全。在进行电子商务的过程中，可以根据用户信息的变化及时调整信用度，使得优良的客户订单增加，同时及时发现信誉度较差的客户。

应用案例

阿里巴巴公司拥有来自200余个国家和地区超过2 000万名会员，阿里巴巴网站包括两个相连的市场：阿里巴巴国际站和阿里巴巴中国站。中国站包括诚信通档案、诚信论坛、投诉曝光机制、信用记录搜索。在阿里巴巴办理诚信通需要经过第三方认证机构的认证，即使认证通过者，每年仍需要接受第三方认证机构的核实。诚信通档案是阿里巴巴商人为从事网上贸易提供的网上信用活档案，它结合传统信用认证和网络互动的特点，多角度、及时持续、动态地展现企业在网上贸易过程中的信用情况，让诚信的企业赢得客户青睐以达成更多交易，对不诚信的企业进行曝光。

4.3 电子商务的税务环境

4.3.1 电子商务的税收问题

税收是国家为了满足一般的社会共同需求，按照国家法律的规定，强制地、无偿地征收实物或货币而形成的特定的分配关系。税收是国家财政收入的主要来源，也是国家进行宏观经济管理和市场调控的主要手段之一。税法是税的唯一表达形式，是税收制度和税收规则的体现，是国家凭借政权力量利用税收工具的强制性、无偿性和固定性的特征参与一部分社会产品和国民收入的分配，以及组织、掌管财政收入的法律规范的总和。它从法律上反映了国家财政经济政策。

在国际税收法律制度中，税收管辖权是一个重要的概念。它是一个国家政府对一定的对象征收税的权力。税收管辖权即主权国家对本国税收立法和税务管理具有的独立管辖权力，它意味着主权国家在税收方面行使权力的完全自主性。税收管辖权范围是一个国家的政治权力所能达到的范围。

电子商务是基于Internet上的商务活动，其贸易的形式、途径、手段均与传统的交易形式有本质的差别，其税收问题也有其自身的特点。随着电子商务的迅猛发展，新兴的贸易形式为企业带来了巨大的经济效益。同时，也对传统货物交易方式中形成的税收理论和税收原则提出了新的挑战。与传统商务相比，电子商务的无国界性、交易的虚拟化和隐匿化给传统税收体制和征管带来了诸多需要解决的问题，具体体现在以下几个方面。

1）电子商务的税收管辖权问题

税收管辖权是指一国政府对一定的人或对象征税的权力，依据国家主权原则可以分为属人原则和属地原则两种，即居民税收管辖权和收入来源地税收管辖权。电子商务对此提出了挑战。

在现行税法中对于常设机构的认定，一般是以企业是否有一个进行经营的固定场所为征税依据。然而，从事电子商务的企业往往是在某国（或地区）Internet 服务提供商的服务器上租一个空间进行网上交易，其服务器所在国（地）并无地理意义上的固定营业场所，那么一个服务器或一个网络地址是否为“常设机构”？对此类“常设机构”网上交易的营业利润征税的法律依据又何在？

现行税法中有关独立个人和非独立个人劳务活动所得的征税以是否有“固定基地”和是否达到“停留时限”为依据的规定，传统劳务活动中，独立个人或非独立个人在另一国（域地区）设有从事劳务活动的“固定基地”和停留一定的天数。Internet 的普及，使得人们可以利用计算机为另一国（或地区）的消费者提供诸如会计、法律、医疗、设计等劳务，因此传统的劳务活动发生地的认定，就不适用于电子商务交易中。

传统的消费税主要是以商品供应地为基础而享有税收管辖权。而网络营销中的货物和服务因 Internet 而降低了物理位置的重要性；同时，也使消费税的征收管辖权变得模糊。例如，A 国某居民在 B 国的某服务器上订购了某商品，要求寄往 C 国，该居民就有可能收到三个国家的税单。

对于电子商务，不管选择哪种原则，在确定谁拥有课税的管辖权时都遇到了难题，外国企业利用 Internet 在一国开展贸易活动，很多情况下已经不需要在该国境内设立常设机构，而只需装入事先核准软件的智能型服务器，便可买卖数字化产品；并且通过该服务器还可与世界各国的网上企业进行网络贸易，服务器的营业行为就很难统计和分类，交易行为主体也很难认定，这使该国失去了作为收入来源国对该类交易的所得征税的基础。如果按属人原则征税，一个智能服务器能否算作“居民”，现行的法律没有规定。目前判定法人居民身份一般以管理中心为标准，而每个服务器的实际管理控制中心均可分布于世界各地或迁移至避税地，这使得属人原则征税也失去了依据。

世界各国实行的税收管辖权并没有一个统一标准，但都坚持收入来源地管辖权优先的原则。电子商务出现后各国对收入来源地的界定发生了争议。网络空间的广泛性和不可追踪性以及网络交易行为和环境的虚拟化等原因使得收入来源地很难确定，其管辖权也很难界定，由于大多数国家都并行行使来源地税收管辖权和居民（公民）税收管辖权，就本国居民的全球所得以及本国非居民来源于本国的所得课税引起的国际重复征税，通常以双边税收协定的方式来免除。即通过双边税收协定，规定居住国有责任对国外的、已被来源国课税的所得给予抵免或免税待遇，从而减轻或免除国际重复课税。然而，在电子商务交易中，往往提供数字化产品的供应商与提供网络服务的服务器以及购买者分别位于不同的国家或地区。在这样的电子商务交易中，应向数字化产品供应商的所在地缴纳税款，还是向提供网络服务的服务器的所在地征税，或者是向购买者所在地缴纳税款，现行的税收制度无法予以解决。随着电子商务的发展，来源地管辖权必将被弱化。即使以上问题通过国家或地区之间的协商得到解决，电子商务的税收管辖权依旧难以界定。

国际电子商务使来源地税收管辖权原则显得软弱无力，对居民税收管辖权也提出了严峻挑战，虽然居民身份通常以公司的注册地标准判定，但是许多国家还坚持以管理和控制地标准来判定居民身份，管理和控制中心可能存在于多个国家，也可能不存在于任何国家，这使得居民税收管辖权也形同虚设。随着电子商务的发展，公司更容易根据需要选择交易发生地，其结果是电子商务交易活动将会普遍转移到管辖权较弱的地区进行。

2）电子商务的避税问题

高新科技的应用为电子商务的纳税人逃避税务稽查提供了高科技手段．同时使电子商务的避税问题更加明显和难以控制。

跨国企业利用 Internet 架起了实时沟通的桥梁，跨国关联企业通过转让定价，轻易地就可以将产品开发、设计、生产、销售的成本“合理地”分布到世界各地，任何一个公司都可以利用其在避税国设立的网站与国外企业进行商务洽谈和贸易，形成一个税法规定的经营地，而仅把国内作为一个存货仓库，以逃避国内税收。

电子商务网上交易引发的税收难点还包括易货交易。商家通过网上交换商品或劳务而不发生货币交易的易货交易行为，在传统商务中已经是税收征管的难点，网上交易更增加了偷税漏税的可能性。

由于 EDI 技术的运用，企业电子商务活动无纸化程度越来越高，订单、买卖双方的合同、作为销售凭证的各种票据都以电子形式存在。电子凭证可被轻易修改而不留下任何线索，导致传统的凭证追踪审计失去基础。在这种情况下，要求网站自觉照章纳税几乎是不可能的。

3）电子商务税收的公平问题

为了加速本国电子商务的发展，为本国企业抢占国际市场铺平道路，许多发达国家电子商务税收问题基本上是免税的，而一些发展中国家尚没有专门的电子商务税收政策。因而电子商务企业的交易也能成功地利用保护政策或政策的漏洞来躲避税务，这种情况使得网上交易基本处于免税状态。这对于没有进行网上交易的常规企业和没有上网购物的消费者是不公平的。

4）电子商务税收的征管问题

现行的税收征管体制是建立在对卖方、买方监管的基础上的。要让税务机关追踪、掌握、识别电子商务买卖双方大量的电子商务交易数据并以此为计税依据是十分困难的，而电子货币、电子支票、网上银行、信用卡和使用者的匿名方式，更加大了税收征管的难度。

除上述问题之外，目前广泛讨论的电子商务税收问题还包括电子商务税收征与不征的问题、电子交易数据的法律效力问题、数字化产品认定问题、电子商务税种问题等。此外，电子商务的无纸化交易和纳税的无纸化申报，使账簿凭证无纸化，而这些电子凭证又可以不留痕迹地被轻易修改。随着电子银行的出现，一种非记账的电子货币可以在税务机关毫无察觉的情况下完成纳税人之间的付款结算业务，这就使以传统凭证为根据的税务征管失去基础。所有这些都给税务征管、稽查增加了难度。

总之，由于电子商务具有高度的隐蔽性和流动性，严重侵蚀了现行税基，并直接导致各国产生新的避税形式，这方面的问题也随着电子商务的发展显得日益突出。

4.3.2 电子商务的税收政策

税收是国家为实现其职能，凭借政治权力参与社会生产的再分配，强制无偿获取财政收入的一种手段。政府对一个产业或行业的扶持所制定的税收政策起着直接的作用，因而，电子商务税收政策如何制定，是电子商务能否快速发展的重要影响因素。

1）国外电子商务税收政策

美国作为电子商务应用最广、普及率最高的国家，已对电子商务制定了明确的税收政策，该政策的出台，不仅对其本国电子商务发展产生影响，也对全球贸易产生了冲击。

美国财政部于 1996 年下半年颁布了《全球电子商务税收政策解析（白皮书》，提出为鼓励 Internet 这一新兴技术在商务领域的应用，各国税收政策的制定和执行应遵照“中立的原则”，即不提倡对电子商务征收任何新的税收。1997 年 7 月 1 日，克林顿代表美国政府发布了《全球电子商务纲要》，纲要中更加明确地指出：“Internet 应宣告为免税区，凡网上交易，如计算机软件、网上服务等，应一律免税；在网上达成的有形商品的交易应按常规办理，不应另行课税。”1998 年 5 月 14 日，美国参议院通过《互联网免税法案》，决定对网上交易实行三年免税。同年 10 月 20 日，美国总统克林顿又签署命令，把该法案上升为法律，这使得美国的网上厂商和消费者大获其益。1998 年，美国又与 132 个世界贸易组织成员国签订了维持互联网贸易零关税状态至少一年的协议；1999 年，美国又促使世界贸易组织成员国再延长该协议一年。

电子商务发展规模仅次于美国的欧洲联盟成员国对电子商务税收持谨慎态度，于 2000 年 6 月 8 日提出将外国企业通过互联网向欧洲消费者提供电子化商品和服务视为劳务销售征收间接税，并坚持在欧洲联盟成员国内对电子商务交易征收增值税以保护其成员国的利益。

发展中国家的电子商务有的刚刚起步，有的尚未发展。为了保护民族产业和维护国家权益，发展中国家大多希望、主张对电子商务（电子数字化产品）征收关税，以免国外电子数字产品越过“关税壁垒”。

2）国际经济合作与发展组织对电子商务的税收政策

国际经济合作与发展组织（Organization for Economic Cooperation Devel opment，OECD）是税务领域里处于领先地位的国际组织，具有制定国际税务规范的长期专业经验。1997 年，OECD 受国际委托制定适用于电子商务的税务框架条件，提交《电子商务：税务政策框架条件》的报告。该报告制定了适用于电子商务的税务原则，即中立、高效、明确、简便、有效、公平和灵活；概述了税务政策框架公认的条件，其中包括纳税人服务机会、身份确认、信息需求、税收和税管、消费税以及国际税务安排和合作等内容。它清楚地表明全球电子商务中的税收活动应遵循以下标准：保持税制的中性、简便、公平和灵活；税收制度应给税务的缴付者以信心；系统应是有效的，以最低限度地减少避税和逃税；经济发展的变形应是可避免的；互联网上的税收收益应在国家间公平分配；对电子商务不开征新税，而是采用现有的税种等。

3）我国电子商务税收政策

我国电子商务起步晚，与之配套的法律法规、管理办法也比发达国家落后。虽然我国已制定了一系列电子商务相关的政策法规，但没有针对电子商务税收征收管理的成熟、系统的方案，税收流失的情况在日益加剧。从政策法规的制定可以看出，我国政府对电子商务发展的态度是支持和鼓励电子商务发展，逐步规范电子商务活动，逐步加强对电子商务的监管，可以预见，未来对电子商务征税将是大势所趋。

（1）征税有利于维护我国电子商务贸易的利益。关于电子商务免税与征税的分歧，其实质就是各国的利益之争，电子商务免税，对以所得税为主体税种的国家影响不大，而对以流转税为主体税种的国家影响较大；对电子商务输出国有利，而对电子商务输入国不利。现阶段，我国税制结构以流转税为主，流转税比例偏高，所得税比例偏低。此外，我国的电子商务市场潜力巨大，但就目前的发展情况来看，与发达国家相比仍有相当大的差距，在国际电子商务贸易中仍处于消费国的地位。对电子商务免税会严重影响我国的财政税收，也不利于我国本土电子商务行业的健康发展，因此，征税是将来的必然趋势，而且，我国税务部门也从未表示过放弃对电子商务征税的权利，只是在税收征管的相关具体问题没有得到解决之前，电子商务税收仍无法实现。

（2）征税有利于维护税收公平与中性原则。对于电子商务，大多数人习惯性地把电子商务与传统商务割裂开来，而这种割裂本身就是与电子商务的本质相背离的。电子商务的本质在于商务而不是电子，信息技术只不过是应用的工具，商务流程与业务模式才是电子商务最核心的层面。电子商务在大多数情况下不是商务内容或买卖标的变革，而只是交易模式的变革，虽然现行税法是依据传统商务模式而制定的，但我国法律规定，只要有经营行为，不管有形无形，不管线上线下，都应该缴税，否则将会引起不同商业模式之间的税负不平衡，并由税负的不公平最终导致对经济的扭曲，这样显然违反了税收公平原则和中性原则。所以，同类型业务不管是在电子商务条件下，还是传统商务条件下，所涉及税种、税负都应该相同。

（3）征税有利于电子商务的可持续发展。由于电子商务的进入门槛低以及管理不严，电子商务的诚信问题已经成为企业和公众普遍关注的焦点。根据我国电子商务协会的调查显示，经历过网上交易的交易者中，企业受访者对电子商务表示不信任的比例高达 36.6%，公众受访者的不信任比例为 13.3%；在从事电子商务时最担心的问题上，企业受访者认为诚信所占的比例最大，为23.5%，而对于公众受访者，排第一位的是产品的质量，第二位是诚信。

而诚信的建立不能仅仅依靠交易者的自律，更应该加强对电子商务的有效监管。对电子商务征税可以促使国家加大对电子商务管理的投入，促进相关法律、法规的完善和征管制度的建设，有助于征管手段的创新和征管技术的提高，从而更大程度地净化电子商务环境。同时，进入门槛的提高和日趋规范化的管理可以让经营者更谨慎地经营，在客观公平的条件下，以市场机制为主导对市场做出更理智的选择和判断，这样更有利于市场资源的有效配置。同时，引入市场竞争机制，将资质不良、不守法经营的经营者淘汰出局，排除泡沫，让电子商务的发展建立在更坚实的基础之上，对我国这样一个新兴的电子商务市场来说，维持持续健康的发展和防止由于迅速膨胀带来的电子商务泡沫，比无序的竞争与 昙花一现的繁荣更重要。

虽然对电子商务征税将是大势所趋，但我国电子商务税收政策的制定应该遵循国际上公认的电子商务税收的最基本原则，即为促进新兴的电子商务的发展，网上交易的税率至少应低于实体商品交易的税率；网上税收手续应简便易行，便于税务部门管理和征收；网上税收应当具有高度的透明性，有利于 Internet 用户了解和查询；对在 Internet 上进行的电子商务的课税应与国际税收的基本原则相一致，应避免不一致的税收管辖权和双重征税。

另外，应根据我国国情制定电子商务税收的优惠政策，包括具备高新技术产业特征的电子商务系统的建设和使用，均应享受国家对高新技术产业的特殊优惠税收政策，而且这不应该仅限于高新技术产业区内的企业，还应单独制定特殊优惠税收政策。电子商务活动的开展，首先需要一定的投入，但对广大商品流通企业和生产企业而言，在投资初期往往效益不明显，而购买电子商务工具按通常规则既要上缴增值税，又要被列入国家固定资产折旧，这种投资活动既上税，又折旧，对企业的投资积极性势必产生消极影响，不利于采用先进工具、技术来武装企业开展电子商务活动，所以应该采取对采购电子商务工具的优惠征税和特殊折旧政策。

应用案例

2013 年 2 月 25 日，上海市第一中级人民法院做出一审判决，认定两名淘宝店主从境外代购大量商品偷逃税款，犯有走私普通货物罪。这是上海宣判的首例海外代购、偷税走私刑事案件，向违规海外代购敲响了警钟。

据介绍，这两名淘宝店主均为“80 后”，均被判处有期徒刑 1 年，缓刑 1 年 6 个月。其中一个人被判处罚金 10 万元，另一人被判处罚金 8.1 万元。扣押在案的走私物品予以没收。

上海海关提醒，旅客跨境购物应在自用合理数量范围之内，以牟利为目的的“海外代购”，一旦触及走私“高压线”，将受到法律、法规惩处。

4.4　电子商务的其他环境

4.4.1　电子商务的语言环境

大多数公司已经认识到，在其他文化下有效地开展业务的唯一办法就是适应该文化，即“全球化思考，本地化运作”。网上公司所采取的接触其他国家（也是其他文化）潜在顾客的第一步就是提供当地评议版本的页面。这意味着要把页面翻译成另一种语言的评议或当地的方言。研究人员已经发现，即使顾客很懂某门语言，还是更愿意从采用母语的网站上购买产品和服务。

有些语言甚至要求对不同的方言有不同的翻译版本。有些国家虽然不完全禁止电子商务，但在文化上也有严格的限制，并将其写进了规范公司运营的法律条文中。法国要求产品或服务的广告必须用法语。这就要求想在网上促销产品并把产品销售到法国的美国公司必须为其页面提供法语版本。许多美国的电子商务网站在网站上列出接收订单的国家清单以避免承担没有列在清单上的国家的法律责任。加拿大魁北克省的官方语言是法语。魁北克省的法律要求街道标志、广告牌、商品目录和魁北克本地公司的广告都必须使用法语。1999 年，魁北克政府处罚了摄影师迈克尔·卡罗梅瑞斯，要求他关闭他的英文网站或在网站上加上法语页面。因为卡罗梅瑞斯一直在网上为其照片促销，他的广告主要针对美国市场。他缴纳了罚金，同时提出上诉。

4.4.2　电子商务的文化环境

一种新的商务模式的推广，需要与当地文化环境相兼容，需要消费者消费观念与消费习俗的支撑。中国人奉行中庸之道，不善于接受新鲜事物，在电子商务应用上，企业和消费者的交易或消费习惯较为保守，更倾向于可见到实物的、体验式的消费，对于虚拟的网络购物（或交易）存在很多顾虑。在传统的商业模式下，消费者通过逛商场、超市甚至跳蚤市场购物，这不仅是一种经济消费行为，也已经成为消费者生活方式的一部分。在中国文化和传统商务中发挥重要作用的人与人之间的“关系”与电子商务的相关规则难以有效兼容，给中国电子商务的发展带来了新的障碍。

因此，电子商务要获得普遍性的文化认同，需要一个渐进的过程。文化进步将对电子商务的发展起着巨大的推动作用。随着消费者收入水平的提高，消费者的观念发生变化，认识逐步提高，旧的习惯逐渐被打破，生活模式发生改变，对电子商务这种降低成本、提高效率的购物方式就越容易接受。在借鉴发达国家电子商务发展的先进经验的同时，要立足本国文化，积极探索基于中国传统文化的电子商务的发展模式，同时采取多种措施，引导新的消费观念，增强企业和消费者对电子商务的应用意识。

案例分析

联想发布电子商务诚信体系，树立电子商务诚信规则

随着电子商务的迅速发展，消费者日益提升的需求与网购服务质量存在脱节，欺诈、维修无保障、物流配送不安全、个人信息安全受侵害等投诉居高不下，不仅打击了消费者网购的积极性，更为行业发展埋下隐患，树立电子商务诚信规则势在必行。

2011 年 11 月，联想集团与中国电子商务协会数字服务中心就“百万企业诚信网站认证服务工程”正式启动“战略合作”，举办了电子商务诚信体系发布会，发布了联想电子商务诚信体系。

诚信电商的首要标准和基本行为准则如下：首先，要求企业真实合法，获得中国电子商务协会诚信体系认证，这是对企业整体资质、实力、规模以及为消费者提供一系列服务和承诺总体能力的肯定和保证。其次，从事合法经营，不违法不欺诈；保护消费者的个人信息；明确提供企业的必要商务信息；不搞虚假宣传，保证消费者在购买过程中的知情权；配送时效兑现承诺，过程可查询，安全有保障；售后服务透明，真实兑现对消费者的服务承诺与标准。针对这些行为基本准则，联想已率先承诺绝对做到，并号召所有电子商务企业和商家把基本准则落实到行动上。

联想成为首批进入“中国电子商务诚信网站示范企业”名单的传统 PC 企业代表。联想积极参与建立电商行业诚信规则，不仅体现了企业对消费者的责任心，而且提升了行业诚信服务标准，起到了表率作用。联想超越客户需求，追求卓越服务的联想电子商务诚信体系，整个体系涵盖售前、售中、售后整个链条，包括三项具体举措：一是在消费者售前咨询环节，联想承诺同时开通电话、QQ、阿里旺旺等在线咨询方式，全年无休；二是在商品物流环节，联想采用分库式仓储管理，承诺全国 40 个城市 48 小时送达，极大提升配送时效；三是在售后服务环节，联想电子商务平台购买电脑的消费者不仅享受覆盖全国 3 000 家网点的标准服务，还可享有“7 天包退 15 天包换联想全程上门”、“首年硬、软件上门”、“无忧完美屏”、“远程服务随身版”等特色服务。

分析：企业建立电子商务诚信体系的意义是什么？

习　　题

一、选择题

1. 隐私权是指公民享有的一种人格权。互联网涉及的主要侵权形式有（　　）。

A．擅自在网上宣扬、公布他人隐私

B．篡改或监看他人的电子邮件

C．邮件的寄送

D．未经许可使用 Cookie 工具测定并跟踪用户在网站上所进行的操作

2．作品数字化行为的法律性质（　　）。

A．是著作权法中的复制行为　　B．类似于翻译的演绎行为

C．应当赋予专利的行为　　D．是网络作品

二、思考题

1．电子商务发展的主要环境是什么？

2．如何理解电子商务的法律环境。

3．电子商务的税收问题有哪些对策？

三、技能实训题

1．访问我国有关法律方面的网站，从中搜集并归纳电子商务立法方面的措施。

2．从网上下载《中华人民共和国电子签名法》全文。

第 5 章

电子商务网站建设

学习目标

掌握电子商务网站的基本概念、分类和特性。

名人名言

互联网络的建立与普及将彻底改变人类生存及生活的模式，而控制与掌握网络的人就是人类未来命运的主宰。谁掌握了信息，控制了网络，谁就将拥有整个世界。

——阿尔女·托夫勒

引例

当当网上书店

当当网上书店（http://www.dangdang.com）成立于 1999 年 11 月，是全球最大的中文网上书店。当当网由美国 IDG 集团、卢森堡剑桥集团、日本软库（Softbank）和中国科文公司共同投资，其管理团队拥有多年的图书出版、零售、信息技术及市场营销经验。当当网在线销售的商品包括家居百货、化妆品、数码、家电、图书、音像、服装及母婴等几十个大类，逾百万种商品，在库图书达到 60 万种。当当网面向全世界，每天为成千上万的网上消费者提供方便、快捷的服务，为网上购物者带来极大的方便和实惠。

5.1 电子商务网站概述

Internet 改变了许多人的生活习惯、交流方式、思想观念，同时也改变了商业企业的经营行为和竞争规则，其中主要形式便是电子商务。电子商务活动是通过电子商务网站而实现的，它是企业利用信息网络进行的商务活动，是一种电子化的运作方式。它为用户提供网页服务（Web Server）、数据传输服务（FTP Server）、邮件服务（Mail Server）、数据库服务（Database Server）等多种服务的信息载体。

5.1.1 电子商务网站的概念

电子商务是社会信息化发展到一定程度的必然产物，是计算机网络技术、信息通信技术、多媒体技术对传统商务活动的一种变革。电子商务综合了多种技术，包括电子数据交换技术（如 EDI、电子函件）、电子资金转账技术、数据共享技术（如共享数据库、电子公告牌）、数据自动俘获技术（如条形码）、网络安全技术等。除此之外，电子商务也指 EDI 给商业规则和事务处理所带来的影响。这些影响包括组织的管理、商业合同或条约、法律法规纲要、财政预算安排、税收等。电子商务的目标是在电子化的环境中建立商业环境，使得通常由买方和卖方直接干预的一个个孤立的贸易环节得以电子化集成和自动化完成，从而降低贸易成本。

5.1.2 电子商务网站的分类

电子商务网站的分类有许多种。

按照商务目的和业务功能分类，电子商务网站分为基本型电商网站、宣传型电商网站、客户型电商网站、综合型电商网站。

按照构建网站的主体分类，电子商务网站分为行业型电商网站、企业型电商网站、政府型电商网站、组织型电商网站。

按照参与主体划分，电子商务网站分为 B2C 网站、B2B 网站、C 2C 网站和 B2G 网站。

按照商务网站开办者分类，电子商务网站分为流通型电商网站、生产型电商网站。

按照网站运作广度和深度分类，电子商务网站分为垂直型电商网站、水平型电商网站、专门型电商网站、公司型电商网站。

按照业务范畴和运作方式分类，电子商务网站分为非交易型电商网站、半交易型电商网站、全交易型电商网站。

5.1.3 电子商务网站的特性

电子商务提供企业虚拟的全球性贸易环境，大大提高了商务活动的水平和服务质量。电子商务的应用特性可归结为以下几点：普遍性、商务性、服务性、集成性、可扩展性、安全性、协调性。

1. 普遍性

电子商务作为一种新型的交易方式在许多地方取得成功。它将生产企业、流通企业、消费者以及政府带入了一个网络经济、数字化生存的新天地。任何一个企业和个人都可以成为电子商务的经营者和消费者，都可以在网上实现电子交易、网上支付的功能。

2. 商务性

电子商务最基本的特性为商务性，即提供买、卖交易的服务、手段和机会。网上购物提供一种客户所需要的方便途径。因而，电子商务对任何规模的企业而言都是一种机遇。就商务性而言，电子商务可以扩展市场，增加客户数量；通过将 Web 信息连至数据库，企业能记录下每次访问、销售、购买形式和购货动态以及客户对产品的偏爱，这样企业就可以通过统计这些数据来获知客户最想购买的产品。

3. 服务性

在电子商务环境中，客户不再受地域的限制，像以往那样，忠实地只做某家邻近商店的老主顾，他们也不再仅仅将目光集中在最低价格上。因而，服务质量在某种意义上成为商务活动的关键。技术创新带来新的结果，Web 应用使得企业能自动处理商务过程，并不再像以往那样强调公司内部的分工。现在 Internet 上许多企业都能为客户提供完整服务，而 Web 在这种服务的提高中充当了催化剂的角色。

企业通过将客户服务过程移至 Web，使客户能以一种比过去简捷的方式完成过去他们较为费事才能获得的服务。例如，将资金从一个存款户头移至一个支票户头，查看一张信用卡的收支，记录发货请示，乃至搜寻并购买稀有产品，这些都可以足不出户而实时完成。

显而易见，电子商务提供的客户服务具有一个明显的特性：方便。这不仅对客户来说如此，对于企业而言，同样也能受益。

4. 集成性

电子商务是一种新兴产物，其中使用了大量新技术，但并不是说新技术的出现就必须导致老设备的“死亡”。Web 的真实商业价值在于协调新老技术，使用户能更加行之有效地利用他们已有的资源和技术，更加有效地完成他们的任务。

电子商务的集成性，还在于事务处理的整体性和统一性，它能规范事务处理的工作流程，将人工操作和电子信息处理集成为一个不可分割的整体。这样不仅能提高人力和物力的利用，也提高了系统运行的严密性。

为了帮助企业分析、规范其电子商务发展战略，指导设计和建立应用，更好地集成新旧资源，充分地利用已有资源，IBM 建立了一种可伸缩型的网络计算模型 NCF[近场通信（Near Field Communication，NFC）是一种短距高频的无线电技术，在 13.56MHz 频率运行于 20cm 距离内。其传输速度有 106kbit/s、212kbit/s 或者 424kbit/s 三种]。这种模型是开放的，并且是在现实产品和丰富的开发经验的基础上提出的。

5. 可扩展性

要使电子商务正常运行，必须确保其可扩展性。Web 上有数以百万计的用户，而在传输过程中，时不时地会出现高峰状况。倘若一家企业原来设计每天可受理 40 万人次访问，而事实上有 80 万人次，就必须尽快配有一台扩展的服务器，否则客户访问速度将急剧下降，甚至还会拒绝数千次可能带来丰厚利润的客户的来访。

对于电子商务来说，可扩展的系统才是稳定的系统。如果在出现高峰状况时能及时扩展，就可使得系统阻塞的可能性大为下降。电子商务中，耗时仅 2 分钟的重新启动也可能导致大量客户流失，因而可扩展性可谓极其重要。

6. 安全性

对于客户而言，无论网上的物品如何具有吸引力，如果他们对交易安全性缺乏把握，他们就不会在网上进行买卖。企业和企业间的交易更是如此。

在电子商务中，安全性是必须考虑的核心问题。欺骗、窃听、病毒和非法入侵都在威胁着电子商务，因此要求网络能提供一种点到点的安全解决方案，包括加密机制、签名机制、分布式安全管理、存取控制、防火墙、安全 Web 服务器、防病毒保护等。为了帮助企业创建和实现这些方案，国际上多家公司联合开展了安全电子交易的技术标准和方案研究，并发表了 SET 和 SSL 等协议标准，使企业能建立一种相对安全的电子商务环境。

7. 协调性

商务活动是一种协调过程，它需要客户与公司内部、生产商、批发商、零售商间相协调，在电子商务环境中，它更要求银行、配送中心、通信部门、技术服务等多个部门的通力协作，往往电子商务的全过程是一气呵成的。

传统的电子商务解决方案能加强公司内部的相互作用，电子邮件就是其中一种。但那只是协调员工合作的一小部分功能。利用 Web 将供货方连接至管理系统，再连接到客户订单处理，并通过一个供货渠道加以处理，这样公司就节省了时间，消除了纸张文件带来的麻烦并提高了效率。电子商务是迅捷简便的、具有友好界面的用户信息反馈工具，决策者能够通过它获得高价值的商业情报、辨别隐藏的商业关系和把握未来的趋势。因而，他们可以做出更有创造性、更具战略性的决策。

5.2　电子商务网站的规划

电子商务网站是电子商务系统运行的主要承担者和体现者，是企业开展网络经营活动的载体。一个电子商务网站往往是由许多网页按照一定的、最方便用户浏览的方式链接在一起组成的，因而网站系统往往具有结构复杂与很强的动态变化的特点。为了建立一个便于浏览、功能强大的电子商务网站，在建站之前进行详细的规划是十分必要的。网站规划工作是网站建设中最重要的环节，也是最容易被忽视的环节。因此，如何规划设计一个满足用户需求、宣传企业产品、提高企业知名度的网站，是一个值得研究的课题。

任何复杂的工程在开始开发之前都需要首先对工程进行比较细致的“算计”，确定一个合理的目标，并提出一个切实可行的行动计划，以便使工程的实现过程更有序、更高效，这个过程就是系统的规划。

系统规划阶段的主要任务是定义系统的概念，明确建立系统的必要性，在此基础上，明确系统的目的和确定系统的目标，同时弄清开发系统的环境要求及各种约束条件，最后提出系统规划报告。

系统规划具有以下几个特点。

（1）系统规划是面向全局、面向长远的关键问题，具有较强的不确定性，结构化程度较低。

（2）系统规划是从战略高度或决策高度做出的计划，高层管理人员是工作的主体。

（3）系统规划强调的是“做什么”，而非“怎样做”，即为整个系统确定发展战略和总体策划，并不是解决系统开发中的具体问题。

（4）系统规划是企业规划的一部分，并随环境的变化而变化。

5.2.1 电子商务网站的建设规划

1. 电子商务网站的建设流程

电子商务网站是企业开展电子商务活动的物质基础，网站建设的好坏在一定程度上决定着企业实施电子商务的成败与否，因此电子商务网站建设是企业实施电子商务过程中最基础、最重要的环节，需要有计划、有步骤地进行。

电子商务网站建设流程可分为四个阶段，即网站的规划与分析、网站的设计与开发、网站的评估与测试、网站的维护与推广，如图 5.1 所示。

2. 电子商务网站的开发方法

从系统的观点来看，电子商务网站本身就是一个系统，它是在现代网络环境下，特别是随着 Internet 技术的成熟与应用，而出现的新一代信息系统。因此，电子商务网站的建设实质上是信息系统的开发、设计与实现过程。对于不同企业，网站建设所采取的方式可能不同，使用的系统开发方法也会存在很大差异。

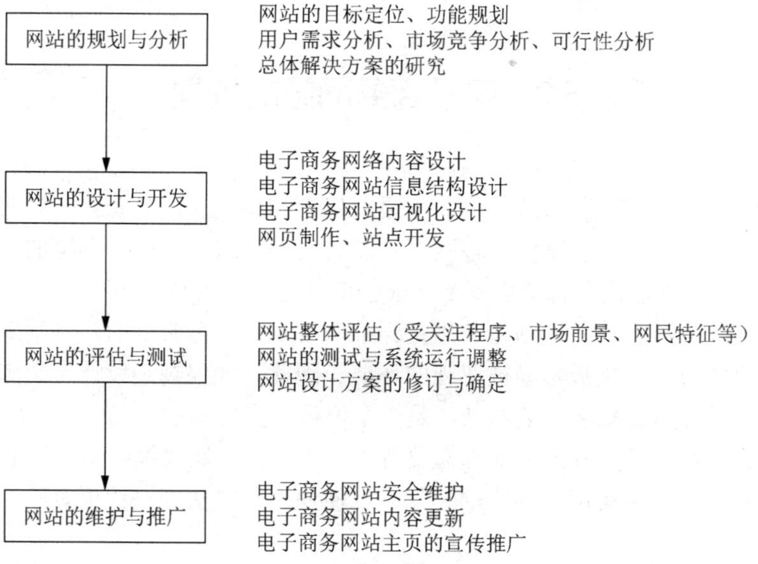

图 5.1 电子商务网站的建设流程

在信息系统的开发过程中，常用的有结构化生命周期法、快速原型法、面向对象法和计算机辅助软件工程法，其中结构化生命周期法和快速原型法又是电子商务网站建设通常采用的系统开发方法。

1）结构化生命周期法

任何一个系统都遵循一个发生、发展和消亡的过程。新的系统在旧的系统上产生、发展、老化、淘汰，最终被更新的系统所代替。如此连续、反复循环的系统发展更新过程被称为系统的生命周期。结构化生命周期法是采用结构化分析与设计的方法，并按照生命周期工作流程来进行信息系统开发的方法，因而也称为结构化开发方法。结构化系统开发方法的基本思想是，用系统的思想和系统工程的方法，按用户至上的原则，结构化、模块化地自上而下对生命周期进行分析与设计。

（1）结构化生命周期法的步骤。使用结构化生命周期法开发一个系统，将整个开发过程划分为以下五个依次连接的阶段。

① 系统规划阶段。系统规划是当现行系统因种种原因已经不能适应企业发展的需要或者系统从无到有进行开发设计时，明确建立一个新系统的需求，并进行初步的调查，通过可行性研究确定下一阶段的实施。

② 系统分析阶段。系统分析是通过企业对系统需求、结构与功能进行分析，运用一系列的工具，构造出新系统逻辑模型的工作。这一阶段的主要目的是解决系统将要“做什么”的问题。

③ 系统设计阶段。系统设计是在系统分析提出的逻辑模型的基础上，考虑如何用具体的物理设备和通信传输手段来实现系统各项功能的工作，也就是解决新系统具体“怎么做”的问题。

④ 系统实施阶段。系统的实施是指按系统设计提出的物理模型以及实施方案对系统模块进行调试，进行系统运行所需数据的准备及对相关人员进行培训等。该阶段的实质是要将系统设计的物理模型转化成能够实际运行的系统。

⑤ 系统运行阶段。该阶段是进行系统的日常运行管理，评价系统的运行效率，对运行费用和效果进行监理审计，如出现问题则对系统进行修改、调整。

（2）结构化生命周期法的特点。

① 强调面向用户的原则，使得系统开发人员和用户密切联系，及时交流信息，从而有利于及时发现并解决问题，提高系统开发的质量。

② 运用结构化的分析与设计方法。

③ 严格按照阶段、顺序进行。在运用结构化生命周期法进行系统开发时，每个阶段都是以前一个阶段的结果为依据的，因此基础扎实、不易返工，有利于对整个开发工作实现工程化的项目管理。

④ 结构化生命周期法存在的主要问题是技术上要求高，开发周期长，费用较高，以及由于用户的需要事先就已经严格确定，容易与新系统的实际成果产生较大差距等。

2）快速原型法

快速原型法是 20 世纪 70 年代中期提出的，旨在改进生命周期法缺点的一种系统开发的方法。它是根据用户提出的需求，由用户与开发者共同确定系统的基本要求和主要功能，并在较短时间内建立一个实验性的、简单的信息系统原型。在用户使用原型的过程中，不断地依据用户提出的评价意见对简易原型进行修改、补充和完善，如此反复，使快速原型越来越能够满足用户的要求，直至用户和开发者都比较满意为止。

3）面向对象法

面向对象法（Object Oriented，OO）是针对面向过程提出的，是区别于传统的结构化的新方法、新思路。它将客观世界划分为不同种类的对象，每一个对象都有自己的内部状态和内在运行规律，不同对象的相互联系和作用构成了完整的客观世界。

4）计算机辅助软件工程法

计算机辅助软件工程法（Computer Aided Software Engineering，CASE）是帮助进行应用

程序开发的软件，包括分析、设计和代码生成。计算机辅助软件工程法为设计和文件编制传统结构编程技术提供了自动的方法。是一组工具和方法集合，可以辅助软件开发生命周期各阶段进行软件开发。

5.2.2 电子商务网站规划的原则

电子商务网站的设计是提高企业知名度，宣传企业的产品与服务，开拓企业市场，提高企业素质的重要途径，因此，在建立网站之前，必须掌握市场需求状况，受众群体范围、受教育程度等信息，从而做出切实可行的设计规划。电子商务网站规划应做到以下几点。

1. 明确规划目标

首先，电子商务网站的规划方向和目标应该是非常明确的，不能笼统地说要做一个平台、建一个网站、开展电子商务等，而是要清楚地知道网站的定位和未来目标。其次，电子商务网站规划目标的确定应该是从企业的实际情况出发的，不能脱离自身的人力、物力、财力及整个外部环境而盲目制定目标，否则将使整个网站的开发陷入僵局。最后，电子商务网站本身就是一个较为复杂的系统，网站也将随着企业的发展而发生变化。因此，在规划过程中，应该留有一个变化的空间，使网站便于维护和扩展。

2. 全面分析环境对规划目标的约束

这就是要找到环境和机会与组织资源之间的平衡。首先，要在充分调查的基础上，对网站开发环境和限制做充分的分析。其次，在规划中要充分考虑资源的整合，要找到一些最好的资源集合，使它们能最好地发挥企业的长处，并最快地达到企业的目标。最后，规划本身也体现了机遇的发展和把握，这一点对企业赢得发展机会是至关重要的。

3. 制订合理的计划和恰当的指标

首先，在规划中细节的安排是不需要的，但一定要有开发时间进度表和具体的技术指标，用以监测和控制系统开发的进程。其次，制订的计划和指标必须是符合实际的，是合理和恰当的，具有可操作性。最后，计划和指标也要具有一定的灵活性。

5.3 电子商务网站的策划实施

企业网站的系统规划工作，原则上是按照上述信息系统的规划流程进行的。然而，根据网站这类特殊信息系统的自身特点，在规划企业网站时，特别需要注意对网站定位、网站功能规划、网站营销规划、域名注册方面的总体考虑。

5.3.1 网站定位

企业有其战略定位，企业网站的定位就如同企业的战略一样，将决定着整个网站的命运。网站定位就是确定网站在 Internet 上到底要做什么，它的主题是什么。它是网站的建设策略，网站架构、内容、表现等都围绕这些网站定位展开。因此，准确、清晰的网站定位对于企业网站的发展和企业市场的开拓都是十分关键的。

1. 网站定位的具体内容

（1）策划短期和长期的盈利项目。既寻求电子商务的经济支撑点，又考虑到电子商务长远的发展规划。

（2）规划主要产品和服务的项目。企业网站建设的目的之一就是宣传产品和服务，正确规划出企业的主要产品和服务，对于企业及其网站的生存与发展都是至关重要的。

（3）分析国内和国际网络市场。通过对国内和国际网络市场的分析，可以使企业了解本行业网络市场状况，进而分析市场潜力、市场开拓难度及未来发展趋势等，从而更加全面地分析网站建设的目标。

（4）分析网络中企业现有的竞争对手。在进行电子商务网站规划时，竞争对手的调查与分析是其中不可缺少的重要内容。同传统的商务活动一样，竞争对手的产品与服务一直影响着企业的管理、生产与经营，甚至造成很大的威胁。尤其是如果竞争对手已经在网上开展了业务，那么竞争对手的经营状况对于一个先进企业在行业竞争中的成败是至关重要的，竞争对手在网络运营方面的优势可能是后来者进入的强大障碍。竞争对手的分析将帮助企业了解自己与竞争对手的异同，分析各自的优势和劣势，使企业找出自己的市场切入点，制定自己的发展战略、网站设计方案和战胜竞争对手的方法。

（5）分析取胜机会。通过对市场和竞争对手的分析，企业应结合自己的实际情况，实事求是地对自己在网络市场竞争中的优势和劣势进行评估，并分析企业的取胜机会。

（6）制定相应策略和正确的操作步骤。针对上述对市场、竞争对手、企业自身的分析与把握，企业便可制定出适合自身的电子商务网站的策略与实施步骤，这一步是企业网站目标定位中的关键一步，它将作用于企业网站开发的全过程。

（7）提供翔实的网站系统开发策划书。

2. 网站定位的任务

网站定位要解决的问题通常包括两个方面：网站的主题和网站的规模。

1）网站的主题

网站的主题就是网站所要表达的主要内容，对于企业而言，在动手开发自己的电子商务网站之前，首先要考虑的就是为网站划定一个范围，确定一个主题。那么如何才能确定适合企业网站发展需要的主题呢？

（1）主题要和电子商务网站本身所从事的业务相关。主题要始终贯穿于电子商务网站所从事的业务，否则就会喧宾夺主，失去建立电子商务网站的意义。如果是经营家用电器的网站，其主题就应该定位于为用户提供更多的家电产品和服务，以及与之相关的家电的价格信息、使用常识、日常保养和简单修理等。试想如果一个开展旅游服务的网站除了介绍与旅游相关的信息外，页面上还充斥着服装方面的内容，肯定会影响访问量，至少对其本身的旅游经营无太大的好处。

（2）网站的主题定位要小、内容要精。如果想制作一个包罗万象的站点，把所有精彩的东西都放在上面，那么往往会事与愿违，给人的感觉是没有主题、没有特色，样样有，却样样都很肤浅。电子商务网站必须提供给用户快捷、便利和经济地获取商务信息的途径，而不是没有主题的“大杂烩”。最新的调查结果也显示，网络上的“主题站”比“万全站”更受人们喜爱，就好比专卖店和百货商店，如果需要购买某一方面的产品，顾客肯定会选择专卖店。

（3）主题要新颖。一个成功的网站，与其新颖的、与众不同的主题是分不开的。网站定位中最主要的，也是最有价值的部分，就是一定要有创新的主题，因为主题是网站的灵魂，如果没有新颖的主题，网站也就失去了生命力。因此，网站定位切忌人云亦云，而应独辟蹊径。

应用案例

案例 1

阿迪达斯（www.adidas.com）将企业网站理解为推介产品的场所，主导栏目每页都精确地放上每款每型运动鞋的图片，其新颖款式、过硬的技术与质量说明等，于是网站就成为其运动衫、运动鞋展销中心，但也仅此而已，站点别无神韵可言。

而耐克网站（www.nike.com）虽然也有大量页面介绍其运动鞋等，但它不仅重视其鞋，更重视穿鞋之人。其网站定位在人、在体育事业和炒作明星上。例如，某月，该网站以乔丹告别这一热点为主题，首页上一句“谢谢你，迈克尔!”标题、乔丹的滑稽面孔大特写立即将观众带入 NBA 赛场，一个简单的乔丹公开信箱就吸引了无数乔丹迷的激情。于是，各屏不论是取谑于乔丹或在球迷中煽情等都始终充满旺盛的活力和人气。在宣传体育运动、追捧明星、呼唤参与的主题下，各国运动迷的生气从足球、篮球等各论坛中“喷涌而出”。在如此旺盛的人气下，其产品销售得更好。

案例 2

立顿公司是一家制销茶叶的公司，在其所属行业中，立顿无疑是知名品牌，但在世界著名商标中，立顿不是强势品牌，该企业与 500 强相差深远，但其整个网站设计别具特色。

立顿公司的主要产品为茶叶，其网站自然应以大诵茶经为本，但实际上茶叶制品在该站点中并不占首栏首位，其先导栏目是美食经——《各国食谱大全》及按季节时令变化的《每日烹调一课》。仅此一栏，就会使各国美食家、家庭主妇等成为该站的“铁杆”回头客。

2）网站的规模

确定网站的主题以后，就要考虑网站的规模。网站的规模通常包括网站的大小、复杂程度、建站时间、网站实施方案、投资预算等内容，那么企业应该如何确定自己网站的规模呢？

（1）决定网站规模的不是企业的大小，而应根据企业的产品及发展需要。

（2）企业的产品种类、提供的服务栏目、网站的功能设置都是决定网站规模的重要因素。

（3）企业对网站的要求也是决定网站规模的重要因素。企业对网站的要求大致分为以下几种。宣传型：宣传企业形象及产品；经营型：利用网站销售自己的产品；商贸型：利用网站经营多种商品；综合型：经营商品，提供网络服务等。

5.3.2 网站功能规划

要建立一个适合于企业电子商务的网站，应进行如下工作。

① 企业进行理想的域名设计、域名和服务器的快速申请。

② 进行适合企业在线生意的网站设计和网页制作，站点能提供主要产品或服务外的附加有价值的信息内容。

③ 设计与检索排名密切相关的关键词、制作主页面。

④ 站点能提供全面的与在线生意密切相关的全世界（包括国内）新闻组、电子邮件组、电子告牌的信息。

⑤ 将网站中主要页面向世界各大搜索引擎和国内主要的搜索引擎登记注册，并使搜索结果排名进入国内外搜索引擎的前列。

⑥ 及时有效地监控企业在搜索引擎中的排名，并维护企业的排名，维护和更新网站；

⑦ 建立企业在线交易的在线支付平台；提供多语言的网站版本，便于全球范围的网站推广。

因此，从网站建立的过程考虑，企业规划网站系统时必须考虑如下问题：如何申请一个自己的域名？如何设立一个电子商务服务器？Internet 接入方案；开发平台的选择及数据库系统的选择；如何设计这个网站，实现各种功能？谁来维护这个网站？如何实现在线交易？如何安全可靠地进行网络电子货币结算？网上商店和商品库存之间如何协调？如何快速便利地将商品投递到用户手中？售后服务如何进行？

知识拓展

网站的功能与网络营销效果

从应用的角度看，比较完善的网站并不多，即使一些国际知名公司和咨询公司，也不同程度存在着查找信息不方便、联系信息不完备等问题，有些网站虽然“看起来很美”，内容也很丰富，可不一定真正能满足用户需要的信息，也不一定能够最大限度地发挥网络营销作用。从网络营销的角度来说，这样的网站都是不成功的。

是什么原因造成大多数网站的缺陷呢？从根本上来说，是缺乏对网站功能的全面理解。网站是一个综合性的营销工具，是开展网络营销的“根据地”，网站建设的水平直接关系到网络营销的效果，网站功能是否可以从网站上表现出来，是网站是否专业化的重要标志。

（1）网站最重要的功能为产品展示。顾客访问网站的主要目的是对公司的产品和服务进行深入的了解，企业网站的价值也就在于灵活地向用户展示产品说明及图片甚至多媒体信息，即使一个功能简单的网站，至少也相当于一本可以随时更新的产品宣传资料。过时的产品信息或者产品信息不完善不仅无法促进销售，同时也影响顾客的信心。

（2）信息发布是另一个必不可少的功能。产品展示是信息发布的一种形式，但信息发布的含义显然要更广泛，网站是一个信息载体，在法律许可的范围内，可以发布一切有利于企业形象、顾客服务以及促进销售的企业新闻、产品信息、促销信息、招标信息、合作信息，甚至人员招聘信息等。因此，拥有一个网站就相当于拥有一个强有力的宣传工具。但并非每个网站都认识到这一点，没有充分发挥网站的信息发布功能，显然是对营销资源的浪费。

（3）顾客关系与顾客服务功能。通过网站可以为顾客提供各种在线服务和帮助信息，如常见问题解答、详尽的联系信息、在线填写寻求帮助的表单、通过聊天实时回答顾客的咨询等。同时，利用网站还可以实现增进顾客关系的目的，如通过发行免费邮件列表、提供有奖竞猜等方式吸引用户参与。

（4）网上调查的功能。通过网站上的在线调查表，可以获得用户的反馈信息，用于产品调查、消费者行为调查、品牌形象调查等，是获得第一手市场资料有效的调查工具。

此外，网站的功能还表现在品牌展示、销售促进等方面。网站的功能越完善，对促进整体营销效果也越有利，否则，即使网站推广投入的人力和财力很多，网络营销的效果仍然会不理想，因为网络营销是一个系统工程，一个小方面的问题就可能影响到最终的效果，而网站建设对网站功能的发挥尤其重要。

5.3.3 网站营销规划

企业建立网站的主要目的之一就是开展网络营销，拓宽产品市场，因此在进行网站系统规划时务必要以实现网络营销的功能作为一个基本的出发点。网站营销功能规划主要包括以下几个方面的内容。

1. 明确企业在线营销的具体内容

电子商务网站要能体现出企业在线营销的具体内容，这些内容包括：制订全面的在线广告计划；通过电子邮件营销，针对固定的客户群体进行市场调研；对企业的竞争对手进行适时有效的监控；通过网络社区或留言板了解客户的反馈信息，展示企业的产品和服务等。

2. 挖掘网站营销的创意

目前开展网络营销的企业很多，在这么多的企业当中谁能胜出，博得广大客户的支持与喜爱，除了网站的一般营销功能外，独特的营销创意将起到至关重要的作用，它将成为网站竞争的法宝之一。营销创意的挖掘不但要依靠企业员工的精心思考和策划，更离不开广大客户提出的意见和建议。

3. 规划网站营销策略

网络营销与传统营销有很大的区别，这些区别有很多是通过网站系统体现的。在网站系统设计时，不能简单地将传统营销方式照搬到网站，而要研究并在网站上体现出企业的网络营销策略。

5.3.4 域名注册

1. 企业域名的重要性

域名是一切网络活动的开始，企业只有拥有了自己的域名，才能让别人访问到自己。从商界角度来讲，域名是企业的一种无形资产，是企业在互联网上的门牌号码，是企业的网上“商标”，是访问者通达企业网站的“钥匙”，也是企业网上信息、业务往来的基础。同时，由于域名在全世界范围内具有唯一性，而域名资源又比较有限，因此尽早注册域名是十分必要的。从某种意义上说，域名就是财富。

有些公司没有申请独立域名，而是以服务商的域名形式出现。若服务商的域名是 isp.com，企业 Web 网址就可用 www.isp.com/ebtrain，ebtrain 可代表自己的机构名称。采用服务商的域名虽然是低成本的域名战略，但是存在缺点：①不易在访问者中树立一个独立的企业形象；②不利于访问者和潜在客户记忆网址；③如果要更换服务商，会增加费用的支出，如在名片、宣传手册和广告上已印上网址，更换服务商时就只能重印这些文字材料了。

与之相比，拥有自己的域名有如下方面的优点：①可以将企业的网站放置在任何一个 ISP 的服务器上，如果企业对其服务不满意或认为连线速度过慢，可以立即更换；②可以让客户很容易记忆企业的网址，方便他们访问；③能够让客户更直接了解企业的产品或服务，更好地树立企业形象，扩大企业知名度。

因此，如果企业想长期在 Internet 上开展自己的业务，那么，就非常有必要登记一个属于自己的独立域名，它会始终为企业忠实地工作。

2. 域名注册的条件

域名注册分为国际域名注册和国内域名注册两种。目前，国际域名注册工作由国际互联网络信息中心（http：//www.internic.net）负责，国内域名则由中国互联网络信息中心（http：//www.cnnic.net.cn）负责。

国内域名注册申请人必须是依法登记并且能够独立承担民事责任的组织，个人不能申请注册国内域名。域名注册申请表中的各类联系人并不是以个人身份来办理域名注册申请，而是代表组织。注册时需要出示营业执照复印件，然后填写在线订单。国际域名注册则没有条件限制，单位和个人均可以申请，企业只要填写在线订单，告知域名即可。

3. 域名注册的步骤

1）域名注册的方法

国内域名注册有两种方法：一是企业向中国互联网络信息中心申请；二是由中国互联网络信息中心域名注册申请授权代理单位（一般为 ISP）帮助企业注册域名。第一种方法费用低，而且便于企业控制注册流程，但在注册过程中要回答一些技术问题。第二种方法虽然使企业方便，但费用高。

2）域名注册的步骤

域名注册申请人至少有一台域名服务器，其中主域名服务器必须在中国境内运行，并且与 Internet 保持全连接，能对域名提供连续服务。

通过中国互联网络信息中心申请注册域名的操作步骤如下。

（1）申请者在网站上填写注册申请表并递交。

（2）域名注册系统进行语法检查。

（3）域名注册系统检查是否有单位已注册或预注册了自己申请的域名。

（4）邮寄或亲自递交申请材料；

（5）审核注册材料。

（6）交纳域名注册的费用。

（7）发出域名注册证和发票。

目前在 Internet 上也有许多 ISP，并可提供很多资料，域名注册也可以通过 ISP 提供的向导直接进行操作。

5.4 站点建立方式的确定

1. 自建站点方式

规模较大的企业，如雅虎、IBM 等，都有自己的信息部门。自建站点要求企业有专业技术人员和专门的设备，并拥有一定的财力的支持，通过企业自身的力量，按照电子商务站点的计划书，设计、开发、维护和推广站点。这种方法可以实现企业想要的方案，但是投资极大，技术要求也比较高。优点是企业可以建立独特和有竞争力的特征和功能。

2. 主机托管方式

主机托管是在具有与 Internet 实时相连的网络环境的公司放置一台服务器，或向其租用一台服务器，客户可以通过远程控制，将服务器配置成 Web 服务器、电子邮件服务器、FTP 服务器。

拥有一个良好的企业站点是企业发展、展示自己的重要手段。如果企业想拥有独立的 Web 服务器，同时又不想花费更多的资金进行通信线路、网络环境、机房环境的投资，更不想投入人力进行 24 小时的网络维护，可以尝试主机托管服务。主机托管的特点是投资有限，周期短，无线路拥塞烦恼。

3. 虚拟主机方式

虚拟主机是使用特殊的软硬件技术，把一台网站服务器分为若干个“虚拟”的主机（有些专业服务商将一台主机分为数百个甚至一千多个虚拟主机）。每个虚拟主机都可以是一个独立的网站，可以具有独立的域名，具有完整的 Internet 服务器功能（Web 服务器、FTP 服务器、电子邮件服务器等），同一台主机上的虚拟主机之间是完全独立的。从网站访问者来看，每一台虚拟主机和一台独立的主机（采用服务器托管、专线上网等方式建立的服务器）完全一样。

虚拟主机提供商，就是以向企业提供虚拟主机空间为主要业务的网络服务商，也称为 Internet 平台提供商（Internet Presence Provider，IPP）。实际上，虚拟主机提供商向企业提供的服务不仅仅是虚拟主机，还有域名注册、网页设计、网站推广，直至电子商务的企业建网全流程服务。

各个虚拟主机提供商大多依据空间大小、服务器的性能、服务器的存放位置（中国或美国）、用户操作系统等把虚拟主机划分为不同的级别或类型。不同级别或类型的虚拟主机的租用价格、硬件配置、网络速度、提供服务都不相同。

使用虚拟主机建设网站具有下列优点。

1）降低建站费用

利用虚拟主机技术，可以使用户节省大量不必要的开支。由于多台虚拟主机共享一台真实主机的资源，每个虚拟主机用户承受的硬件费用、网络维护费用、通信线路的费用均大幅度降低，使 Internet 真正成为人人用得起的网络。

2）管理维护简便

采用虚拟主机技术，用户只需对自己的信息进行维护即可，而诸如机器硬件的维护、软件配置、网络监控、文件备份工作都由专业服务商提供。用户不用安排专业系统管理人员，远离了烦琐的系统配置、用户账号开辟、权限分配和一些必不可少的相应培训指导，简化了网站管理和维护的复杂性。

3）拥有更加稳定的性能

普通的企业级网站往往只通过某一家 ISP 接入，如果这家供应商有故障，则用户必将受到影响。而采取租用虚拟主机的方案往往可以借助服务商的多路由获得稳定的性能，因为大多数的虚拟主机服务商所依赖的主干网一般不止一条，可以保证系统可以不受某一家供应商的影响。

4）网站建设效率提高

从自己购买服务器到安装操作系统和应用软件需要较长的时间，而租用虚拟主机通常只需要几分钟的时间就可以开通，因为现在主要的服务商都已经实现了整个业务流程的电子商务化，选择适合自己需要的虚拟主机，在线付款之后马上就可以开通。

以上是虚拟主机的优点，当然虚拟主机也有一定的适用范围，在有些方面也存在缺点。

（1）某些功能受到服务商的限制，如可能耗用系统资源的论坛程序、流量统计功能等。

（2）网站设计需要考虑服务商提供的功能支持，如数据库类型、操作系统等；

（3）某些虚拟主机网站访问速度过慢，这可能是由于主机提供商将一台主机出租给数量众多的网站，或者服务器配置等方面的原因所造成的，这种状况网站自己无法解决，对于网站的正常访问会产生不利影响。

（4）有些服务商对网站流量有一定限制，这样当网站访问量较大时将导致客户无法正常访问。

5.5　Web 服务器的选择

服务器是在网络环境下提供网上客户机共享资源（包括查询、存储、计算等）的设备，具有性能较强、可靠性高、吞吐能力强、内存容量大、联网功能强、人机界面友好等特点，是当代网络计算机系统的主设备，也是电子商务网站建设的核心，在整个网站建设过程中起着极为重要的作用。

1. 服务器选择原则

市场上服务器产品种类繁多，档次高低不同，性能各有不同，应用领域和应用范围也有差异。在选购网站服务器时，应选择适合实际需要的高效可靠的服务器。对于服务器的性能，通常可以根据以下几个指标来衡量。

1）综合性能

服务器的综合性能主要包括运行速度、内存容量、外存容量、存取速度、总线带宽、容错能力、扩展能力，以及稳定性、安全性、监测功能等。此外，还应关注网卡的自适应能力、相关部件的冗余设计和纠错能力。

2）可管理性

可管理性是指服务器的管理是否方便、快捷，界面是否友好、应用软件是否丰富等。在这方面，基于 Windows NT/2000 操作系统平台的 PC 服务器要优于 UNIX 操作系统服务器。

3）可用性

可用性指的是服务器在一段时间内可供用户正常使用的时间的百分比。服务器的故障率越低或维修故障的时间越短，其可用性也就越高。因此，提高可用性可从两个方面考虑，即减少硬件平均故障时间和利用专用故障处理机制。专用故障处理机制可在出现故障时自动执行系统或部件的切换，从而减少或避免意外停机。

4）安全性

安全性是指不管服务器工作在什么环境中，都必须提供安全可靠的各种服务。电子商务网站服务器作为整个网络的核心，必须具有高度的安全性。服务器部件冗余是消除系统错误、保证系统安全和维护系统稳定的重要手段。冗余是衡量服务器安全性能的重要指标。

5）可扩展性

可扩展性是指服务器在遇到突发事件时的可扩展的能力，是选择服务器的重要因素。由于网站内部工作站的增加或客户机数量的增加，或者因为网站访问量的日益增多，为了保证网站系统的安全稳定运行，就需要对服务器进行相应的升级，这就必须考虑服务器的可扩展能力。通常可以在机架上为硬盘和电源的增加留有充分的空间，另外，主机的插槽不但要种类齐全，而且要有一定的余量。

6）可维护性

服务器硬件的可维护性与服务器的模块化设计的程度密切相关。如果服务器的电源、网卡、SCSI（Small Computer System Interface，小型计算机系统接口）卡、硬盘等部件都为模块化结构，且都具有热插拔功能，便可以在线维护，使系统停机的可能性大大减少。

2. 网站服务器的分类

网站中的服务器根据其在网站中所起的作用和工作方式，可以分为 Web 服务器、数据库服务器、文件服务器、邮件服务器、打印服务器等。根据用作网站服务器的计算机来分类，则可将其分为两大类，即传统的采用 UNIX 操作系统的服务器和 PC 服务器。其中 UNIX 操作系统的服务器又可分为大型计算机和小型计算机。从目前使用情况看，高端应用大多采用 UNIX 操作系统的小型计算机，而中、低端应用则大多采用 PC 服务器。

从性能角度考虑，UNIX 操作系统的服务器占有极大优势，也成为高端系统的首选。在 SMP（Symmetric Mulit Processing，对称的处理系统）技术、总线技术、I/O 性能等方面，UNIX 操作系统的服务器比 PC 服务器更先进，但其价格也不低。而随着 PC 技术突飞猛进的发展，PC 机的性能大幅提高，而成本只有前者的几分之一。在提高 CPU（Central Processing Unit，中央处理器）速度的前提下，目前高档的 PC 服务器能配到 8GB 的内存容量、100M 以上系统总线，有些 PC 服务器还专门优化了系统的 I/O 性能，使之更适合于网站的发布。

5.6　系统软件的选择

1. 网络操作系统

网络操作系统是网站软件系统的核心，在网站建设过程中，选择网络操作系统是最关键的工作之一。网络操作系统将决定网站的整体性能，使用的应用软件，采取的解决方案。目前能够胜任电子商务网站的操作系统主要有 UNIX 操作系统及类 UNIX 操作系统、微软股份有限公司的 Windows NT 操作系统和 Novell 公司的 NetWare 操作系统。不同的网络操作系统是建立在不同的网络体系基础之上的。例如，UNIX 操作系统是建立在 TCP/IP 网络体系之上的，而 NetWare 操作系统则以 Novell 公司的 NetWare 操作系统为基础。

1）选择网络操作系统时应考虑的内容

在选择网络操作系统时，应从以下几个方面来加以考虑。

（1）操作系统必须是成熟的，能提供一个高效、安全、可靠、灵活且基于开放标准的计算环境。

（2）支持多种网络协议，首先必须支持事实上的工业标准 TCP/IP 协议集和 SNMP（Simple Network Management Protocol，简单网络管理）协议。

（3）支持国际通用的大型分布式网络数据库管理系统和多媒体数据库，如 Oracle、Informix、Sybase、DB/2 等。

（4）支持所有的计算机开发语言和图形工具。

（5）支持强大的网络管理功能。

（6）支持现有的用户系统，与现有的各种用户环境相连接。

（7）支持互联网络技术和 Web 技术。

2）常用的网络操作系统

（1）UNIX 操作系统。UNIX 操作系统产生于 20 世纪 60 年代末 70 年代初，是一个面向多用户、多任务的操作系统，该操作系统具有安全性强、可靠性高、结构简练、便于移植、开放性、网络功能强大、支持网络通信所需要的协议等特点。

UNIX 操作系统有多种不同的版本，主要有 SUN Microsystems 公司的 Solaris、SCO 公司的 OpenServer 和 UNIX Ware、惠普公司的 HP-UX 以及 IBM 的 AIX 等。用户可以依据产品特性调查的结果选择适合自己的版本。

（2）Linux 操作系统。

1991 年，芬兰赫尔辛基大学的学生林纳斯·托瓦兹利用互联网发布了他在 80386 个人计算机上开发的 Linux 操作系统内核的源代码，开创了 Linux 操作系统的历史，也促使了自由软件 Linux 的诞生。

Linux 操作系统是所有类 UNIX 操作系统中最出色的一个。在计算机操作系统市场，Linux 是增长率最快的操作系统，而且也是唯一市场份额尚在增加的非 Windows 操作系统，目前已经广泛应用于服务端市场。

（3）Windows Server 操作系统。

Windows Server 操作系统是微软股份有限公司在 20 世纪 90 年代出品的具有很强联网功能的真正 32 位操作系统，支持多种硬件平台。由于它广泛支持各种流行的计算机应用软件和 Internet 的，加之易于使用和管理，使其在市场上的占有率越来越大。相对于 UNIX 操作系统而言，Windows Server 比较简单，易于配置和使用，但其对硬件要求较高，所需内存较大，对其稳定性、成熟性需要进一步考验。

2. Web 服务器软件

Web 服务器软件的选择对于电子商务网站至关重要。选择 Web 服务器软件时，不仅要考虑当前的需要，还应考虑将来可能需要的功能。因为更换 Web 服务器软件通常比安置标准软件困难得多，会带来一系列的问题。在选择 Web 服务器软件时，一般要考虑以下几个方面。

（1）操作系统。大多数 Web 服务器软件主要是为一种操作系统进行优化的，有的只能运行在一种操作系统上，所以，选择 Web 服务器软件时，要考虑所使用的操作系统。例如，微软股份有限公司的 IIS（Internet Information Services，因特网信息服务）只能在 Windows 服务器上运行。

（2）响应能力。响应能力是指 Web 服务器软件对多个用户请求信息的响应速度。响应速度越快，单位时间内支持的访问量就越多，用户请求信息的响应速度也就越快。

（3）与后端服务器的集成能力。Web 服务器软件除直接向用户提供信息外，还担负着与后端各种数据资源应用系统集成的任务，这样客户机就只需用一种界面来浏览所有后端服务器的信息。它能将不同来源、不同格式的信息转换成统一格式。

（4）管理的难易程度。管理的难易程度是指 Web 服务器软件是否简单易行。易管理的 Web 服务器软件应具有图形用户界面和完善的向导系统或帮助文档，方便用户使用。相反，复杂的管理界面可能会引起问题而且浪费时间，还可能导致系统参数配置错误和安全漏洞。

（5）信息开发程度。信息是 Web 服务器的核心，信息是否丰富直接影响 Internet 的效能。信息开发是否简单对 Web 信息是否丰富影响很大，即它所支持的开发语言是否满足要求。

（6）稳定可靠性。Web 服务器的性能和运行都需要非常稳定。

（7）安全性。选择 Web 服务器软件时，要从两方面考虑安全，一是防止 Web 服务器的机密信息泄密，二是要防止黑客的攻击。

3. 数据库管理系统

数据库技术是电子商务的核心技术之一。在电子商务活动中，存在着海量的数据与信息，因而每一个商务站点的后台必须有一个强大的数据库支撑其运转，并保证数据存取的速度、安全、稳定和可靠。

1）选择数据库管理系统时应考虑的内容

通常，选择数据库管理系统时应考虑以下几个方面。

（1）易用性。易用性是指数据库管理系统的语句应符合通用标准，要便于系统的维护、开发和移植，有面向用户的简易开发工具，支持多媒体数据类型等。

（2）并发性。数据库管理系统可能面临多个用户点在同一时刻对同一数据进行读或写操作，加重了数据的负担。为了保证数据的一致性，需要由系统的并发控制功能来完成。

（3）稳定性。数据的稳定运行，对于网站的使用效率有很大影响。对于电子商务网站而言，用户对其访问的时间和同一时间对网站访问的用户数量均具有不确定性，这就要求网站数据库管理系统具有稳定性，特别是数据库巅峰性能要稳定。例如，在当当网店庆期间，由于网站流量过大，就导致许多用户不能正常访问网页和下订单购物，这不但给用户带来了不便，也会影响商家的经济利益。

（4）数据完整性。数据完整性是指数据的正确性和一致性，包括实体完整性、参照完整性、复杂的事务规则等。

（5）可扩展性。电子商务网站的一大特点是网站信息数据随时在发生变化，如随时可能有顾客购物，随时可能有新登记的商品，因而要求数据库具备良好的扩展功能，能利用原有信息基础开发新信息，能保证用户以前的投资和系统，对数据库进行更新。

（6）安全性。数据库的安全性主要指其安全保密程度，如账户管理、用户权限管理、网络安全控制等。网站中，数据库保存着网站内部最重要、最核心的信息，不允许丢失、修改或复制。因此，数据库的安全性尤为重要。

（7）容错性。数据库系统不可能不出错，但应减少或消除出错产生的影响，容错性是对数据库的基本要求。它是指在异常情况下系统对数据的容错处理能力，评价标准主要包括硬件的容错（有无磁盘镜像处理功能）、软件的容错（有无软件方法异常情况的容错功能）。

2）常用的数据库管理系统。

（1）IBM 的 DB2 通用数据库系统。IBM 是电子商务的倡导者，同时也是数据库技术的先驱。它拥有超过 200 项数据库技术专利，在数据库、数据仓库、在线分析处理和数据挖掘等方面都具有很强的优势，IBM DB2 通用数据库，即 IBM DB2 UDB7.1 被 IBM 自称为“全球第一个具备全面集成能力的电子商务数据库”。

IBM DB2 通用数据库具有非常适合于电子商务网站应用的先天优势，这表现在以下几个方面。

① DB2 通用数据库提供了完整的 Internet 应用支持。它充分集成了 Web 技术，能够保证用户可以非常方便且安全地从 Internet 或 Intranet 访问数据，从而支持用户快速地建立电子商务。

② DB2 通用数据库具有强大的 XML 集成能力，使 ISP、ICP、ASP 及企业可以非常快速地定义、存储和检索基于 XML 的文档，轻松地实现电子交易。

③ DB2 通用数据库支持多媒体的应用，并具有多媒体扩展功能，支持包括大文本、图片、声音和视频等多媒体数据在内的各种高级应用，非常适合于电子商务网站的需要。

④ DB2 通用数据库对商业智能应用提供了强有力的支持，对数据仓库（Data Warehouse）与在线分析处理（Online Analytical Processing，OLAP）具有强大的支持能力，用户不但能够迅速地访问、分析和传输企业数据，还可以方便地部署商业智能解决方案。

⑤ DB2 通用数据库提供了集成化存储器内置关系数据库技术，可将电子交易的速度提高 10 倍以上。这种技术将大量数据存储于内存中，用户查询时直接从内存读取数据，大大加快了查询速度，使每次查询的响应时间不超过 0.5 秒。

⑥ DB2 通用数据库还提供了空间数据的综合支持功能，可以使企业轻松地在客户或经营活动与地点之间建立直观的联系，从而简化了客户关系管理（Customer Relationship Management，CRM）等应用软件中的数据分析过程。而为了支持日益发展的客户关系管理业务应用，DB2 通用数据库向用户提供了最终客户管理，可扩展复制和集成分析功能。

（2）Oracle 数据库系统。Oracle 是大型数据厂商，Oracle 数据库系统是以高级结构化查询（Structured Query Language，SQL）语言为基础的大型关系数据库，是客户机/服务器（Client/Server）体系结构的数据库之一。它的功能强大，支持多种平台、多种网络协议，是一个可以建立直接用于 Internet 环境的数据库，并具有良好的安全性、稳定性和容错能力，保证了在线进行商务处理、智能化商务的实现。同时，Oracle 数据库支持大量多媒体数据，如二进制图形、声音、动画以及多维数据结构等，这对于电子商务网站十分重要。

（3）Microsoft SQL Server 数据库系统。Microsoft SQL Server 是微软股份有限公司开发研制的数据库产品，性能高效稳定，可以实现自动备份、日志管理、事务管理等多项功能，可以满足不同类型的应用需要，并具有中文界面和帮助系统，使用户易学易用。现在 Internet 上有相当数量的网站采用它。

（4）MySQL 数据库系统 MySQL 是一个真正的多用户、多线程的 SQL 数据库服务器。SQL 是世界上最流行的和标准化的数据库语言，可以方便地进行存储、更新或存取信息。MySQL 是一个自由软件，编码和各编译版本完全开放，而且能和 Linux、PHP（Hypertext Preprocessor，超文本预处理语言）紧密结合。

MySQL 的主要目标是快速、健壮和易用。最初是因为 MySQL 的创始人需要这样的一个 SQL 服务器，它能处理在任何不昂贵硬件平台上的海量数据，但速度更快，MySQL 因此就被开发出来。经过多年的测试，它可以提供一组丰富实用功能的系统。MySQL 的主要特点有支持多线程、多处理器，支持多种平台和多样的数据类型，使用灵活且安全性高，并为 Windows 操作系统提供 ODBC 接口，支持多种语言，但不支持中文等。

案例分析

某奢侈品电子商务网站建设规划书

某集团根据自身企业战略发展的需求，拟建设奢侈品电子商务网站，其网站规划书包含的内容如下：

1. 建设网站前的市场分析

（1）某奢侈品网购行业的市场现状、市场特点。

（2）某奢侈品网购市场主要竞争者分析，竞争对手上网情况及其网站规划、功能作用。

（3）公司自身条件分析、公司概况、市场优势，可以利用网站提升哪些竞争力，建设网站的能力（费用、技术、人力等）。

2. 建设网站的目的及功能定位

（1）为什么要建立网站，是为了宣传产品，进行电子商务，还是建立行业性网站？是企业的需要还是市场开拓的延伸？

（2）整合公司资源，确定网站功能。根据公司的需要和计划，确定网站的功能：产品宣传型、网上营销型、客户服务型、电子商务型等。

（3）根据网站功能，确定网站应达到的目的和作用。

（4）Intranet 的建设情况和网站的可扩展性。

3. 网站技术解决方案

根据网站的功能确定网站技术解决方案。

（1）是采用自建服务器，还是租用虚拟主机？

（2）选择操作系统，用 Unix、LINUX 还是 Window 2000/NT。分析投入成本、功能、开发、稳定性和安全性等。

（3）是采用系统性的解决方案，还是公司（如 IBM、HP）提供的企业上网方案、电子商务解决方案，或者自己开发？

（4）网站安全性措施，防黑、防病毒方案。

（5）相关程序开发，如网页程序 ASP、JSP、CGI，数据库程序等。

4. 网站内容规划

（1）根据网站的目的和功能规划网站内容，一般企业网站应包括公司简介、产品介绍、服务内容、价格信息、联系方式、网上订单等基本内容。

（2）电子商务类网站需要提供会员注册、详细的商品服务信息、信息搜索查询、订单确认、付款、个人信息保密措施、相关帮助等。

（3）如果网站栏目比较多，则考虑采用网站编程专人负责相关内容。网站内容是网站吸引浏览者最重要的因素，无内容或不实用的信息不会吸引访客的注意。可事先对人们希望阅读的信息进行调查，并在网站发布后调查人们对网站内容的满意度，以及时调整网站内容。

5. 网页设计

（1）网页美术设计要求。网页美术设计一般要与企业整体形象一致，符合 CI（Corporate Image，企业形象）规范。要注意网页色彩、图片的应用及版面规划，保持网页的整体一致性。奢侈品类网站色调基本为黑色、银色、金黄色、灰色等色彩搭配。

（2）在新技术的采用上需要考虑主要目标访问群体的分布地域、年龄阶层、网络速度、阅读习惯等。

（3）制订网页改版计划，如 6 个月 ~ 1 年进行较大规模改版等。

6. 网站维护

（1）服务器及相关软硬件维护。对可能出现的问题进行评估，制定响应时间。

（2）数据库维护。有效地利用数据是网站维护的重要内容，因此数据库的维护要受到重视。

（3）内容的更新、调整等。

（4）制定相关网站维护的规定，将网站维护制度化、规范化。

7. 网站测试

网站发布前要进行细致周密的测试，以保证正常浏览和使用，主要测试内容包括：服务器稳定性、安全性；程序及数据库测试；网页兼容性测试，如浏览器、显示器；根据需要的其他测试。

8. 网站发布与推广

（1）网站测试后发布的公关、广告活动。

（2）搜索引擎登记等。

9. 网站建设日程表

网站建设日程表包括各项规划任务的开始完成时间、负责人等。

10. 费用明细

费用明细各项事宜所需费用清单。

以上为网站规划书中应该体现的主要内容，根据不同的需求和建站目的，内容也会增加或减少。在建设网站之初一定要进行细致的规划，才能达到预期建站目的。

分析：企业建立电子商务网站时应该主要考虑哪些环节？

习　题

一、多项选择题

1．在确定企业电子商务网站域名时应考虑（　　）。

A．企业的形象　B．简单和易记易用的名字　C．域名的自我保护　D．IP 地址的选择　E．已有商标或企业名称

2．电子商务应用的支柱有（　　）。

A．网络基础设施　B．技术标准　C．网络安全　D．法律规范　E．域名选择

3．企业电子商务网站建设和一般网站建设相比较，具有（　　）特点。

A．宣传公司形象，发布企业动态　B．集成产品发布系统，展示产品目录　C．集成订单系统和 ERP 系统　D．易用性、及时性、稳定性要求高　E．有丰富的动画

4．电子商务应用软件的开发与使用是网站建设的内容之一，常用的网站建设技术有（　　）。

A．HTML 语言　B．Frontpage 2000　C．VB 程序设计语言　D．Java 语言　E．ASP 程序设计

5．可以进行域名注册的管理机构有（　　）。

A．百度　B．CNNIC　C．InterNIC　D．阿里巴巴　E．中国网通

二、思考题

1．写出电子商务网站设计的流程。

2．写出电子商务网站设计的内容。

3．网站建设的基本技术有哪些？

4．推广网站的方法有哪些？

5．如何注册域名？企业在注册域名时可采取哪些保护策略？

6．如何注册域名？

第6章

网络营销与管理

学习目标

1. 了解网络营销的含义、主要内容及特点；
2. 掌握网络商务信息的搜集和整理的方法；
3. 掌握网络营销策略；
4. 了解网络营销的实施流程。

名人名言

最核心的问题是根据市场制定产品，关键是要倾听客户的声音。

——阿里巴巴集团 CEO 马云

引例

茵曼全球首个云端发布会

你也许从来没想过服装发布会能在线上完成，但 2015 年茵曼的新装发布会开了这个先河。本场发布会的主题为“向日出 say hi”。以邀请城市女性看日出为契机，在 PC 端和手机端带给消费者一次前所未见的“日出”发布会，传达应该放慢生活脚步的理念。发布会在中国电商网站天猫以及手机社交软件微信举行。

在天猫，通过互动视频的体验，参与者可在观看过程中进行故事线互动并领取优惠券，边看边选购，感受 360° 服装细节展示，最终页面导向天猫商城，让消费者最大程度感受抢购的乐趣。发布会与销售结合为一体，是本次茵曼云端发布会用户体验的最大着力点。而在微信端的体验，利用手机功能属性，定制重力感应及多点触控互动，提升用户体验。用户可以 360° 全景观看云端发布会场景，并抓拍模特抽取优惠券。

据悉，本次云端发布会的拍摄一共动用了百台机器，100 多位工作人员、全高清的 360° 实景拍摄，结合 CG 三维电脑合成技术，将 500 分钟的素材精华剪辑成 4 分钟的震撼短片，并在不同的平台实现各具特色的互动体验。

6.1 网络营销概述

6.1.1 网络营销的含义

进入20世纪90年代以来，Internet的飞速发展推动了全球的互联网热潮。应运而生的网络营销为企业提供了适应全球网络技术发展与信息网络社会变革的新技术和新手段，形成了现代企业的营销策略。网络营销产生是多种因素作用的结果，主要基于三大特定基础：Internet的发展是网络营销产生的技术基础；价值观的变革是网络营销产生的观念基础；竞争是网络营销产生的现实基础。

网络营销（On-line Marketing或E-Marketing），是以互联网为核心平台，以网络用户为中心，以市场需求和认知为导向，利用各种网络应用手段去实现企业营销目的的一系列行为。其功能包括电子商务、企业展示、企业公关、品牌推广、产品推广、产品促销、活动推广、挖掘细分市场、项目招商等方面。

在理解网络营销的含义上，还应该注意以下几个问题。

（1）网络营销不等于网上销售。网络营销是为了实现最终产品的销售、提升品牌的形象而进行的活动；而网上销售是网络营销发展到一定阶段产生的结果，但不是唯一的结果。

（2）网络营销不等于电子商务。首先，二者研究的范围不同：电子商务的内涵很广，其核心是电子化交易；而网络营销注重的是以互联网为主要手段的营销活动。其次，二者的关注重点不同：电子商务的标志之一就是实现电子化交易，而网络营销是交易前阶段的推广和宣传。

（3）网络营销不是孤立存在的。网络营销是企业整体营销的一个组成部分，网络营销活动不可能脱离一般营销环境而独立存在。

（4）网络营销注重对网络营销经营环境的改造。

（5）网络营销和传统营销并不冲突。

6.1.2 网络营销的基本理论

与传统营销相比，网络营销存在着多方面优势，给传统营销带来了巨大的冲击，带来了一场营销观念的革命。

网络营销的理论基础主要包括整合营销理论、软营销理论、直复营销理论、网络关系营销理论和全球营销理论。

1. 整合营销理论

整合营销理论（Integrated Marketing Communication，IMC）是在一段时间内，营销机构以消费者为核心重组企业和市场行为，综合协调使用以互联网渠道为主的各种传播方式，以统一的目标和形象，传播连续、一致的企业或产品信息，实现与消费者的双向沟通，迅速树立品牌形象，建立产品与消费者的长期密切关系，更有效地达到品牌传播和产品行销的目的。

1）产品和服务以顾客为中心

由于互联网络具有很好的互动性和引导性，用户通过互联网络在企业的引导下对产品或服务进行选择或提出具体要求，企业可以根据顾客的选择和要求及时进行生产并提供及时服务，使得顾客跨时空得到所要求的产品和服务；另外，企业还可以及时了解顾客需求，并根据顾客要求组织及时生产和销售，提供企业的生产效益和营销效率。

2）以顾客能接受的成本定价

传统的以生产成本为基准的定价在以市场为导向的营销中是必须摒弃的。新型的价格应是以顾客能接受的成本来定价，并依据该成本来组织生产和销售。企业以顾客为中心定价，必须测定市场中顾客的需求以及对价格认同的标准，否则以顾客接受成本来定价是不切实际的。而企业在互联网络上则可以很容易实现，顾客可以通过互联网络提出接受的成本，企业根据顾客的成本提供柔性的产品设计和生产方案供用户选择，直到顾客认同确认后再组织生产和销售，所有这一切都是顾客在公司的服务器程序的导引下完成的，并不需要专门的服务人员，因此成本也极其低廉。

3）产品的分销以方便顾客为主

网络销售是一对一的分销渠道，是跨时空进行销售的，顾客可以随时随地利用互联网络订货和购买产品。

4）压迫式促销转向加强与顾客沟通和联系

传统的促销以企业为主体，通过一定的媒体或工具对顾客进行压迫式的加强顾客对公司和产品的接受度和忠诚度，顾客是被动的和接受的，缺乏与顾客的沟通和联系，同时公司的促销成本很高。互联网络上的营销是一对一和交互式的，顾客可以参与到公司的营销活动中，因此互联网络更能加强与顾客的沟通和联系，更能了解顾客和需求，更易引起顾客的认同。

2. 软营销理论

软营销理论是相对强势营销而言的。该理论认为顾客在购买产品时，不仅满足基本的生理需要，还满足高层次的精神和心理需求。因此，软营销理论的一个主要特征是对网络礼仪的遵循，通过对网络礼仪的巧妙运用获得希望的营销效果。

网络社区和网络礼仪是网络营销理论中所特有的两个重要基本概念，是实施网络软营销的基本出发点。

网络社区是指具有相同兴趣、目的，经常交流，互惠互利，能给每个成员以安全感和身份意识等特征的互联网上的单位或个人所组成的团体。

网络礼仪是互联网自诞生以来逐步形成并不断完善的一套良好、不成文的网络行为规范，如不在网上随意传递带有欺骗性质的邮件等。网络礼仪是网上一切行为都必须遵循的准则。

3. 直复营销理论

直复营销理论是 20 世纪 80 年代引人注目的一个概念。美国直复营销协会对其所下的定义是:“一种为了在任何地方产生可度量的反应和达成交易所使用的一种或多种广告媒体的相互作用的市场营销体系。”直复营销理论的关键在于它说明网络营销是可测试的、可度量的、可评价的，这就从根本上解决了传统营销效果评价的困难性，为更科学的营销决策提供了依据。基于互联网的直复营销更加符合直复营销的理念，其表现在以下四个方面。

（1）直复营销作为一种相互作用的体系，特别强调直复营销者与目标顾客之间的双向信息交流，以克服传统市场营销中的单向信息交流方式的营销者和顾客之间无法沟通的致命弱点。

（2）直复营销活动的关键是向每个目标顾客提供直接向营销人员反映的渠道，企业可以凭借顾客反映找到不足，为下一次直复营销活动做好准备。

（3）直复营销活动强调在任何时间、任何地点都可以实现与顾客的信息双向交流。

（4）直复营销活动最重要的特性是直复营销活动的效果是可测定的。

4. 网络关系营销理论

关系营销是1990年来受到人们重视的营销理论，它包括以下两个基本点。

（1）在宏观上，认识到市场营销会对范围很广的多个领域产生影响，包括顾客市场、劳动力市场、供应市场、内部市场、相关者市场及影响者市场；在微观上，认识到企业与顾客的关系不断变化，市场营销的核心应该从过去简单的一次性交易关系转变为注重长期的关系上。

（2）企业是社会经济大系统中的一个子系统，企业的营销目标要受到众多外在因素的影响，企业的营销活动是一个与消费者、竞争者、供应商、分销商、政府机关和社会组织发生相互作用的过程，正确理解这些关系是企业营销的核心，也是企业成败的关键。

关系营销的核心是为顾客提供高度满意的产品和服务价值，通过加强与顾客的联系，提供有效的顾客服务，保持与顾客的长期关系，并在与顾客保持长期关系的基础上开展营销活动，实现企业的营销目标。

通过互联网交易企业可以实现对整个从产品质量、服务质量到交易服务等过程全程质量的控制。通过互联网，还可以实现与相关的企业和组织建立关系，实现双赢发展。

最后应该注意的是，网络营销的方法主要分为无网站的网络营销和基于网站的网络营销两种。无网站的网络营销主要依靠电子邮件营销和虚拟社区营销等，基于网站的网络营销是网络营销的主体。

5. 全球营销理论

互联网无处不在，世界就是一个地球村。全球营销理论试图解决同一方式向全球提供同一产品的成本优势与营销策略按区域差异化的高效率之间的两难境地。基本思想是要确定向不同地区提供的产品或者服务必须做出哪些调整，并设法将这些必要的调整的数量减到最小。全球营销理论具有以下优势。

（1）企业可以通过产品标准化降低成本。

（2）产品标准化有助于企业树立统一的品牌形象。

（3）消费者也需要企业提供标准化产品或者服务。

6.1.3 网络营销的主要内容

“网络营销是企业整体营销战略的一个组成部分，是为实现企业总体经营目标所进行的，以互联网为基本手段营造网上经营环境的各种活动。”这是《网络营销基础与实践》（冯英健．1版．北京：清华大学出版社，2002．）中对网络营销的定义，被各种网络营销教材和网络营销论文广泛引用。

网络营销概念的同义词包括网上营销、互联网营销、在线营销、网络行销等。这些词汇说的都是同一个意思，笼统地说，网络营销就是以互联网为主要手段开展的营销活动。

网络营销具有很强的实践性特征，从实践中发现网络营销的一般方法和规律，比空洞的理论讨论更有实际意义。因此，如何定义网络营销其实并不是最重要的，关键是要理解网络营销的真正意义和目的，也就是充分认识互联网这种新的营销环境，利用各种互联网工具为企业营销活动提供有效的支持。这也是为什么在网络营销研究中必须重视网络营销实用方法的原因。网络营销的八项基本职能如下。

（1）网络品牌。网络营销的重要任务之一就是在互联网上建立并推广企业的品牌，知名企业的网下品牌可以在网上得以延伸，一般企业则可以通过互联网快速树立品牌形象，并提升企业整体形象。网络品牌建设以企业网站建设为基础，通过一系列的推广措施，达到顾客和公众对企业的认知和认可。在一定程度上说，网络品牌的价值甚至高于通过网络获得的直接收益。

（2）网址推广。这是网络营销最基本的职能之一，在几年前，人们甚至认为网络营销就是网址推广。相对于其他功能来说，网址推广显得更为迫切和重要，网站所有功能的发挥都要以一定的访问量为基础，所以，网址推广是网络营销的核心工作。

（3）信息发布。网站是一种信息载体，通过网站发布信息是网络营销的主要方法之一，同时，信息发布也是网络营销的基本职能。所以也可以这样理解，无论采用哪种网络营销方式，结果都是将一定的信息传递给目标人群，包括顾客（潜在顾客）、媒体、合作伙伴、竞争者等。

（4）销售促进。营销的基本目的是为增加销售提供帮助，网络营销也不例外，大部分网络营销方法都与直接或间接促进销售有关，但促进销售并不限于促进网上销售，事实上，网络营销在很多情况下对于促进网下销售十分有价值。

（5）销售渠道。一个具备网上交易功能的企业网站本身就是一个网上交易场所，网上销售是企业销售渠道在网上的延伸，网上销售渠道建设也不限于网站本身，还包括建立在综合电子商务平台上的网上商店，以及与其他电子商务网站不同形式的合作等。

（6）顾客服务。互联网提供了更加方便的在线顾客服务手段，从形式最简单的常见问题解答，到邮件列表，以及 BBS、聊天室等各种即时信息服务，顾客服务质量对于网络营销效果具有重要影响。

（7）顾客关系。良好的顾客关系是网络营销取得成效的必要条件，通过网站的交互性、顾客参与等方式在开展顾客服务的同时，也增进了顾客关系。

（8）网上调研。通过在线调查表或者电子邮件等方式，可以完成网上市场调研，相对传统市场调研，网上调研具有高效率、低成本的特点，因此，网上调研成为网络营销的主要职能之一。

开展网络营销的意义就在于充分发挥各种职能，使网上经营的整体效益最大化，因此，仅仅由于某些方面效果欠佳就否认网络营销的作用是不合适的。网络营销的职能是通过各种网络营销方法来实现的，网络营销的各个职能之间并非是相互独立的，同一个职能可能需要多种网络营销方法的共同作用，而同一种网络营销方法也可能适用于多个网络营销职能。

6.1.4 网络营销的特点

网络营销具有传统营销根本不具备的许多独特的、十分鲜明的特点。网络营销具有以下几个特点。

1. 鲜明的理论性

网络营销是在众多新的营销理念的积淀、新的实践和探索的基础上发展起来的。网络营销理念吸纳了众多新的营销理念的精髓，但又不同于任何一种营销理念。计算机科学、网络技术、通信技术、密码技术、信息安全技术、应用数学、信息学等多学科的综合技术，给予了网络营销以沉重的技术铺垫；近半个世纪以来多种营销理念的积极探索，给予了网络营销以丰富的学术内涵；近十年来电子商务和网络营销的多种开拓和实践，给予了网络营销以冷静的思索和理性升华的机遇和可能。

因此，网络营销具有鲜明的理论特色。无论是20世纪60年代以来，麦卡锡提出的4P理论[即产品（Product）、价格（Price）、渠道（Place）、促销（Promotion）]，还是90年代以来，劳特朋提出的“忘掉产品，忘掉定价，忘掉渠道，忘掉促销”4C理论[即顾客（Customer）、成本（Cost）、便利（Convenience）和沟通（Communication）]，都无法和今天的网络营销理念进行比较。

2. 市场的全球性

网络的连通性，决定了网络营销的跨国性；网络的开放性，决定了网络营销市场的全球性。在此以前，任何一种营销理念和营销方式，都是在一定的范围内去寻找目标客户的。而网络营销，是在一种无国界的、开放的、全球的范围内去寻找目标客户。市场的广域性、文化的差异性、交易的安全性、价格的变动性、需求的民族性、信息价值跨区域的不同增值性及网上顾客的可选择性不仅为网络经济理论和网络营销理论研究提供了广阔的发展空间和无尽的研究课题，而且这种市场的全球性带来的是更大范围成交的可能性、更广域的价格和质量的可比性。而可比性越强，市场竞争越发激烈。

3. 资源的整合性

在网络营销的过程中，将对多种资源、多种营销手段和营销方法、有形资产和无形资产的交叉运作和交叉延伸进行整合。这种整合的复杂性、多样性、包容性、变动性和增值性具有丰富的理论内涵。需要企业下功夫、花力气进行深入的研究。

特别是，营销商务软件在这种多维整合中发挥了重要作用，扮演了重要角色。无形资产在营销实践中的整合能力和在多种资源、多种手段整合后所产生的增值效应，也是对传统市场营销理念的重大突破和重要发展。

1）明显的经济性

网络营销具有快捷性，因此，将极大地降低经营成本，提高企业利润。形成和促成网络营销经济性有以下诸多原因：资源的广域性，地域价格的差异性，交易双方的最短连接性，市场开拓费用的锐减性，无形资产在网络中的延伸增值性，以及所有这一切对网络营销经济性的关系和影响，都将使企业极大地降低交易成本，给企业带来经济利益。网络营销的经济性以及由此带来的明显效果必将清晰地、鲜明地显现出来。

2）市场的冲击性

网络的进击能力是独有的。网络营销的这种冲击性及由此带来的市场穿透能力，明显地挑战了 4P 和 4C 理论。网络营销在进击时是主动的、清醒的、自觉的。无论是在信息搜索中的进击，还是在发布后的进击，都是在创造一种竞争优势、争取一批现实客户、获取一些显在商机、扩大既有优势的范围。

3）极强的实践性

网络营销是一门实践性很强的学问，它的理论根底深深扎在网络营销实践的沃土中。网络营销的每一步发展，都“呼唤”着网络经济理论研究的深入。但是，这种“呼唤”只有在网络营销的实践中攀登和开拓的人才可以听到、感受到、体验到。

6.2　网络商务信息的概念与特点收集与整理

6.2.1　网络商务信息的概念与特点

1. 网络商务信息的概念

网络商务信息是指存储于网络并在网络上传播的与商务活动有关的各种信息的集合，是各种网上商务活动之间相互联系、相互作用的描述和反映，是对用户有用的网络信息。网络是其依附载体，在商务活动中，信息通常指的是商业消息、情报、数据、密码、知识等。

网络商务信息限定了商务信息传递的媒体和途径。只有通过计算机网络传递的商务信息，包括文字、数据、表格、图形、影像、声音以及内容能够被人或计算机察知的符号系统，才属于网络商务信息的范畴。

2. 网络商务信息的特点

1）时效性强

传统的商务信息，由于传递速度慢、传递渠道不畅，因而经常导致“信息获得了但也失效了”的局面。网络商务信息则可有效地避免这种情况。由于网络信息更新及时、传递速度快，只要信息收集者及时发现信息，就可以保证信息的时效性。

2）准确性高

网络信息的收集，绝大部分是通过搜索引擎找到信息发布源获得的。在这个过程中，减少了信息传递的中间环节，从而减少了信息的误传和更改，有效地保证了信息的准确性。

3）便于存储

现代经济生活的信息量非常大，如果仍然使用传统的信息载体，存储起来难度相当大，而且不易查找。人们可以方便地将网络商务信息从 Internet 下载到自己的计算机上，通过计算机进行信息的管理。而且，在原有的各个网站上也有相应的信息存储系统。自己的信息资料遗失后，还可以到原有的信息源中再次查找。

4）检索难度大

虽然网络系统提供了许多检索方法，但全球范围的各行各业的海量信息，常常把企业营销人员淹没在信息海洋或者说信息垃圾之中。在浩瀚的网络信息资源中，迅速地找到自己所需要的信息，将其经过加工、筛选和整理，把反映商务活动本质的、有用的、适合本企业情况的信息提炼出来，需要相当一段时间的培训和经验。对于现代企业来说，如果把人才比作企业的支柱，信息则可看作企业的生命，是企业不可须臾离开的法宝。网络商务信息，不仅是企业进行网络营销决策和计划的基础，而且对于企业的战略管理、市场研究以及新产品开发都有着极为重要的作用。

6.2.2　网络商务信息的收集

网络商务信息的收集是指在网络上对商务信息的寻找和调取工作。这是一种有目的、有步骤地从各个网络站点查找和获取信息的行为。一个完整的企业网络商务信息收集系统包括先进的网络检索设备、科学的信息收集方法和业务精通的网络信息检索员。

1. 网络商务信息收集的要求

网络营销离不开信息。有效的网络商务信息必须能够保证源源不断地提供适合于网络营销决策的信息。网络营销对网络商务信息收集的要求是及时、准确、适度和经济。

1）及时

及时，就是迅速、灵敏地反映销售市场发展各方面的最新动态。信息都是有时效性的，其价值与时间成反比。及时性要求信息流与物流尽可能同步。由于信息的识别、记录、传递、反馈都要花费一定的时间，因此，信息流与物流之间一般会存在一个时滞。尽可能地减少信息流滞后于物流的时间，提高时效性，是网络商务信息收集的主要目标之一。

2）准确

准确，是指信息应真实地反映客观现实，失真度小。在网络营销中，由于买卖双方不直接见面，准确的信息就显得尤为重要。准确的信息才可能导致正确的市场决策。信息失真，轻则会贻误商机，重则会造成重大的损失。信息失真通常有三个方面的原因：一是信源提供的信息不完全、不准确；二是信息在编码、译码和传递过程中受到干扰；三是信宿（信箱）接受信息出现偏差。为减少网络商务信息的失真，必须在上述三个环节上提高管理水平。

3）适度

适度是指提供信息要有针对性和目的性，不要无的放矢。没有信息，企业的营销活动就会完全处于一种盲目的状态。信息过多过滥也会使得营销人员无所适从。在当今的信息时代，信息量越来越大，范围越来越广，不同的管理层次又对信息提出不同的要求。在这种情况下，网络商务信息的收集必须目标明确、方法恰当，信息收集的范围和数量要适度。

4）经济

这里的“经济”是指如何以最低的费用获得必要的信息。追求经济效益是一切经济活动的中心，也是网络商务信息收集的原则。人们看到网上大量的可用信息，往往想把它们全部复制下来，但到月底才发现上网费用十分高昂。应当明确，我们没有力量，也不可能把网上所有的信息全部收集起来，信息的及时性、准确性和适度性都要求建立在经济性基础之上。此外，提高经济性，还要注意使所获得的信息发挥最大的效用。

2. 网络商务信息收集的困难

Internet 所涵盖的信息远远大于任何传统媒体所涵盖的信息。人们在 Internet 上遇到的最大的困难是如何快速、准确地从浩如烟海的信息资源中找到自己最需要的信息，这已成为困扰全球网络用户的最主要的问题。调查显示，80%被调查者认为互联网非常有用，但为了查找所需要的信息，他们必须花费大量时间和金钱。很多人表示，在查询 Web 时仍然需要专家的指导和帮助。对于我国用户来说，面临的问题比国外用户还要严重。除了和国外用户面临同样的问题之外，还有信道拥挤、检索费用高、远程检索国外信息系统反应速度慢、语言和文化障碍及大多数用户没有受过网络检索专业培训等多种困难。

在 Internet 上检索信息困难与下列几个因素有关。

1）Internet 信息资源多而分散

Web 是一个巨大的资源宝库，目前页面数目已超过 800 亿，每小时还以惊人的速度增长。同时，Internet 是一个全球性分布式网络结构，大量信息分别存储在世界各国的服务器和主机上。信息资源分布的分散性、远程通信的距离和信道的宽窄都直接影响了信息的传输速率。可是网络关键信息都是以半结构化或自由文本形式存在于大量的 HTML 网页中，很难直接加以利用，或者网络信息许多都是储存在深层的网络之中，在用户面前显示的可能只有它的 1%。这些问题都给网络商务信息收集带来困难。

2）网络资源缺乏有效的管理

和网络飞速发展形成鲜明对照的是至今还找不到一种方法对网络资源进行有效的管理。目前，对 Web 的网页和网址的管理主要依靠两个方面的力量：一是图书馆和信息专业人员通过对 Internet 的信息进行筛选、组织和评论，编制超文本的主题目录，这些目录虽然质量很高，但编制速度无法适应 Internet 的增长速度；二是计算机人员设计开发巡视软件和检索软件，对网页进行自动搜集、加工和标引。这种方式省时、省力，加工信息的速度快、范围广，可向用户提供关键词、词组或自然语言的检索。但由于计算机软件在人工智能方面与人脑的思维还有很大差距，在检索的准确性和相关性判断上质量不高。因此，现在很多检索软件都是将人工编制的主题目录和计算机检索软件提供的关键词检索结合起来，以充分发挥两者的优势。但由于 Internet 的范围和数量过大，没有建立统一的信息管理和组织机制，使得现有的任何一种检索工具都没有能力提供对网络信息的全面检索。

3）网络信息鱼目混珠

Internet 上的信息质量参差不齐、良莠不一。在西方国家，特别是美国，任何人都可以在网上不受限制地自由出版、发布自己的网页。在这种环境下，有价值的信息和无价值的信息，高质量的学术资料或商业信息与劣质甚至违法的信息都混杂在一起。但目前，Internet 上还没有人开发出一种强有力的工具对信息的质量进行选择和过滤。这样，用户会发现大量毫无用途的信息混杂在检索结果中，大大降低了搜索的准确性，浪费了用户的时间。

3. 网络商务信息收集的解决的办法

面对上述困难，计算机专家和信息管理专家积极地探索和开发了一系列检索软件，并将其用于网络资源的管理和检索，取得了很大的进展。目前，全世界各个国家所开发的各类型检索软件已达几百种。我国以及新加坡都开发出了中文（GB 或 GB5）的检索软件，对推动网络信息的使用和传输做出了重要贡献。

（1）为了快速地、大量收集信息，可以利用信息采集工具来提高速度和准确性利用信息采集工具来采集网络商务信息，可以大大地节省人工时间，并且使很多人工不可能完成的任务变为现实，现在流行的采集工具如 Knowlesys、Kapa、DB2 等。在信息的时效性上面，信息采集工具也可以有很大的提高，我们平常搜集信息是在工作日，好多新发布的信息还要人工去判断，用采集工具可以自动地判断信息的发布时间，在第一时间里准确地采集到信息，这是信息技术发展带来的主要便利之一。但是很多采集工具可能还面临着适用性和操作方面的问题，真正优秀的可能比较少，所以在这方面的研究要加强。

（2）为了得到更准确的内容，更加充分地利用这些检索软件，必须使用一定的技巧（如多个关键词和布尔检索技术）来缩小检索范围。

① 明确检索目标。要完成一个有效检索，首先应当确定要检索的内容。在确定主题之后，应当列出一个与检索的信息有关的单词清单，以及一个应当排除的单词清单，下一步，应该考虑使用哪一个检索软件来获得更有效的检索结果。如果主题范围狭小，可简单地使用两三个关键词。如果不能准确地确定检索的内容或检索的主题范围很广，可使用雅虎等搜索站点的分类检索，尽可能缩小检索范围。许多检索网点允许只在 Web 中检索，或只在新闻组中检索，或只在某个特定地理区域检索。

② 合理使用各种符号改善检索过程。为了使用户更方便有效地检索内容，许多检索网点允许使用布尔操作符。布尔操作符提供了一种包括或排除关键字的方法，以及检索引擎如何翻译关键字的控制方法。大多数检索引擎提供了如何使用引擎的提示，以及如何在检索中输入布尔操作符的相应词法，但它们一般支持基本的布尔操作，如 AND（与）、OR（或）和 NOT（非）。检索时，通常不必输入大写的布尔操作符，但大写能直观地分隔关键字和操作符。各个检索工具所使用的符号和格式也不尽相同。

索引检索会花费较多时间，但是由于它可以从不同的来源中检索出结果，最终会得到好的结果，故而从总体上讲是节省了时间。当使用检索引擎时，最好看一下例子或帮助内容，如果使用了错误的词法，检索时间将会延长，并且可能得不到想要的结果。

6.2.3 网络商务信息的整理

通过信息的合理分类、组合、整理，就可以将片面的信息转变成较系统的信息，这项工作一般分为以下几个步骤：明确信息来源；浏览信息，添加文件名；分类；初步筛选。

信息加工处理的方式主要有两种，即人工处理和机器处理。人工处理是指由人脑进行信息处理，机器处理是指计算机的信息处理（包括专家系统）。两种方式各有优劣：人脑神经系统可以识别和接受多种多样的明确信息和模糊信息，大脑具有丰富的想象力和创造力；而计算机有强大的计算能力，在速度和准确性上要大大超过人脑，虽然专家系统可以把握极广泛的知识，但与人脑相比，专家系统还不够灵活。综合这两种“信息处理器”的优点，形成一个合理的人、机结合的“人-机”信息处理系统，是当前信息处理的较好办法。

网络信息处理的类型包括：为提高效率而进行的网络信息处理，为提高抗扰性而进行的网络信息处理，为提高信息纯度而进行的网络信息处理，为提高安全度而进行的网络信息处理。

6.3　网络营销策略

6.3.1　网络营销的产品

产品（Product），是指能够提供给市场，可以让人注意、获取、使用或能够满足某种消费需求和欲望的东西。产品可以是实体产品（如迪士尼提供的食品和纪念品）、服务（如航空公司或银行提供的）、人（如演员、体育运动员）、组织（艺术团体、非营利性组织）、地名（城市、旅游景点）、思想（政治、社会原因）。

产品类型分为三个层次，即核心产品、形式产品、延伸产品。核心产品是指整体产品提供给购买者的直接利益和效用；形式产品是指产品在市场上出现的物质实体外形，包括产品的品质、特征、造型、商标和包装等；延伸产品是指整体产品提供给顾客的一系列附加利益，包括运送、安装、维修、保证等在消费领域给予消费者的好处。

6.3.2　网络营销的价格策略

1. 网络定价的特征

1）全球化与本地化相互结合

互联网的开放性与全球性，使得企业的目标市场拓展到范围广泛的全球性市场，企业在进行网络定价时不能以统一市场策略来面对差异性极大的全球性市场。例如，美国亚马逊的产品产自美国，如果是美国用户购买，可以按照原定价方法进行交易；如果购买者是中国、日本或者其他国家的客户，那么采用针对美国本土的定价方法就很难面对全球化的市场。为解决这些问题，可采用本土化方法，在不同市场的国家建立地区性网站，设置不同的价格，以适应不同地区市场消费者需求的差异。因此，企业面对开放的全球性的网络市场，必须遵循全球化与本土化相结合的原则进行网络营销。

2）低价性

首先，在网络环境下进行商品的销售和营销，相比较于实体环境下，节省了大量的店面租金、水电费用、店面装修费用以及宣传印刷费用。其次，网络营销能使企业绕过许多中间环节和消费者直接接触，使企业产品开发和营销成本大大降低，从而实现低价位定价。最后，消费者可以通过开放互动的互联网平台掌握产品的各种价格信息，并对其进行充分的比较和选择，迫使企业以尽可能低的价格出售产品，增大了消费者的让渡价值。所以最终导致网络产品的销价一般比线下市场价格低。

3）价格标准化

网络营销市场是开放的、透明的，消费者可以利用互联网平台及时获得同类产品或相关产品的不同价格信息，对价格及产品进行充分的比较，必然会给实行地区价格差异的企业带来巨大冲击。为了消除这种不利影响，企业要努力使价格差异减少或实行价格标准化。

4）买家主导性

在网络环境下，消费者很容易获取商品的价格信息，然后与其他企业的产品进行比较，当价格超出心理价格时，他们就会决定放弃购买产品。所以企业在进行网络定价时，要考虑顾客的需求，根据生产成本和消费者意识到的产品价值综合定价，让顾客的价值最大化，使顾客以最小成本获得最大收益。这样的定价，看似主动权被转移至顾客一方面而使得企业失去控制权，且顾客往往出于利益倾向于获得越低越好的交易价格。但是根据实际调查分析，由买家主导定价的产品并不会比企业主导定价产品获取的利润低。据 eBay 统计，在网上拍卖定价产品有 100 件，其中的 50 件产品拍卖价格略高于卖者的预期价格，30 件产品拍卖价格与卖者预期价格相吻合，只剩下 20 件产品会低于卖者的预期价格；且在所有拍卖成交产品中，消费者对 95 件产品的成交价格比较满意。

5）价格弹性化

互联网的开放性让消费者在购物时习惯货比三家，可以同时得到某种产品的多个甚至全部厂家的价格对比，然后做出购买决策，这就决定了网上销售的价格弹性很大。因此，企业在制定网上销售价格时，应充分检查所有环节的价格构成，以便做出最合理的定价策略。

网络营销的互动性使消费者拥有更多的信息，讨价还价的能力增强，可以和企业就产品价格进行协商。企业必须以比较理性的方式拟订和改变价格策略，根据企业竞争环境的变化不断对产品的价格进行及时恰当的调整。另外，由于网络上的消费者有较强的理性，企业在制定价格策略时更要考虑消费者的价值观念，可以根据每个消费者对产品和服务提供的不同要求，来制定相应的价格。

2. 网络定价的步骤

1）确定企业定价的目标

不同的定价目标，有着不同的含义和运用条件，企业可以据此制定产品的价格。一般来说，企业的定价目标有利润目标、投资回报率目标、市场占有率目标、稳定价格目标、竞争目标、企业形象目标等，企业必须清楚知道自己的价格策略所期望并且能够达到的目标。

2）网络营销的价格确定程序

（1）在网络营销定价中，首先要分析消费者的需求，主要包括市场需求总量、结构的测定，以及不同价格水平上人们可能购买的数量与需求价格弹性等。

（2）明确企业的价格定位：对产品的成本进行估计，以确定本企业产品在市场中的相对地位。

（3）掌握同行业的价格定位：分析行业竞争对手的价格与策略，了解同类产品的价格市场格局。对同行业的网络价格，可以跟随，可以低价取胜，也可以高价高品质。

经过上述步骤，企业基本上能够确定出产品的价格，最后要做的事情就是将企业初步确定的产品价格拿到实验市场上征求消费者的意见，并最终确定产品的价格。

3. 网络定价的影响因素

市场营销理论认为，产品的最高价格取决于产品的市场需求，最低价格取决于产品的成本费用。在最高价和最低价的幅度内，企业能把该产品的价格定得多高，则取决于竞争者同种产品的价格水平。由此可见，成本费用因素、供求关系因素、竞争因素对产品定价有着重要的影响。

1）成本因素

产品的成本是由产品在生产过程和流通中耗费的物质资料和支付的劳动报酬所形成的，

其一般由固定成本和变动成本两部分组成。任何产品的销售价格都应该高于成本费用，只有这样，企业才能以销售收入来抵偿生产成本和经营费用，否则企业无法经营。

2）供求关系因素

供求关系是影响企业网络营销定价的基本因素之一。当商品供小于求时，企业产品的营销价格可能会高，反之，则可能低；在供求基本一致时，企业的销售价格将采用买卖双方都能接受的“均衡价格”。此外，在供求关系中，企业产品营销价格还受到供求弹性的影响。一般来说，需求价格弹性较大的商品，可采取薄利多销策略；而需求价格弹性较小的商品，可采取适当高价策略。

3）竞争因素

不同企业之间产品的相互替代性，使得竞争者的产品质量和价格对本企业的产品销售有所影响。因此，企业就必须采用适当的方式了解竞争者所提供的同种产品质量和价格，并及时调整自己的产品价格及销售方式。在实际营销过程中，以竞争对手为主的定价方法主要有三种：低于竞争对手的价格、与竞争对手同价和高于竞争对手的价格。

4）其他因素

除上述三个主要因素以外，市场营销的其他组合因素，如产品、营销渠道、促销手段、消费者心理、企业本身规模、财务状况和国家政策等，都会对企业的网络营销价格产生不同程度的影响。

4. 价格调整策略

商品价格不是一成不变的，通常会根据社会的需要、消费者的消费需要和消费行为习惯，适时做出合理的调价。常见的调价方法归结为以下几种。

1）降价策略

企业为了适应市场环境和内部条件的变化，将企业产品的目录价格或标价绝对下降，但企业更多的是采用折扣形式来降低价格，如数量折扣、现金折扣、回扣和津贴等形式。此外，变相的削价形式有：赠送样品和优惠券，实行有奖销售；给中间商提取推销奖金；允许顾客分期付款；赊销；免费或优惠送货上门、技术培训、维修咨询；提高产品质量，改进产品性能，增加产品用途。由于这些方式具有较强的灵活性，在市场环境变化的时候，即使取消也不会引起消费者太大的反感，同时又是一种促销策略。

2）提价策略

提价能够增加企业的利润率，但会引起竞争力下降、消费者不满、经销商抱怨，甚至还会受到政府的干预和同行的指责，从而对企业产生不利影响。企业应尽可能采用间接提价，把提价的不利因素减到最低程度，使提价不影响销量和利润，而且能被潜在消费者普遍接受。同时，企业提价时应采取各种渠道向顾客说明提价的原因，配之以产品策略和促销策略，并帮助顾客寻找节约途径，以减少顾客不满，维护企业形象，提高消费者信心，刺激消费者的需求和购买行为。

3）差别定价

差别定价是指由于顾客的不同，时间的不同，场所的不同，采用不同的定价方式。差别定价有以下几种。

（1）顾客细分定价：将同一种产品或服务，以不同价格销售给不同的消费群。

（2）产品形式定价：对有不同的花色、式样的产品，制定不同的价格。例如，剧院的不同座位的成本费用都一样，但是不同座位的票价有所不同，这是因为人们对剧院的不同座位的偏好有所不同。

（3）形象定价：对不同包装的商品，制定不同的价格。

（4）地点定价：针对不同销售地点，定价不同。例如，豪华型百货商场的商品要贵于普通型百货商场的商品。

（5）时间定价：在不同时间定价不同，如国外的自动降价百货商场。例如，哈尔滨市洗衣机商场规定，商场的商品从早上 9 点开始，每 1 小时降价 10%，特别在午休时间及晚上下班时间商品降价幅度较大，吸引了大量上班族消费者。该商场在未延长商场营业时间的情况下，带来了销售额大幅度增加的好效果。

应用案例

亚马逊选择了 68 种 DVD 光盘进行动态定价试验，试验当中，亚马逊根据潜在客户的人口统计资料、在亚马逊的购物历史、上网行为以及上网使用的软件系统确定对这 68 种光盘的报价水平。例如，名为“泰特斯”的光盘对新顾客的报价为 22.74 美元，而对那些对该碟片表现出兴趣的老顾客的报价则为 26.24 美元。通过这一定价策略，部分顾客付出了比其他顾客更高的价格，亚马逊因此提高了销售的毛利率。

4）心理定价。根据消费者购买商品时的心理制定产品价格，利用消费者心理因素，有意识地将产品价格定得高些或低些，以满足消费者生理的和心理的、物质的和精神的多方面需求，通过消费者对企业产品的偏爱或忠诚，扩大市场销售，获得最大效益。常用的方法有以下几个。

① 尾数定价法，或称奇数定价法，即不以整数定价，而以零头结尾定价，这会使顾客产生便宜的感觉。心理学家的研究表明，价格尾数的微小差别能够明显影响消费者的购买行为。一般认为，5 元以下的商品，末位数为 9 最受欢迎；5 元以上的商品末位数为 95 效果最佳；100 元以上的商品，末位数为 98、99 最为畅销。尾数定价法会给消费者一种经过精确计算的、最低价格的心理感觉；有时也可以给消费者一种是原价打了折扣、商品便宜的感觉；同时，顾客在等候找零期间，也可能会选购其他商品。

② 整数定价法：针对消费者求名、求方便的心理，企业将商品价格有意定为整数，能给人一种方便、简洁的印象。整数定价法会抬高商品的价值，百货商品对名牌产品可采用此法定价。

③ 声望定价法：消费者一般有求名望的心理，根据这种心理行为，企业将有声望的商品制定比市场同类商品高的价格，以满足顾客的名气需求心理。例如，微软股份有限公司的 Windows 98（中文版）操作系统进入中国市场时，就定价为 1 998 元人民币，便是一种典型的声望定价法。

④ 招徕定价法，又称特价商品定价，即对几种商品实行微利或亏本的牺牲价，以招徕顾客，连带性地推销其他商品。

应用案例

某药房在将一瓶 200 元的补药以 80 元超低价出售期间，每天都有大批顾客进店抢购补药，按说如此下去肯定赔本，但财务账目显示出盈余逐月骤增，其原因就在于没有客户来店里只为了购买一种药。人们看到补药便宜，就会联想到其他药也一定便宜，促成了盲目的购买行动。

6.3.3　网络营销的渠道策略

1. 网络营销渠道的含义

简单地说，网络营销渠道就是“借助互联网推广，并且实现客户成交”的营销通道。它是利用互联网提供可利用的产品和服务，以便使用计算机或其他能够使用技术手段的目标市场通过电子手段进行和完成交易活动。它一方面要为消费者提供产品信息，让消费者进行选择。另一方面，在消费者选择产品后要能完成支付的交易手续。

营销渠道作为企业的一种极为重要的无形资产，正日益受到企业的重视。网络营销减少了交易的中间层次，密切了消费者和企业的关系，使宽渠道的营销出现了质的飞跃。

在传统营销渠道中，中间商是最为重要的组成部分，很多产品都需要通过中间商的层层传递，方能到达消费者手中。但互联网的发展，伴随着互联网高效的信息交换，使得错综复杂的关系简单化，省去了传统营销渠道中的诸多环节，产品生产商可以直接面对终端消费者，实现直接成交。为此，互联网的兴起彻底改变了原有的营销渠道结构。

2. 网络营销渠道的组成

与传统市场营销相比较而言，网络营销的渠道表现为单一层次，其作用和结构都有很大的变革和进步。对网络营销而言，商品和服务的所有权由买方在网络上进行，其营销渠道就是 Internet 本身。

网络营销的渠道构成要素：商品提供者，可以是制造商也可以是零售商；商品的需求者，即消费者；ISP；商品的配送者。

知识拓展

网络营销渠道

利用互联网的信息交互特点，网上直销市场得到大力发展。因此，网络营销渠道可以分为以下两大类。

一类是通过互联网实现的从生产者到消费（使用）者的网络直接营销渠道（简称网上直销），这时传统中间商的职能发生了改变，由过去的环节的中间力量变成为直销渠道提供服务的中介机构，如提供货物运输配送服务的专业配送公司，提供货款网上结算服务的网上银行，以及提供产品信息发布和网站建设的 ISP 和电子商务服务商。网上直销渠道的建立，使得生产者和最终消费者直接连接和沟通。

另一类是通过融入互联网技术后的中间商机构提供网络间接营销渠道。传统中间商由于融合了互联网技术，大大提高了中间商的交易效率、专门化程度和规模经济效益。同时，新兴的中间商也对传统中间商产生了冲击，如美国沃尔玛为抵抗互联网对其零售市场的侵蚀，于2000年开始在互联网上开设网上商店。基于互联网的新型网络间接营销渠道与传统间接分销渠道有着很大不同，传统间接分销渠道可能有多个中间环节，如一级批发商、二级批发商、零售商，而网络间接营销渠道只需要一个中间环节。

3. 网络营销渠道的特点和功能

1）网络营销渠道的特点

与传统营销渠道一样，以互联网为主要核心的网络营销渠道也具备营销渠道的基本特点，即推广、洽谈、成交等几个基本环节。在传统营销渠道中，中间商是其重要的组成部分。中间商之所以在营销渠道中占有重要地位，是因为利用中间商能够在广泛提供产品和进入目标市场方面发挥最高的效率。营销中间商凭借其业务往来关系、经验、专业化和规模经营，提供给公司的利润通常高于自营商店所能获取的利润。但互联网的发展和商业应用，使得传统营销中间商凭借地缘原因获取的优势被互联网的虚拟性所取代，同时互联网的高效率的信息交换，改变着过去传统营销渠道的诸多环节，将错综复杂的关系简化为单一关系。互联网的发展改变了营销渠道的结构。

（1）渠道缩短。任何产品或服务从生产商到达消费者之间经过的渠道越长，中间环节越多，产品的加价率就越高，因而消费者希望能够直接向制造商购买所需商品，制造商也希望能够直接把商品提供给消费者，网络分销链正是这样的一种分销渠道。由于Internet起到了分销商的作用，其直接模式代替了传统的迂回模式，分销链比传统的渠道短。制造商与消费者之间可以在网上直接供求商品，大大降低了各种成本，提高了分销的效率。例如，厂商可以联合相关产业的公司共同在网络上设点销售产品，减少消费者为寻找某种商品而四处奔波的时间。消费者在决定采购后，进行电子货币结算；或直接利用电子邮件在线上订购，厂商通过邮寄或快递公司送货上门，整个过程简单而快捷。

（2）关系单一。网络营销渠道的管理可以简化为网络这一个单层次的管理。传统的营销策略要涉及生产者、代理商、中间商（一级中间商、二级中间商、三级中间商）、最终消费者等多层次的、全方位的管理，而Internet能使企业跳过价值链中的部分环节，主要是绕过零售商。例如，计算机制造商戴尔公司和Gateway公司都不需要中间商而采用了网络直销方式，美国UPS公司也已经通过设立一个Web站点来提供服务或产品。商业化搜索引擎将使小型制造商更容易接近消费者，他们可以绕过传统的供应商。

Internet的发展和商业应用，使得传统营销中间商凭借地缘原因获取的优势被Internet的虚拟性所取代，同时Internet高效率的信息交换，改变着过去传统营销渠道的诸多环节，将错综复杂的关系简化为单一关系。

（3）配送社会化。对于企业来讲，进行网络营销时要保证商品在最短的时间内由最近的分销网点送到消费者手中，而这一切必须靠现代化的物流配送体系加以保证才能完成。目前国际上较为流行的物流配送模式是“第三方物流”，即由与货物有关的发货人和收货人之外的专业企业，即第三方来承担企业物流活动的一种物流形态。

2）网络营销渠道的功能

与传统营销渠道一样，以互联网作为支撑的网络营销渠道也应具备传统营销渠道的功能。营销渠道是指与提供产品或服务以供使用或消费这一过程有关的一整套相互依存的机构，涉及信息沟通、资金转移和事物转移等。一个完善的网上销售渠道应有订货系统、结算系统和配送系统三大功能。

（1）订货系统。它为消费者提供产品信息，同时方便厂家获取消费者的需求信息，以求达到供求平衡。一个完善的订货系统，可以最大限度降低库存，减少销售费用。

（2）结算系统。消费者在购买产品后，可以采用多种方式方便地进行付款，因此厂家（商家）应设置多种结算方式。目前国外流行的几种方式有，如信用卡、电子货币、网上划款等；而国内付款结算方式主要有：邮局汇款、货到付款、信用卡等。

（3）配送系统。物流是指计划、执行与控制原材料和最终产品从产地到使用地点的实际流程，并在盈利的基础上满足消费者的需求。一般来说。产品分为有形产品和无形产品。无形产品如服务、软件、音乐等可以直接通过网上进行配送，如现在许多软件都可以直接从网上购买和下载，再如现在流行的 MP3 格式音乐也可以直接从网上下载使用，通过网上提供服务也是如此，因此配送系统一般讨论的是有形产品的配送问题。有形产品的配送，要涉及运输和仓储问题，国外已经形成了专业的配送公司，为网上商店的快速发展提供了良好的专业配送服务体系支持。我国目前快递配送企业在快递领域中迅猛发展。国有快递企业的自我转型与民营快递企业的市场扩张，并伴随着国际快递公司的市场扩展和竞争，机遇与挑战并存是现在我国快递市场结构的主要特点。

6.3.4　网络营销的促销策略

1. 促销的含义

促销是指营销者向消费者传递有关本企业及产品的各种信息，说服或吸引消费者购买其产品，以达到扩大销售量的目的。促销实质上是一种沟通活动，即营销者（信息提供者或发送者）发出作为刺激消费的各种信息，把信息传递到一个或更多的目标对象（信息接受者，如听众、观众、读者、消费者或用户等），以影响其态度和行为。

2. 促销的策略

1）降价促销

降价促销就是将商品低于正常的定价出售。最常见的有库存大清仓、节庆大优惠、每日特价商品等方式。

（1）库存大清仓：以大降价的方式促销换季商品或库存较久的商品、滞销品等。

（2）节庆大优惠：新店开张、逢年过节、周年庆时，是折扣售货的好时机。

（3）每日特价商品：由于竞争日益激烈，为争取顾客登门，推出每日一物或每周一物的特价品，让顾客用低价买到既便宜又好的商品。

应用案例

雪花食品公司建成了一条酸奶加工生产线，于3月开始向市场供应纸盒保鲜包装的酸牛奶，每盒250毫升。当时出厂批发价定为每盒2.40元，3～4月平均每月销售5 000件左右，一件装有27盒。为了刺激消费、扩大销售以增加公司的销售收入，该公司决定对该产品降价。降价幅度为每盒0.2元，即从2.4元降到2.2元一盒。降价措施立即取得了明显的效果，5月该公司的酸奶销售量即达到7 200件，销售收入净增10万多元。

2）有奖促销

“抽奖”是一种极有效果的促销活动。因为，抽奖活动中一定会有银奖品，如手机、汽车使用权等，这样的奖项是极易激起消费者参与兴趣的，可在短期内对促销产生明确的效果。举办抽奖活动时，抽奖活动的日期、奖品或奖金、参加资格、如何评选、发奖方式等必须标示清楚，且抽奖过程需公开化，以增强消费者的参与热情和信心。

应用案例

雀巢公司在英国推出一则有趣的营销活动“We will find you”。在新出厂的6盒KitKat巧克力中放入GPS（Global Positioning System，全球卫星定位系统）追踪器，一旦有人购买到其中的一盒，撕开包装后GPS装置便会启动，主办方便会在24小时内追踪到，然后亲自送上一张1万美元的支票。除此之外，公司还在公共场所张贴了近3 000张印有二维码的宣传海报，人们只要用智能手机扫描二维码就可以登录到雀巢有奖活动的网址，将有机会获得2 000个10英镑的小额奖金，并且查看还有多少个GPS巧克力没有被购买走。

3）打折促销

打折促销是指企业在适当的时机，在特定市场范围内，根据商品原价确定让利系数，进行减价销售的一种方式。给消费者以较明显的价格优惠，可以有效地提高商品的市场竞争力，争取消费者，创造出良好的市场销售态势。同时，刺激消费者的消费欲望，鼓励消费者大批量购买商品，创造出“薄利多销”的市场获利机制。

（1）设置特价：对于应季大量销售的商品或过多的存货，或快过保质期的商品，或外包装有损伤的商品，做特价处理。

（2）节日、周末大优惠：在新店开业、逢年过节或周末，将部分商品打折销售，以吸引顾客购买。

（3）优惠卡优惠：向顾客赠送或出售优惠卡。顾客购物时，凭手中的优惠卡可以享受特别折扣。优惠卡发送对象可以是由店方选择的知名人士，也可以是购物次数或数量较多的熟客，出售的优惠卡范围一般不限定，这种促销目的是扩大顾客群。

（4）批量作价优惠：消费者整箱、整包、整桶或较大批量购买商品时，给予价格上的优惠。这种方法一般用在周转频率较高的食品和日常生活用品上，可以增加顾客一次性购买商品的数量。

应用案例

“淘宝双 11”即指每年 11 月 11 日，由淘宝网于 2009 年首次提出双 11 大促，到现在发展成为网购狂欢节，电商一般会利用这一天来进行大规模的打折促销活动。2012 年双 11 时，淘宝网、天猫全场 5 折，发生了中国互联网最大规模的商业活动：淘宝网总销售额 191 亿元，其中天猫 132 亿元，淘宝 59 网亿元，再创神迹。

4）竞赛式促销

竞赛式促销是指企业诱导消费者参加与经营商品、经营活动有关的竞赛活动，消费者发挥自己的才华，解决某一特定问题，根据比赛成绩，领取奖品、奖金的促销活动。由比赛来突显主题或介绍商品，除了可打响商品的知名度以外，更可以增加销售量，如喝啤酒比赛等。

5）积分式促销

积分式促销是指消费者要连续购买某商品或连续登录网站数次后，累积到一定积分的点券，可兑换赠品或折价购买。此类促销方法可以增加上网者访问网站和参加某项活动的次数，可以增加用户对网站的忠诚度、提高活动的知名度。

6）赠送式促销

赠送式促销是指为了迅速向顾客介绍和推广商品，争取消费者的认同，对进店的消费者免费赠送某一种或几种商品，让顾客现场品尝、使用，然后通过口碑，宣传产品。

7）其他手段

其他手段是指为了提高一部影片可能获得的利润，结合广告、公共关系，以及其他形式的促销和销售技巧。例如，把主题歌安排在广播电台播放。

6.4　网络营销的实施流程

一个成功的促销活动，不仅可以提高顾客购单量，也提高产品的声誉，不仅提高了产品销量，而且还有效地扩大了竞争产品的市场份额，因此，促销活动的开展需要全面的规划和精心的组织，以达到促销的目的。一个完整的促销活动实施程序通常由以下几个方面组成。

1. 确定网络促销对象

网络促销对象是针对在互联网上产生购买行为的消费者群体提出来的，主要包括三部分人员：产品的使用者、产品购买的决策者和产品购买的影响者。

（1）产品的使用者：商品的实际使用者或消费者。实际的需求构成了这些消费者购买的直接动因，他们是企业促销对象的重要组成部分。所以企业一旦抓住了这部分消费者，网络销售就有了稳定的市场。

（2）产品购买的决策者：实际决策购买商品的人。在许多情况下，商品的使用者与购买者是一致的。但在另外一些情况下，产品的使用者与决策者是分离的。例如，婴幼儿用品的购买很多时候由父母完成。所以网络促销应把对购买决策者的研究放在重要的位置。

（3）产品购买的影响者：其看法或建设对最终购买决策可以产生影响的人。由于耐用消费品购买者在选购产品时比较谨慎，因此产品购买影响者的影响力大；而在低价、易耗日用品的购买决策中，产品购买影响者的影响力较小，在促销中，企业可以根据自己产品性质做人群分析。

2. 设计网络促销组合

网络促销的内容，应根据购买者日前所处的购买决策过程的不同阶段，以及产品所处生命周期的不同阶段来决定。

3. 选择网络促销组合方式

网络促销活动主要是通过网络广告促销和网络站点促销两种促销方法展开的。但是不同的产品种类、销售对象和促销方法将会产生不同的网络促销组合方式。企业应结合实际，根据网络广告促销和网络站点促销两种方法的特点和优势，扬长避短，合理组合，以达到最佳促销效果。

4. 制订网络促销预算方案

因为运用互联网技术进行促销是一种新生事物，对所有的价格、条件都需要在实践中进行比较、学习和体会，只有这样，才能利用有限的资金收到尽可能好的效果。所以制订网络促销预算方案是企业在网络促销实施过程中最困难的一个问题。制订网络促销方案应首先处理好以下三个方面的问题。

（1）确定开展网上促销活动的方式。网络促销活动的开展可以是在企业自己的网站上进行，其费用低，但覆盖范围有限。还可以借助一些信息服务商进行。

（2）确定网络促销的目标。是树立企业形象、宣传产品，还是宣传服务？围绕这些目标来策划投放内容的数量，包括文案的数量、图形的数量、色彩的复杂程度等，这些细节确定了，对整体的投资数额就有了预算的依据，与信息服务商谈判就有了一定的把握。

（3）确定希望影响的群体。因为不同的站点有不同的服务对象、不同的服务费用。企业促销人员应熟知自己产品的销售对象和销售范围，根据自己的产品选择适当的促销形式。

5. 衡量网络促销效果

网络促销的实施过程进展到了一定的阶段，就必须对已经执行的促销内容进行评价，衡量促销的实际效果是否达到预期的促销目标。对促销效果的评价主要依赖于以下两个方面的数据。

（1）要充分利用互联网上的统计软件，及时对促销活动的好坏做出统计，如主页访问人次、点击次数、千人广告成本等。利用这些统计数据可以了解自己在网上的优势和不足，以便对网络促销方式和方法进行调整。

（2）通过销售量、利润、促销成本的变化，判断促销决策的正确性。同时，还应注意促销对象、促销内容、促销组合等方面与促销目标的因果关系的分析，以便对整个促销工作做出正确的决策。

6. 加强网络促销过程的综合管理

因为网络促销是一种新生事物，要想在这个领域取得成功，就必须实行科学管理，不断进行信息的沟通与协调，并对偏离预期促销目标的活动及时进行调整，以保证促销活动取得最佳效果。

案例分析

Uber 一键呼叫直升机：最有高度的造势

Uber（优步）于2015年4月25日在中国首次推出“Uber CHOPPER 一键呼叫直升机”服务，上海市民只需在Uber APP上按下一键，即可以最便捷、最酷炫的方式冲上云霄，以一种全新的方式领略上海城市之美。

Uber在全球的营销活动往往能够让人大跌眼镜。Uber自2014年起即在全球推出“一键呼叫直升机”服务，已经在美国、澳大利亚墨尔本、印度新德里和葡萄牙里斯本等地开展此项服务。这次在上海启动的直升机服务是Uber首次在中国推出“一键呼叫直升机”服务，定价为2 999元/次，20位用户成为首批乘客，活动当天还有一对年轻情侣空中求婚，可谓赚足了眼球。

但是，Uber本次邀请了某明星作为首飞乘客之一，明星效应导致Uber的风头被明星抢走。Uber当天发布的所有微博点赞数也远不及该明星的微博点赞数。

分析：微博营销相对于传统营销有什么特点？

习　　题

一、选择题

1. 关于网络营销和传统营销的说法准确的是（　　）。
   A. 网络营销暂时还是一种不可实现的营销方式
   B. 网络营销不可能冲击传统营销方式
   C. 网络营销最终将和传统营销相结合
   D. 网络营销将完全取代传统营销的一切方式
2. 在下列网络营销工具中，最基本、最重要的是（　　）。
   A. 搜索引擎　　B. 企业网站　　C. 电子邮件　　D. 网络广告
3. 以下商品中最适合网上销售的是（　　）。
   A. 手机　　B. 图书　　C. 黄金　　D. 收藏品
4. 网络定价的影响因素包括（　　）
   A. 成本因素　　B. 供求关系　　C. 竞争因素　　D. 客服因素

二、思考题

1．什么是网络营销？有何特点？
2．网络营销与传统营销有何关系？
3．网络营销中常用的推广手段有哪些？

三、技能实训题

请在国美、苏宁、京东三个商城，搜索同一品牌、规格、型号的产品，比较三大网上商城的定价情况。

第7章

电子支付与网上银行

学习目标

1. 掌握电子货币的概念、分类；
2. 了解网上银行及SSL数据加密协议；
3. 掌握常用的认证介质；
4. 熟悉网上支付方式。

名人名言

互联网的力量就是每个人都可直接做生意。

——戴尔公司总裁迈克尔·戴尔

引例

支付宝——网络支付第一大品牌

浙江支付宝网络技术有限公司是国内领先的第三方支付平台，致力于提供“简单、安全、快速”的支付解决方案，从2004年建立开始，始终以“信任”作为产品和服务的核心。旗下有“支付宝”与“支付宝钱包”两个独立品牌。自2014年第二季度开始成为当前全球最大的移动支付厂商。

支付宝主要提供支付及理财服务，包括网购担保交易、网络支付、转账、信用卡还款、手机充值、水电煤缴费、个人理财等多个领域。在进入移动支付领域后，支付宝为零售百货、电影院线、连锁商超和出租车等多个行业提供服务，还推出了余额宝等理财服务。

目前，支付宝注册用户数量已超过6亿人。根据数据分析公司发布的数据，截至2016年6月，支付宝的月活跃用户数量达到29 472.7万人，日活跃用户数量达到8 382.7万人。2016年，天猫双11全球狂欢节总交易额超1 207亿元，其移动端占比82%，支付宝的支付峰值达到12万笔/秒。支付宝每日的平均支付量已经超过200亿元，2015年全年支付总额已超过10 000亿美元。支付宝已经成为世界最大的第三方支付平台。支付宝凭借稳健的作风、先进的技术、敏锐的市场预见能力及极大的社会责任感，赢得了银行等合作伙伴的广泛认同。目前，支付宝已经与国内外 180 多家银行以及国际组织等机构建立了深入的战略合作关系，成为金融机构在电子支付领域最为信任的合作伙伴。

（1）使用：使用支付宝支付服务需要先注册一个支付宝账户，分为“个人账户”和“企业账户”两类。在支付宝官方网站或者支付宝钱包注册均可。

（2）认证：用户使用支付服务需要实名认证是中央银行等监管机构提出的要求，实名认证之后可以在淘宝网开店，增加更多的支付服务，更重要的是有助于提升账户的安全性。实名认证需要同时核实会员身份信息和银行账户信息。自 2016 年 7 月 1 日开始，实名认证不完善的用户，其余额支付和转账等功能会受到限制。

个人支付账户分为三类，各类账户的功能、额度和信息认证标准不同。其中，Ⅰ类账户只需要一个外部渠道认证客户身份信息。例如，联网核查居民身份证信息，对应的付款限额只有自账户开立起累计 1 000 元的限额。该类账户余额可以用于消费和转账，主要适用于客户小额、临时支付。Ⅱ类和Ⅲ类账户的客户实名认证强度相对较高，分别通过至少三个、五个外部渠道验证客户身份信息。其中，Ⅱ类账户的余额付款限额为年累计 10 万元。Ⅲ类账户的余额付款限额为年累计 20 万元。

（3）钱包：支付宝也可以在智能手机上使用，该手机客户端为支付宝钱包。支付宝钱包具备了计算机版支付宝的功能，也因为手机的特性，包含更多创新服务。如“当面付”、“二维码支付”等。还可以通过添加“服务”来让支付宝钱包成为自己的个性化手机应用。支付宝钱包主要在 iOS、Android 上使用。

（4）安全：支付涉及用户的资金安全，因此遵循官方的安全规范至关重要，如安全控件、短信校验服务、数字证书、第三方证书、支付盾、宝令、宝令手机版、安全保护问题、安全策略、手机安全设置等。几乎所有的支付服务都可以使用支付宝，从购物到水电燃气缴费，且正有部分取代现金的趋势。

（5）还款：2009 年 1 月 15 日，支付宝推出信用卡还款服务，国内 39 家银行发行的信用卡均支持。支付宝是最受欢迎的第三方还款平台。通过支付宝与银行合作，一些银行向支付宝开放了信用卡查询的功能，使得支付宝针对一些银行的信用卡可以做到免费查信用卡账单、免费还款，还有自动还款/还款提醒等增值服务。2014 年第一季度，76%的信用卡还款是用支付宝钱包完成的。

（6）转账：通过支付宝转账分为两种：①转账到支付宝账号，资金瞬间到达对方支付宝账户；②转账到银行卡，用户可以转账到自己或他人的银行卡，支持百余家银行，最快 2 小时到账，到账时间、转账限额则受银行和支付宝的相关规定的限制。因为支付宝本身也处理了很大一部分银行业务，转账收取手续费，同样是支付宝的收入来源之一。如何平衡转账手续费与用户体验的问题，是支付宝运营的一大重要事项。

（7）缴费：从 2008 年年底开始，支付宝推进公共事业缴费服务，已经覆盖了全国 300 多个城市，支持 1 200 多个合作机构。除了水、电、煤气等基础生活缴费外，其还扩展到交通罚款、物业费、有线电视费等更多与老百姓生活息息相关的缴费领域。常用的在线缴费服务有水电煤缴费、教育缴费、交通罚款、有线电视费。

（8）服务窗：在支付宝钱包的“服务”中添加相关服务账号，就能在钱包内获得更多服务。包括银行服务、缴费服务、保险理财、手机通信服务、交通旅行、零售百货、医疗健康、休闲娱乐、美食吃喝等 10 余个类目。区别于其他公众服务平台，服务窗具有天然的支付基因、超亿的支付用户群体以及严格审核的商户服务，这使得服务窗产生更大的生态价值。

7.1 电子货币

7.1.1 电子货币的发行

1. 电子货币的概念

电子货币，是指用一定金额的现金或存款从发行者处兑换并获得代表相同金额的数据，通过使用某些电子化方法将该数据直接转移给支付对象，从而能够清偿债务。严格意义是指费者向电子货币的发行者支付传统货币，而发行者把与传统货币的相等价值，以电子形式储存在消费持有的电子设备中。

电子货币是一种表示现金的加密序列数，它可以用来表示现实中各种金额的币值。随着基于纸张的经济向数字经济的转变，电子现金将成为主流。电子货币具有匿名性、节省交易费用、节省传输费用、持有风险小、支付灵活方便、防伪造及防重复性、不可跟踪性等特点。

2. 电子货币的种类

电子货币主要有两种：一种是基于 Internet 网络环境使用的且将代表货币价值的二进制数据保管在微机终端硬盘内的电子现金，如 QQ 币、游戏币等；另一种是将货币价值保存在 IC 卡内并可脱离银行支付系统流通的电子钱包，如学校饭卡、美发机构使用的会员卡、健身会所的会员卡、超市里的积分卡等。

3. 电子货币的特点

（1）以电子计算机技术为依托，进行储存、支付和流通。
（2）可广泛应用于生产、交换、分配和消费领域。
（3）融金融储蓄、信贷和非现金结算等多种功能为一体。
（4）电子货币具有使用简便、安全、迅速、可靠的特征。
（5）现阶段电子货币的使用通常以银行卡（磁卡、智能卡）为媒体。

4. 电子货币与纸币的区别

（1）纸币一般是由中央银行或者特定的金融机构垄断发行的。中央银行承担其发行成本，享有其利润。而电子货币的发行机制有所不同，发行机构既有中央银行也有一般金融机构，甚至非金融机构，且更多的是后者。

（2）纸币是以中央银行和国家信誉为担保的法定货币，而电子货币大部分是由不同的机构开发设计的，带有异性特征的产品。

（3）传统货币在使用时，既不是安全匿名的，也不可能做到完全非匿名，交易双方或多或少可以了解到对方的个人信息。而电子货币要么是非匿名的，要么是匿名的，且具有较高的安全性。

（4）货币的使用具有严格的地域限制；而电子货币打破了地域的限制，只要商家愿意接受，消费者可以很容易地获得和使用多国货币。

（5）传统货币的防伪依赖于特定实质，而电子货币的防伪只能采取电子技术和通信技术及加密或认证系统来完成和实现。

（6）电子货币技术标准的制定，电子货币的推广应用，在大部分国家都具有半政府半民间的性质。一般是企业负责技术安全标准的制定。

5. 电子货币的功能

（1）转账结算功能：直接消费结算，代替现金转账。

（2）储蓄功能：使用电子货币存款和取款。

（3）兑现功能：异地使用货币时，进行货币汇兑。

（4）消费贷款功能：向银行贷款，提前使用货币。

6. 电子货币的支付工具

1）电子支票

电子支票是一种电子货币支付方法，其主要特点是，通过计算机通信网络安全移动存款以完成结算。电子支票的使用过程：无论个人或企业，负有债务的一方，签发支票或其他票据，交给有债权的一方，以结清债务，约定的日期到来时，持票人将该票据原件提交给付款人，即可领取现金。

2）电子钱包

电子钱包是电子商务活动中网上购物顾客常用的一种支付工具，是在小额购物或购买小商品时常用的。使用电子钱包的顾客通常在银行里都是设有账户的。在使用电子钱包时，将有关的应用软件安装到电子商务服务器上，利用电子钱包服务系统就可以把自己在电子货币或电子金融卡上的数据输入进去。在进行付款时，如果顾客使用电子信用卡付款，只要单击相应项目或相应图标即可完成，人们常将这种支付方式称为单击式或点击式支付方式。目前使用较多的电子钱包是支付宝钱包和微信钱包。

3）电子现金

电子现金（E-cash）又称为电子货币（E-money）或数字货币（digital cash），是纸币现金的数字化，它是一种非常重要的电子支付系统，通常以数字形式存储并流通。但比现实货币更加方便、经济。它将用户账户中的资金转换成一系列加密序列数，用这些序列数表示现实中各种金融币值。使用电子现金时，用户只需在开展电子现金业务的银行开设账户并在账户内存钱，即生成了具体的电子现金，就可以在接受电子现金的网络商店购物。

电子现金最简单的形式包括三个主体（商家、用户、银行）和四个安全协议过程（初始化协议、提款协议、支付协议、存款协议）。电子现金具有纸质现金和数字化的优势，如灵活方便、费用低、防伪性、持有风险小、匿名性及其他性质。电子现金一般用于小额支付，企业使用电子现金可以扩大商业机会，增强自身的竞争力，特别是中小企业可以利用电子现金降低交易成本。

4）电子信用卡

信用卡也称贷记卡，是商业银行或信用卡公司向个人和单位发行的，凭以向特约单位购物、消费和向银行存取现金的一种信用凭证，其特点是当用户的资金不足时，在规定数额内银行可为用户提供透支贷款服务。电子商务活动中使用的信用卡称为电子信用卡，它通过网络直接完成付款，是目前最流行的电子支付工具。

由于电子信用卡被广泛发行，使用简单，且被全世界接受，因此它成为银行提供电子支付服务的主要手段。但由于使用电子信用卡需要通过公共 Internet 的网络进行信用卡传输，因此在技术上需要保证传输的安全性和可靠性。利用 SET 安全电子交易协议保证电子信用卡卡号和密码的安全传输，在信用卡进行支付的过程中，也需要验证认证客户、商家以及信用卡发放机构的身份，防止抵赖行为的发生。

7. 电子货币的性质

对于电子货币是否构成货币的问题在学术界尚有争论。法律学者认为，在经济学界对货币的概念尚无定论的前提下，将电子货币是否构成一种新型货币的论证任务交给法学家是不现实的。一般认为，对电子货币是否构成货币的一种，应当视具体情况个案处理。对于信用卡、储值卡类的初级电子货币，只能视为查询和转移银行存款的电子工具或者是对现存货币进行支付的电子化工具，并不能真正构成货币的一种。而类似计算机现金的现金模拟型电子货币，则初步具备了流通货币的特征。但是，要真正成为流通货币的一种，现金模拟型电子货币还应当满足以下条件。

（1）被广泛地接受为一种价值尺度和交换中介，而不是仅作为一种商品。

（2）必须是不依赖于银行或发行机构信用的用于清偿债务的最终手段，接受给付的一方无须保有追索权。

（3）自由流通，具有完全的可兑换性。

（4）本身能够成为价值的保存手段，而不需要通过收集、清算、结算来实现其价值。

（5）完全的不特定物，支付具有匿名性。

7.1.2 电子货币的分类

1. 按被接受程度分类

按被接受程度分类，电子货币分为单一用途电子货币、多种用途电子货币。例如，电信充值卡、游戏充值卡等就属于单一用途货币，只在一个非常有限的范围内实现某一种功能。多种用途电子货币的使用范围相对较广。例如，信用卡或蚂蚁花呗、京东白条一类的虚拟信用卡，使用的范围就相对比较广泛。

2. 按使用方式和条件分类

按使用方式和条件分类，电子货币分为在线认证系统电子货币、在线匿名系统电子货币、离线认证系统电子货币、离线匿名系统电子货币。

3. 按结算方式分类

按结算方式分类，电子货币分为支付方法电子货币、支付手段电子货币。

4. 按依托的计算机网络方式分类

按依托的计算网络方式分类，电子货币分为银行卡、网络货币。

随着移动互联网、电子商务，第三方支付和各行行业信息化的发展越来成熟，电子货币的使用范围也越来越广，使用金额越来越大，使用频率越来越高。根据相关法案，2016 年 1 月起，丹麦成全为世界第一个无现金国家。各个国家使用电子货币的比例也越来越大，电子货币正深刻地影响着人们生活的方方面面。

7.2 网 上 银 行

7.2.1 网上银行简介

1. 网上银行的含义

网上银行（InternetBank or E-bank）包含两个层次的含义：一个是机构概念，指通过信息网络开办业务的银行；另一个是业务概念，指银行通过信息网络提供的金融服务，包括传统银行业务和因信息技术应用带来的新兴业务。在日常生活和工作中，网上银行，更多的是指第二层次的概念，即网上银行服务的概念。网上银行业务不仅仅是传统银行产品简单地从网上的转移，其他服务方式和内涵发生了一定的变化，而且由于信息技术的应用，又产生了全新的业务品种。网上银行又称网络银行、在线银行，是指银行利用 Internet 技术，通过 Internet 向客户提供开户、查询、对账、行内转账、跨行转账、信贷、网上证券、投资理财等传统服务项目，使客户可以足不出户就能够安全便捷地管理活期和定期存款、支票、信用卡及个人投资等。可以说，网上银行是在 Internet 上的虚拟银行柜台。网上银行又被称为“3A 银行”，因为它不受时间、空间限制，能够在任何时间（Anytime）、任何地点（Anywhere）以任何方式（Anyway）为客户提供金融服务。

2. 网上银行的优势

（1）全面实现无纸化交易。以前使用的票据和单据大部分被电子支票、电子汇票和电子收据所代替；原有的纸币被电子货币，即电子现金、电子钱包、电子信用卡所代替；原有纸质文件的邮寄变为通过数据通信网络进行传送。

（2）服务方便、快捷、高效、可靠。通过网络银行，用户可以享受到方便、快捷、高效和可靠的全方位服务。任何时候都使用网络银行的服务。

（3）经营成本低廉。网络银行采用了虚拟现实信息处理技术，可以在保证原有的业务量不降低的前提下，减少营业点的数量。

（4）简单易用。

3. 网上银行发展的模式

一是完全依赖于互联网的无形的电子银行，也叫虚拟银行。虚拟银行就是指没有实际的物理柜台作为支持的网上银行，这种网上银行一般只有一个办公地址，没有分支机构、营业网点，采用国际互联网等高科技服务手段与客户建立密切的联系，提供全方位的金融服务。以美国安全第一网络银行为例，它成立于 1995 年 10 月，是在美国成立的第一家无营业网点的虚拟网上银行，它的营业厅就是网页画面，当时银行的员工只有 19 人，主要的工作就是对网络的维护和管理。

另一种是在现有的传统银行的基础上，利用互联网开展传统的银行业务交易服务。即传统银行利用互联网作为新的服务手段为客户提供在线服务，实际上是传统银行服务在互联网上的延伸，这是网上银行存在的主要形式，也是绝大多数商业银行采取的网上银行发展模式。

4. 我国网上银行的现状及存在问题

1）我国网上银行的现状

我国网络银行产生于 1996 年，起步比西方发达国家晚，但发展速度很快。1996 年 2 月，中国银行在互联网上建立和发布了自己的主页，成为我国第一家在互联网上发布信息的银行。1997 年，招商银行推出“一网通”，成为国内第一家上网的银行，随后中国银行、中国建设银行也推出了自己的网络银行业务。此后，中国工商银行、中国建设银行、中国交通银行、中国光大银行以及中国农业银行等也陆续推出网络银行业务。截至 2015 年年底，我国网上银行交易规模达到 1 803 万亿元，同比增长 38.2%。

网上银行生意火，发展势头猛。我国网上银行多集中在沿海地区、长江沿岸的大城市，如上海、北京、广州、武汉、南京等，服务种类、服务品种迅速增加，服务方式由以前的单一化、简单化到多元化、复杂化。

2）我国网上银行发展存在的主要问题

网上银行以其低廉的成本和广阔的前景，越来越受到人们的重视，在我国发展势头迅猛，但由于时间短、制度不完善及应对措施不足，网上银行依然存在不少问题，发展道路依然漫长。与国际上先进的银行相比，我国的网上银行明显滞后。究其原因，存在以下六大问题。

（1）法律法规滞后。网上银行在有关服务承担者的资格、交易规则、交易合同的有效成立与否、交易双方当事人权责明晰及消费者权益保护等方面，与传统银行相比更加复杂、难以界定。网上银行仍然是经济金融活动的一部分，它离不开法律的规范和保护，而现行的法律又很难规范网上银行业务的发展和保护消费者权益。进行网上资金转账时只要有一个环节出现错误，就不能正常支付资金，就会发生法律方面的纠纷，需要法律进行调节。

（2）安全问题十分突出。通过互联网进行交易，相关信息的保密性、真实性、完整性和不可否认性是最关键的因素。各家商业银行虽然都采取了一定的安全防范措施、制定了相应规定，但是在执行上普遍存在管理不严格的现象，如密码的保管和定期更换、主机房的安全管理、灾难备份、病毒防范等。由于缺乏业务的广泛性和流程的规范性，网络银行面临着技术风险、操作风险、法律风险。这些风险的存在，使得客户对网络银行的安全性、可靠性及个人隐私权的保护持怀疑态度。在我国尚没有法规来制约没有造成危害或危害较轻的网络犯罪的时候，如何确保交易安全，为个人保密，就成为网上银行发展最需解决的问题。

（3）金融业的网络建设缺乏整体规划。就目前国内网上银行业务的基础环境来看，由于基础设施落后造成资金在线支付滞后，部分客户在网上交易时仍不得不采用“网上订购，网下支付”的办法。虽然四大商业银行都建立起自己的网站，但在网站的构架和服务内容上，仍然与电子商务和网络经济的要求有很大的距离。资金、人员等方面的投入严重不足，银行与高新技术产业结合不紧密，造成网络金融市场规模小、技术水平低、覆盖面小，基本上还停留在传统业务的计算机化上面。同时，商业银行乃至整个金融业的网络建设缺乏整体规划，使用的软、硬件缺乏统一的标准，更谈不上拥有完整、综合的网上信息系统。

（4）技术风险大。网络银行业务的高技术性、无纸化和瞬时性的特点，决定了其经营风险高于实体银行业务的风险，而技术风险又是网络银行风险的核心内容，也是金融机构和客户最为关注的问题。它主要包括交易主体的身份识别、交易过程的商业机密、电子通信的安全、交易和其他记录的保存和管理，特别是在未经授权的中途拦截和篡改等，以及一些主观方面造成的安全技术隐患。

（5）监管意识和现有监管方式滞后。中央银行对商业银行现有的监管主要针对传统银行，重点是通过对银行机构网点指标增减、业务凭证、报表的检查稽核等方式实施。而在网上银行时代，账务收支的无纸化、处理过程的抽象化、机构网点的虚拟化、业务内容的大幅增加，均使现有的监管方式在效率、质量、辐射等方面大打折扣，监管信息的真实性、全面性及权威性面临严峻的挑战，对基于互联网的银行服务业务监管将出现重大变化。

（6）产品匮乏。中国网络银行的业务匮乏，没有发挥对银行业务的重组和再造功能。

总之，尽管我国网上银行在发展过程中存在诸多问题，但我国网上银行业务的发展前景极为广阔。随着国民金融意识的增强，国家规范网上行为的法律法规的出台，将会有更好的网上银行使用环境，能为客户提供“3A 服务”的“网上银行”一定会受到用户的青睐。

5. 针对我国网上银行问题采取的措施与对策

1）针对我国网上银行问题采取的措施

我国的网络银行同电子商务、商业网站的发展相似，是在相关法规几乎空白的情况下，迅速出现并不断演进，带有浓厚的自发性。管理部门面对快速变化的情况，不得不对出台新的管理措施持慎重的态度，导致对网络银行的管理规则仍然较少，管理体系也还不明确。从我国的实际情况来看，对网络银行进行监管有以下几个难点。

（1）银行竞争力与监管抑制。我国现行的分业监管体制，在一定程度上可能影响到我国国内监管的竞争力，如果从一开始就对网络银行实施较为严格的监管，虽然可能有效地降低网络银行乃至整个金融体系的风险，但会对网络银行的演进与变化，以及网络银行业务的发展起到一定的抑制作用。

（2）银行创新与标准统一。监管的“公平性”要求被监管者应该遵守同一规范和标准，但是由于各个网络银行本身发展方向和阶段的差异，强行执行某一规范，一方面会使一些网络银行丧失创新的主动性和热情，另一方面自然加大了竞争者的进入成本，导致市场竞争减弱。

（3）社会监管成本与监管效率。确定某一规范和标准的另一个问题，是有可能造成高昂的社会监管成本或无效监管。前者是指，如果这一规范或标准被事后证明是不适用的，不仅银行业要花费巨大的重置成本，而且会丧失发展机会。无效监管则是指，某些规则由于缺乏可操作性，出现“有法难依”，其效果有时比“无法可依”还要差。

（4）国内银行保护与社会福利损失。网络银行的模糊界限和相对较低的转移成本，使监管也形成了一个竞争性的市场。据有关统计研究，网络银行中的资金和客户，都会向“软”

规则的地区或国家迁移。侧重于保护本国的监管政策，会造成社会资源和福利的损失。这些问题的存在，迫使监管当局不得不慎重考虑监管的策略和程序，但不等于放弃监管。从我国的情况来看，对网络银行进行适当的监管是非常必要的。

2）针对我国网上银行采取的对策

解决我国网上银行发展中的问题应从以下几个方面着手。

（1）我国应建立专门的网上银行准入制度。网上银行的准入要在注册制度、安全工作、地域界定方面从严，而在准入标准、业务范围等方面从宽，建立一套区别于欧美已有网络发展优势国家的准入制度，加快相关的法律法规建设。网上银行法的发展不是孤立的，而是和一系列相关的法律规范相联系的，主要有税收征管法、合同法、国际税收法、电子商务立法、刑法、诉讼法、票据法、证券法、商业银行法、消费者权益保护法、反不正当竞争法等。

（2）加大银行信息系统基础建设投入。鉴于我国银行网络化水平和发达国家相比还有差距，因此，要加大对银行网络化信息系统的基础建设，只有银行的信息高速公路建好了，银行的知识资源才能被充分利用，才能为适应未来网上银行的发展打下坚实基础，使政府和商业银行共同协调。2000 年 6 月 29 日，中国金融认证中心进行了挂牌和开通仪式，这为建立规范统一、布局合理的全国安全认证体系打下了良好的基础。

（3）中国金融认证中心专门负责为金融业的各种认证需要提供证书服务，包括电子商务、网上银行、支付系统和管理信息系统等，为参与网上交易的各方提供安全交易基础和建立彼此信任的机制。但可发放数字证书的除了中国金融认证中心之外，各大银行也自建了认证中心，为自己的客户发放证书。但各银行所颁发的数字证书互不通用，导致了同一个用户在不同的网上银行开户，就需要拥有多个数字证书，同时为多个数字证书交付年费。

（4）大力兴建中央银行监管信息网络，随着安全技术和认证机制的广泛应用，互联网金融服务的发展无疑给中央银行监管和金融立法带来了新的课题。老的监管方式和程序已很难再适用于新型的金融业务，现行的金融立法也阻碍或限制着新型业务的发展。随着商业银行业务模式和内部管理机制的变革，中央银行监管模式也将随之改变。

6. 网上银行的相关业务

一般说来网上银行的业务品种主要包括基本业务、网上投资、网上购物、个人理财助理、企业银行服务及其他金融服务。

（1）基本业务：商业银行提供的基本业务服务包括在线查询账户余额、交易记录，下载数据、转账和网上支付等。

（2）网上投资：由于金融服务市场发达，可以投资的金融产品种类众多，国内外的网上银行一般提供包括股票、期权、共同基金投资等多种金融产品服务。

（3）网上购物：商业银行的网上银行设立的网上购物协助服务，大大方便了客户从网上购物，为客户在相同的服务品种上提供了优质的金融服务或相关的信息服务，加强了商业银行在传统竞争领域的竞争优势。与电子商务相关的业务，既包括商户对客户模式下的购物、订票、证券买卖等零售业务，也包括商户对商户模式下的网上采购等批发业务的网上结算。

（4）个人理财助理：个人理财助理是国内外网上银行重点发展的一个服务品种。各大银行将传统银行业务中的理财助理转移到网上进行，通过网络为客户提供理财的各种解决方案，提供咨询建议，或者提供金融服务技术的援助，从而极大地扩大了商业银行的服务范围，并降低了相关的服务成本。

（5）企业银行服务：是网上银行服务中最重要的部分之一。其服务品种比个人客户的服务品种更多，也更为复杂，对相关技术的要求也更高，所以能够为企业提供网上银行服务是商业银行实力的象征之一，一般中小网上银行或纯网上银行只能提供部分，甚至完全不提供这方面的服务。企业银行服务一般提供账户余额查询、交易记录查询、总账户与分账户管理、转账、在线支付各种费用、透支保护、储蓄账户与支票账户资金自动划拨、商业信用卡等服务。此外，还包括投资服务等。部分网上银行还为企业提供网上贷款业务。

（6）其他金融服务。除了银行服务外，大型商业银行的网上银行均通过自身或与其他金融服务网站联合的方式，为客户提供多种金融服务产品，如保险、抵押和按揭等，以扩大网上银行的服务范围。新的金融创新业务，如集团客户通过网上银行查询子公司的账户余额和交易信息，签订多边协议。

7. 网上银行与传统银行业务的比较

（1）挑战传统银行理念。首先，网上银行突破了传统银行业务在时间上的限制，实行 7×24 全天候运营，使银行更加贴近客户，更加方便顾客。网上银行将改变传统银行经营理念。其次，网上银行将改变传统的银行营销方式和经营战略。

（2）网上银行将极大地降低银行服务的成本。

① 降低银行服务成本。

② 降低银行软、硬件开发和维护费用。

③ 降低客户成本。

（3）可以更大范围内实现规模经济。

（4）网上银行拥有更广泛的客户群体。

（5）网上银行将会使传统的银行竞争格局发生变化。

8. 常用的认证介质

（1）密码，包括登录密码、支付密码、U 盾密码等。密码是每一个网上银行必备的认证介质，非常容易被木马盗取或被他人偷窥。安全系数为 30%，便捷系数为 100%。

（2）文件数字证书。文件数字证书是存放在计算机中的数字证书，每次交易时都需使用，如果计算机没有安装数字证书是无法完成付款的；已安装文件数字证书的用户只需入输密码即可。未安装文件数字证书的用户安装证书时需要验证大量的信息，相对比较安全。但是文件数字证书不可移动，对经常更换计算机使用的用户来说不方便（支付宝等虚拟的是验证手机，而网上银行一般要去银行办理）；而且文件数字证书有可能被盗取，所以不是绝对安全的。安全系数为 70%，便捷系数为 100%（家庭用户）、30%（网吧用户）。

（3）动态口令卡。动态口令卡类似游戏的密保卡。卡面上有一个表格，表格内有几十个数字。当进行网上交易时，银行会随机询问自己某行某列的数字，如果能正确地输入对应格内的数字便可以成功交易；反之不能。动态口令卡可以随身携带，轻便，不需驱动，使用方便，但是如果木马长期存在于自己的计算机中，可以渐渐地获取口令卡上的很多数字，当获知的数字达到一定数量时，资金便不再安全，而且如果在外使用，也容易被人拍照。安全系数为 50%，便捷系数为 80%。

（4）动态手机口令。当进行网上交易时，银行会向手机发送短信，如果能正确地输入收到的短信则可以成功付款，反之不能。不需安装驱动，只需随身携带手机即可，反偷窥、木马，相对安全。但是必须随身携带手机且不能停机、没电、丢失。而且有时通信运营商服务质量低导致收到短信时间延迟，影响效率。安全系数为 80%～90%。便捷系数为 80%（手机随身，话费充足，信号良好）、30%～80%（手机不随身，经常停机，信号差，有时还会弄丢手机）。

（5）移动口令牌，需一定时间换一次号码。付款时只需按移动口令牌上的键，这时就会出现当前的代码。1 分钟内在网上银行付款时可以用凭这个编码付款。如果无法获得该编码，则无法成功付款。不需要驱动，不需要安装，只要随身携带即可，反偷窥、木马。移动口令牌的编码一旦使用过就立即失效，不用担心付款时输入的编码被他人看到他们在 1 分钟内再付款。安全系数为 80%～90%，便捷系数为 80%。

（6）移动数字证书，中国工商银行叫 U 盾，中国农业银行叫 K 宝，中国建设银行叫网银盾，中国招商银行叫优 KEY，中国光大银行叫阳光网盾，在支付宝中的叫支付盾。它存放着个人的数字证书，并不可读取。同样，银行也记录着数字证书。当尝试进行网上交易时，银行会发送由时间字串、地址字串、交易信息字串、防重防攻击字串组合在一起进行加密后得到的字串 A，U 盾将根据个人证书对字串 A 进行不可逆运算得到字串 B，并将字串 B 发送给银行，银行端也同时进行该不可逆运算，如果银行运算结果和自己运算结果一致便认为合法，交易便可以完成，如果不一致便认为不合法，交易便会失败。（理论上，不同的字串 A 不会得出相同的字串 B，即一个字串 A 对应一个唯一的字串 B；但是字串 B 和字串 A 无法得出数字证书，而且 U 盾具有不可读取性，因此任何人都无法获取自己的数字证书。并且银行每次都会发不同的防重字串即随机字串和时间字串，所以当一次交易完成后，刚发出的 B 字串便不再有效。综上所述，理论上 U 盾是绝对安全的）。安全系数为 95%，便捷系数为 50%（持有需要驱动的移动数字证书的网吧用户）、80%（持有免驱的移动数字证书的网吧用户或家庭用户）。

现行网上银行的认证介质一般采用密码+后五种中的一种。原因如下。从安全角度看，移动数字证书最安全，因为只要不丢失就是万无一失的；手机动态口令、移动口令牌也很安全，但是易被偷窥。从便捷角度看，家庭用户使用文件数字证书最方便，付款只需输入密码即可，而且也比较安全。网吧用户使用免驱移动数字证书（暂时没有银行提供，中国招商银行虽然免驱但是需要按客户端）、动态口令牌、手机动态口令、动态口令卡方便。从经济角度看，文件数字证书、动态口令卡、动态手机口令不需要费用或很低。而移动数字证书、动态口令牌的费用较高。

7.2.2 网上银行的分类

网上银行按照其功能及适用性，一般分为大众版和专业版。大众版一般只提供查询功能，基本上具有该网上银行卡的用户只需要在网页端注册（或免注册，直接使用银行卡号或身份证号和取款密码进行登录），就可以使用大众版。网上银行大众版所具备的功能相对比较有限，为了安全考虑，银行一般只开放非转账类功能，如查询余额、明细，业务介绍等。

专业版一般需要到银行柜台开通，并使用相关的安全工具，如移动证书、数字证书等。专业版具备大众版的几乎所有功能，还在很大程度上替代了银行柜台可以完成的比较多的服务，如转账、购买理财产品、设置用户信息等。历经十几年的发展，银行电子渠道已成为替代柜面交易的重要渠道。

7.2.3 网上银行与第三方支付的区别

在互联网支付高速发展的今天，网上银行和第三方支付各自取得了非常大的发展，但两者之间既有融合，也有不同。具体的不同体现在以下几个方面。

1. 服务主体不同

网上银行主要针对的是本银行自身的用户，银行的数量非常多，在我国不少于 1 000 家，每家银行的网上银行业务往往只针对本银行自身的客户，所提供的服务，也只针对本银行所提供的服务和合作商户的服务，超出这个范围，该银行的网上银行就无法支持。银行服务更像是一个一对多的服务。第三方支付则是一个多对多的服务，第三方支付一边连着众多的银行，另一边连着众多的消费场景，更加明确自身支付的特性。所以在使用支付方面，第三方支付更加方便。在银行特有服务和特有业务方面，网上银行更加方便，主要的原因是双方的定位和服务主体不同。网上银行服务的是自家的客户，而第三方支付服务于需支付的客户。第三方支付更像一个只有部分功能的超级网上银行组合体。

2. 功能不同

第三方支付更多的是支付功能，余额不能生息，也几乎不能进行放贷业务，对所关联银行内的信息，只能查到银行许可的一部分，银行未许可的部分，则无法看到。网上银行则只是局限在自家银行的服务范围之内，使用的广泛性存在问题。网上银行的接入门槛相对较高，只针对一些大的商户开放，中小商户很难享受。即使开放给中小商户，中小商户的技术力量和资金力量也无法同时与多家银行完成对接。而第三方支付则是帮商家完成了这种对接。以支付宝为例，一个商户如果希望自己的产品能够由上百家银行都可以来支付，他只需要接入一家支付宝即可，不再需要同上百家银行一家一家地接入。

3. 限额不同

第三方支付的限额与网上银行相比普遍较低，只适合资金量较高的业务，对于资金数额较大的业务，需要通过网上银行进行处理，如 B2B 业务、大额理财业务等。不论是借记卡还是借用卡，不论是充值还是支付，第三方支付都受到银行单次限额、每日限额、每月限额的束缚，当然这种规则，并不一定是银行方面造成的，第三方支付出于自己业务的考虑，自己设限，也并非没有可能。

4. 应用场景不同

网上银行的应用场景太少，使用体验极不方便，尤其是移动互联网时代，移动网上银行支付发展相对滞后，支付更加麻烦。相对于支付宝，微信这种第三方支付的用户体验和使用场景的差距还是非常大的。

7.3 第三方支付

网络银行支付方式只具备资金传递功能，而不能对交易双方进行约束和监督，在整个交易过程中，无论是货物质量、交易诚信，还是退换货要求等环节都无法得到可靠保障。在此背景下，提供信用担保服务的第三方支付平台应运而生。

7.3.1 第三方支付的概念与特点

1. 第三方支付的概念

第三方支付是指具备一定实力和信誉保障的独立机构，采用与各大银行签约的方式，提供与银行支付结算系统接口的交易支持平台的网络支付模式。在第三方支付模式下，买方选购商品后，使用第三方平台提供的账户进行货款支付（支付给第三方），并由第三方通知卖家货款到账、要求发货；买方收到货物，检验货物，并且进行确认后，再通知第三方付款；第三方再将款项转至卖家账户。由于拥有款项收付的便利性、功能的可拓展性、信用中介的信誉保证等优势，第三方支付较好地解决了长期困扰电子商务的诚信、物流、现金流问题，因而它在电子商务中发挥着重要作用。

2. 第三方支付的特点

（1）解决了网络时代物流和资金流在时间与空间上的不对称问题。

（2）有效地减少了电子商务交易中的欺诈行为。

（3）节约交易成本，缩短交易周期，提高电子商务的效率。

（4）促进银行业务的拓展和服务质量的提高。

（5）能够较好地突破网上交易中的信用问题。

（6）操作简便可靠。

通过第三方平台的交易，买方选购商品后，使用第三方平台提供的账户进行货款支付，由对方通知卖家货款到达、进行发货；买方检验物品后，就可以通知付款给卖家。第三方支付平台的出现，从理论上讲，杜绝了电子交易中的欺诈行为。

7.3.2 第三方支付的基本流程

在第三方支付交易流程中，支付模式有仅使商家看不到客户的信用卡信息，又避免了信用卡信息在网络上多次公开传输而导致信用卡信息被窃，下面以 B2C 交易为例。

第一步，客户在电子商务网站上选购商品，最后决定购买，买卖双方在网上达成交易意向。

第二步，客户选择利用第三方作为交易中介，客户用信用卡将货款划到第三方账户。

第三步，第三方支付平台将客户已经付款的消息通知商家，并要求商家在规定时间内发货。

第四步，商家收到通知后按照订单发货。

第五步，客户收到货物并验证后通知第三方。

第六步，第三方将其账户上的货款划入商家账户中，交易完成。

7.3.3 第三方支付平台

第三方支付平台是提供第三方支付服务的网络平台，它旨在通过一定手段为交易双方提供信用担保，从而化解网上交易风险的不确定性，有效防止电子交易中的欺诈行为，增加网上交易成交的可能性。据艾瑞咨询集团统计数据显示，2015 年我国第三方支付市场规模金额达 31.2 万亿元。其中，第三方互联网支付交易规模金额达 118 674.5 亿元，同比增长 46.9%。2015 年，中国第三方互联网支付交易规模排前十名的公司如图 7.1 所示。

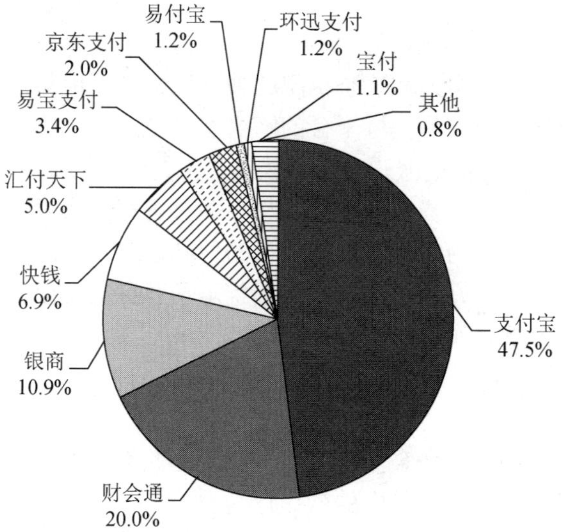

图 7.1　2015 年中国第三方互联网支付交易规模市场份额

目前，国内外知名的第三方支付平台如下。

1. PayPal

PayPal 是目前全球最大的在线支付提供商，成立于 1998 年 12 月，总部在美国加利福尼亚州圣荷西市，全球有超过 1 亿个注册账户，是跨国交易中最有效的付款方式。任何人只要有一个电子邮件地址，都可以方便而安全地使用 PayPal 在线发送和接收付款，避免了传统的邮寄支票或者汇款的方法。PayPal 支持 190 多个国家和地区的交易，支持 20 多种币种，快速、安全而又方便，是跨国交易的理想解决方案。

2. 支付宝

支付宝是国内领先的独立第三方支付平台，是由阿里巴巴集团 CEO 马云在 2004 年 12 月创立的第三方支付平台，是阿里巴巴集团的关联公司。支付宝致力于为中国电子商务提供“简单、安全、快速”的在线支付解决方案。

3. 财付通

财付通是腾讯公司于 2005 年 9 月正式推出的专业在线支付平台，致力于为互联网用户和企业提供安全、便捷、专业的在线支付服务。

4. 拉卡拉支付

技术融合，即将银行严格的风险控制与支付企业的技术创新相结合。招商银行、广发银行等手机银行已经内置拉卡拉移动支付功能，解决了手机银行只能受理本行银行卡的问题。官方数据显示，截至 2015 年年底，拉卡拉拥有 1 亿线下个人用户，270 万商户，收单交易额 1.6 万亿元。线下收单业务的市场占有率排名第三。在移动支付领域，它的排名也仅次于支付宝和财付通。

5. Moneybookers

2003 年 2 月 5 日，Moneybookers（简称 MB）成为世界上第一家被政府官方所认可的电子银行，它还是英国电子货币协会的 14 个成员之一。它被多家公司列为仅次于 e-gold 的主要付款形式。更重要的是这家电子银行里的外汇是可以转到中国内银行账户里的。

6. 宝付

宝付推出的“我的支付导航”主要分个人支付导航与商户支付导航两大版块。从网上交水、电、煤等基本生活需要，到旅行买机票、火车票定酒店，再到网上购物、通信充值等各种类型“日常便民服务”，“我的支付导航”不仅为广大用户提供了便利的生活支付服务，也给企业商户提供了行业解决方案、一站式解决方案及增值服务等产品服务。

7. 国付宝

国付宝是商务部中国国际电子商务中心与海航商业控股有限公司合资成立的，针对政府及企业的需求和电子商务的发展，精心打造的具有背景的，引入社会诚信体系的独立的第三方电子支付平台，它也是“金关工程”的重要组成部分。

8. 迅银支付

迅银支付是由国内金融、支付、科技等领域资深从业人士组成，以自有创新技术，努力为国内企业、行业客户和投资者提供安全便捷稳定的互联网金融支付的科技平台，它拥有成熟而完善的管理经验及服务体系。

迅银支付以终端消费群体的需求为核心，其智能终端中还包括信用卡还款，话费充值，水、电、煤代缴等一系列便民服务，最大化地服务了消费者。除此之外，迅银支付加盟的审批也十分简单，办理较便捷，安装完即能使用。除此以外，迅银支付还拥有金融服务 T+0 平台、商盟生活服务平台、数据外包服务平台等。

迅银支付作为行业中的佼佼者，首先考虑的是商户的利益，保证商户交易不停、结算不缓，不让任何商户损失一分钱。这些商户是给予迅银支付最大信任的人，有他们的信任，才有迅银支付的未来。其次考虑的是经销商的利益，保证经销商分润不停、业务稳定。

7.3.4 第三方支付存在的主要问题

第三方支付平台的先天不足和市场环境的复杂多变导致了其在发展过程中存在着诸多亟待解决的问题。

1. 风险问题

在电子支付流程中，资金一般会在第三方支付服务商处滞留，即出现所谓的“资金沉淀”，如缺乏有效的流动性管理，则可能存在资金安全和支付的风险。同时，第三方支付机构开立支付结算账户，先代收买家的款项，然后付款给卖家，这实际已突破了现有的诸多特许经营的限制，它们可能为非法转移资金和套现提供便利，因此形成潜在的金融风险。

2. 电子支付经营资格的认知、保护和发展问题

第三方支付结算属于支付清算组织提供的非银行类金融业务，银行将以牌照的形式提高门槛。因此。对于那些从事金融业务的第三方支付公司来说，面临的挑战不仅仅是如何赢利，更重要的是能否拿到将要发出的第三方支付业务牌照。

3. 业务革新问题

因为支付服务客观上提供了金融业务扩展和金融增值服务，其业务范围必须要明确并且要大胆推行革新。到目前为止，全球拥有手机的人多于拥有电脑的人，相对于单纯的网上支付，移动支付领域将有更大的作为。所以第三方支付能否趁此机遇改进自己的业务模式，将决定第三方支付最终能否走出困境，获得发展。

4. 恶性竞争问题

电子支付行业存在损害支付服务甚至给电子商务行业的发展带来负面冲击的恶意竞争的问题。国内的专业电子支付公司已经超过 40 家，而且多数支付公司与银行之间采用纯技术网关接入服务，这种支付网关模式容易造成市场严重同质化，也挑起了支付公司之间激烈的价格战。由此直接导致了这一行业“利润削减快过市场增长”，在中国，惯用的价格营销策略让电子支付行业吞下了利润被摊薄的苦果。

5. 法律、法规支持问题

《电子支付指引（第二号）》法规的颁布，将一定程度上解决这个问题。

案例分析

体验式营销的——“春晚摇红包：摇出来的仪式感”

从 2015 年开年的春晚摇红包，微信支付“体验式营销”的思路已经初现端倪。

微信支付在抢红包的基础上，巧妙地使用了“摇一摇”的体验。在举家团聚的氛围下，“摇”红包这个体验简单到极致，同时又饱含仪式感，明显的肢体动作使身边人很容易被感染。

10.1 亿次微信红包收发量，110 亿次摇一摇互动……这些数据，让春晚摇红包成为一

次真正意义上的全民互动。在这个舞台上，馈赠式的玩法被发挥到极致。借助微信红包 N 次级的传播，品牌也收获了远高于预期的曝光力和影响力。

极致化的体验下，口碑和商业价值都变得“水到渠成”。

分析：微信红包支付方式为什么会受到大众青睐？

习　　题

一、选择题

1. 以下（　　）支付工具对应的不是电子货币。

A. 银行卡　　B. 支票

C. 储值卡　　D. 虚拟卡

2. 常用的电子支付工具主要有电子支票、电子信用卡和（　　）等。

A. 网络货币　　B. 支付宝

C. 电子现金　　D. 电子钱包

3. 中国工商银行的“U 盾”、中国建设银行的“网银盾”属于网络银行的（　　）类安全技术措施。

A. 数字证书　　B. 数据加密协议

C. 动态口令卡　　D. 安全控件

4. 目前国内第三方支付公司中，下述（　　）的用户规模最大。

A. 银联　　B. 支付宝

C. 易宝　　D. 微信支付

二、思考题

1. 电子货币与传统货币相比，有哪些优势和缺点？

2. 电子货币的安全性方面，需要注意哪些问题？

3. 目前广泛使用的电子货币有哪些？

4. 第三方支付的应用场景有哪些？未来还会有哪些？

5. 网上银行与第三方支付的异同和差距是什么？两者未来会如何找准自己的定位，共同发展？

6. 对转账或充值而言，操作是用户自发的行为，而且现在很多转账也是免费的，但平台为什么还要付这笔手续费？

三、技能实训题

1. 注册支付宝、微信支付、银联支付、易宝支付等至少五种第三方支付网站账号，并进行实名认证，绑定相关的银行卡，实现顺畅支付。

2. 分析上述五种第三方支付在功能性、便利性、广泛度方面的差异，并指出原因。

3．每人开通至少两家银行的大众版、一家银行的专业版，根据资源数量组成小组，分析各家银行的大众版与专业版有何差异。

4．分析至少三家电商公司自有第三方支付的异同。

5．支付宝和微信支付的手续费是多少？

6．分析中国工商银行、中国银行、中国建设银行、中国农业银行、中国交通银行、中国招商银行六家银行在支付宝、微信上支付的使用限额。

第8章

电子商务与物流

学习目标

1. 掌握电子商务物流的概念；
2. 了解电子商务与物流的关系；
3. 熟悉电子商务物流技术；
4. 理解电子商务物流配送的模式；
5. 熟悉电子商务物流配送的流程。

名人名言

大力推进市场对内外开放，加快要素价格市场化，发展电子商务、连锁经营、物流配送等现代流通方式，促进商品和各种要素在全国范围自由流通和充分竞争，造就一个和谐的社会。

——中国前国家主席胡锦涛

物流以时间消灭空间，商流以空间消灭时间。

——海尔集团 CEO 张瑞敏

引例

京东商城的物流配送体系

京东商城是中国最大的综合网络零售商，是中国电子商务领域最受消费者欢迎和最具有影响力的电子商务网站之一，在线销售家电、数码通信、计算机、家居百货、服装服饰、母婴、图书、食品、在线旅游等 12 大类数万个品牌百万种优质商品。

京东商城并没有像其他 B2C 企业那样完全将物流外包出去，而是创办了自己的物流体系。目前京东商城有两套物流配送体系：一套是自建物流，另一套是与第三方物流公司合作。

2009 年年初，京东商城就斥巨资成立自己的物流公司，分别在北京、上海、广州、成都、武汉设立了自己的一级物流中心，随后在沈阳、济南、西安、南京、杭州、福州、佛山、深圳 8 个城市建立了二级物流中心，这些城市的顾客是京东商城的主要顾客。以华东物流中心上海为例，每日能正常处理 2.5 万个订单，日订单极限处理能力达到 5 万单。2014 年京东商城自建一个新的项目——“亚洲一号”，即在上海嘉定购置约 10 万平方米土地建立的亚洲最大的现代化 B2C 物流中心。“亚洲一号”至少支持百万级的 SKU（Stock Keeping Unit，库存量单位），目标是适应未来 5～10 年的发展。正是有了如此大规模的自营物流体系的支持，京东商城在 2010 年 4 月正式推出了“211 限时送达”服务，即指每天上午 11 点前下订单，下午送达；晚上 11 点前下订单，次日上午送达。京东商城通过不断优化的服务引领网络零售市场，率先为中国电子商务行业树立了诚信经营的标杆。

京东商城在自营配送无法到达和订单量相对较少的区域内，选择与专业的快递公司合作，这样使得京东商城不仅减少了物流成本的支出，还让京东商城回归自己的核心业务，专注于自身的业务发展。

8.1 电子商务与现代物流

联合国物流委员会于 1999 年提出，现代物流（Logistics）是指“物”在一定时间内的空间移动以及在物的移动过程中动态及静态的管理。现代物流强调运用现代物流技术、计算机网络等将货物从供应地向接收地转移的过程。通过现代物流技术的支撑，电子商务交易中的物流情况将会变得更加透明，客户也能够随时查询订单的配送情况，也能够随时跟踪查询订单的执行情况。

现代物流的支撑是电子商务作用充分发挥的必要前提。运用现代物流，通过降低费用而降低成本，优化库存结构，减少资金积压、缩短生产周期，保证现代化生产的高效进行。如果没有现代化的物流，生产也难以顺利展开，电子商务将成为“无米之炊”。

8.1.1 物流概述

1915 年，“物流”一词被美国的阿奇·萧在《市场流通中的若干问题》一书中首次提出，原意为“实物分配”或“货物配送”。第二次世界大战时期，美国从军事需要出发，首先采用了物流管理（Logistics Management）一词。第二次世界大战后，“物流”一词被美国人借用到企业管理中，被称为“企业物流（Business Logistics）”。日本于 1963 年引进了该概念，并将其译为“物的流通”。其后日本学者平原直采用了“物流”这一概念，“物的流通”的提法被“物流”一词逐渐取代。20 世纪 80 年代初，“物流”一词从日本流入中国。

关于物流的定义，各国学者的意见莫衷一是。美国物流管理协会认为，物流是“有计划地将原材料、半成品和产成品由生产地送达至消费地的所有流通活动”。日本则认为，物流是商品从卖方到买方的全部转移过程。联合国物流委员会认为，物流是为了满足消费者需要而进行的从起点到终点的原材料、中间过程库存、最终产品和相关信息有效流动和存储计划、实现和控制管理的过程。中国国家技术监督局（现为国家质量监督检验检疫总局）于 1997 年出版的《物流术语国家标准》将“物流”定义为：以最小的总费用，按用户需求，将物质资料（包括原材料、半成品、产成品、商品等）从供给地向需求地转移的过程。主要包括运输、储存、包装、装卸、配送、流通加工、信息处理等活动。

8.1.2　电子商务与物流的关系

物流是电子商务"四流"（信息流、资金流、商流、物流）中的一环，也是电子商务中商品和服务的最终体现。同时，电子商务的发展也推动着物流向更先进的方向发展。电子商务与物流之间具有非常密切的关系。

1）电子商务对物流的影响

电子商务对物流的影响主要表现在以下几个方面。首先，电子商务将改变人们传统的物流观念。目前，我国的电子商务已经从北京、上海、广州、深圳等一线发达城市逐步向中西部欠发达地区延伸。随着网络的发展和进步，人们的观念也逐渐更新和改变。其次，电子商务将促进物流基础设施的改善和物流技术、物流管理水平的提高。最后，电子商务对物流人才提出了更高的要求。

2）物流对电子商务的影响

首先，物流是实施电子商务的根本保证。从电子商务的交易流程可以得知，电子商务的任意一笔交易都包含着基本的"四流"，没有物流活动，电子商务活动就不可能实现。其次，物流能够保障生产的顺利进行。无论是在传统方式下还是电子商务下，生产都是商品流通的源泉，而生产的顺利进行也需要各种物流活动的支持。从原材料采购、产成品、物资回收、废弃物处理等各个环节，都离不开物流的支持。最后，物流是实现"以顾客为中心"理念的根本保证。电子商务可以保证消费者足不出户完成购物过程，但商品如何准确、及时地送到消费者手里，体现出"以顾客为中心"的理念，这又需要物流来保证实施。

8.2　电子商务物流技术

电子商务物流技术一般是指与电子商务物流要素活动有关的所有专业技术的总称，可以包括各种操作方法、管理技能等，也包括物流规划、物流评价、物流设计、物流策略等，还综合了许多现代技术，如 GIS（Geographic Information System，地理信息系统）、GPS 等。《政府工作报告》明确提出要"发展物流快递，把以互联网为载体、线上线下互动的新兴消费搞得红红火火"。电商物流由于具有天然的互联网基因，成为"互联网+"行动计划的先行者和急行军。"互联网+物流"的本质是基于互联网时代开放、共享、多赢的思维，而应对物流企业"小、散、弱"的基础是技术，要运用条码（Bar Code）、射频识别（Radio Frequency Identification，RFID）等技术来整合社会上分散的物流资源，实现行业的协同发展。通过运用电子商务物流技术，能够降低物流费用，提高物流效率，提高电子商务物流的运作质量，提高客户的满意度，还有利于实现物流的系统化和标准化，有利于企业开拓市场，扩大经营规模，增加收益。

8.2.1　条码技术

1）条码的概念

条码是条形码的简称，是由一组黑白相间、粗细不同的条状符号组成的。条码隐含着数字信息、字母信息、标志信息、符号信息，主要用以表示商品的名称、产地、价格、种类等，是全世界通用的商品代码的表示方法。条码有一维条码和二维条码（方码）之分，一维条码下方一般印有数字，用以区分不同的商品，其使用频率较高，但一维条码携带的信息量有限。

2）条码技术的组成及工作原理

条码技术是在计算机的应用实践中产生和发展起来的一种自动识别技术，利用条码技术，能够实现对信息的快速、准确、自动地扫描，从而可靠地采集数据。条码技术的应用解决了数据录入和数据采集的“瓶颈”问题，为供应链管理提供了有力的技术支持。

条码技术的工作原理是，条码是由宽度不同、反射率不同的条（黑条）和空（白条），按照一定的编码规则（码制）编制成的。由于白色物体能反射各种波长的可见光，黑色物体则吸收各种波长的可见光，因此当条码扫描器光源发出的光经光阑及凸透镜照射到黑白相间的条形码上时，反射光经凸透镜聚焦后，照射到光电转换器上，于是光电转换器接收到与白条和黑条相应的强弱不同的反射光信号，并将其转换成相应的电信号输出到放大整形电路，白条、黑条的宽度不同，相应的电信号持续时间长短也不同。

3）条码技术在物流中的应用

我国物流行业从 20 世纪 90 年代中期才开始使用条码技术。条码技术在物流中的应用包括以下几个方面。

（1）销售终端（Point of Sale,Pos）系统。在商品上贴上条码就能快速、准确地利用计算机进行销售和配送管理。其过程为，对销售商品进行结算时，通过光电扫描读取并将信息输入计算机，然后输进收款机，收款后开出收据，同时，POS 系统与后台的库存管理系统相连接，能使销售数据实时传输到库存管理系统 中，通过计算机处理，掌握进、销、存的状况。

（2）库存系统。在库存物资上应用条码技术，尤其是规格包装、集装、托盘货物上，入库时自动扫描并输入计算机，由计算机处理后形成库存的信息。

（3）分货拣选系统。在选择配送方式和仓库出货时，采用分货、拣选方式，需要快速处理大量的货物，利用条码技术便可自动进行分货拣选，并实现有关的管理。

应用案例

某烟厂成箱的纸烟从生产线下来后，工作人员汇总到一条运输线。在送往仓库之前，先要用扫描器识别其条码，登记完成生产的情况。纸箱随即入仓库，被运到自动分拣机。另一台扫描器识读纸箱上的条码。如果这种品牌的烟正要发运，则该纸箱被拨入相应的装车线。如果需要入库，则由第三台扫描器识别其品牌，然后拨入相应的自动码托盘机，码成整托盘后通达运输机系统入库储存。条码的运用极大地提高了成品流通的效率，而且提高了库存管理的及时性和准确性。

8.2.2 RFID 技术

1）RFID 技术的概念

RFID 技术是一种通过电磁感应或电磁传播方式，使用读写设备对电子标签进行写入或读取，对物品或人员进行非接触式的自动识别的技术。

2）RFID 技术的组成及工作原理

RFID 一般由射频电子标签（Tag）、阅读器（Reader）和主机系统三部分构成。电子标签内置射频天线，用于和阅读器进行通信。电子标签具有唯一的电子编码，附着在物体上用于标识目标对象。阅读器主要负责与电子标签的通信，它能够无接触式地读取和识别标签信息，同时也接受来自主机的控制命令。主机系统是根据不同行业需求而开发的，它能够有效地控制阅读器对标签进行读写，并且对搜集到的信息进行集中处理和统计。

RFID 的基本原理是电磁理论，首先由阅读器通过天线发送特定的射频信号，当电子标签进入有效工作区域时就能产生感应电流，电子标签获得能量被激活后就能通过内置射频天线将信息发送出去。其次，阅读器的接收天线负责接收来自电子标签的信号，并经过阅读器的信号处理模块将编码后的有效信息发送至后台主机。最后，主机系统根据逻辑运算识别电子标签的身份，并针对不同的需求做出相应的处理，并通过发出指令信号控制阅读器完成相应的读写操作。需要特别说明的一点是，网络是 RFID 技术发挥作用的必备前提，没有网络，RFID 就不能发挥相对于其他识别技术的绝对优势。

3）RFID 技术在物流中的应用

RFID 技术可以对整个物流过程进行监控和管理，保证物品在运输过程中不会被误送或丢失，准确率高，识别速度快，能够有效解决物流业务中的数据输入与输出、流程的控制与跟踪等复杂的难题。同时，RFID 技术还能够使得供应链加速运转，降低物流成本，提高物流效率，从而适应快速发展的电子商务。

应用案例

我国香港的车辆自动识别系统驾易通采用的主要技术就是 RFID。目前香港已经有至少 8 万辆汽车装上了电子标签，装有电子标签的车辆通过装有射频扫描器的专用隧道、停车场或高速公路路口时，无须停车缴费，大大提高了行车速度，提高了效率。

8.2.3　GPS 和 GIS 技术

1）GPS 和 GIS 技术的概念

GPS 是 20 世纪的一项高科技系统，具有定位速度快、全天候、自动化、精度高等特点，在物流领域有着广泛的应用。例如，对汽车进行定位、跟踪、调度等，从而可以很大程度上避免迟送或者错送的现象，还能够适时地对货物进行跟踪和定位管理。

GIS 是以地理空间数据为基础，按照地理特征的关联，将多方面的数据以不同层次联系起来，构成现实世界模型，并在此基础上采用地理模型分析方法，适时地提供多种空间和动态的地理信息，是一种为地理研究和地理决策服务的计算机技术系统。

2）GPS 和 GIS 技术的组成及工作原理

GPS 由空间卫星系统、地面监控系统和用户接收系统三大子系统构成。GIS 一般由硬件、软件、数据库和用户构成。GIS 具有数据输入与转换、空间数据分析、图形图像处理等功能，因此企业通过 GIS 技术能够获得全方位的信息。通过这些可以获得客户资料以及企业相关的综合数据，如用户的历史购买力、购买习惯、年龄构成、地理分布；所在区域的交通状况、经济发展程度、消费水平等。在空间数据上集成各种信息，从而为管理者提供决策支持。

3）GPS 和 GIS 技术在物流中的应用

GPS 导航系统与电子地图、无线电通信网络计算机车辆管理系统相结合，可以实现车辆跟踪和交通管理等许多功能，包括车辆跟踪、提供出行路线规划和导航、货物跟踪、紧急援助等。将 GIS 用于物流分析，主要是指利用 GIS 强大的地理数据功能来完善物流分析技术。在电子商务的物流管理中，GIS 用于汽车自定位、跟踪调度、铁路运输管理、军事物流等方面。例如，车辆监管系统是将 GPS、GIS 以及通信技术进行融合，通过该系统，将安装有 GPS 接收器的移动目标的位置时间状态等信息就可以实时传送到监管中心，然后在具有地理信息显示和查询功能的电子地图上就能显示出移动目标的运动轨迹，从而实现对移动目标的监控和管理。

8.2.4 物联网技术

1）物联网技术的概念

1999 年，物联网（Internet of Things，IOT）的概念最早由美国麻省理工学院提出：物联网是把所有物品通过 RFID 和条码等信息传感设备与互联网连接起来，实现智能化识别和管理功能的网络。

2005 年，国际电信联盟（International Telecommunication Union，ITU）认为，物联网主要解决物品到物品（Thing to Thing，T2T）、人到物品（Human to Thing，H2T）、人到人（Human to Human，H2H）之间的互联。物联网是在计算机互联网的基础上，通过 RFID、红外感应器、GPS、激光扫描器等信息传感设备，按照约定的协议，把任何物品与互联网连接起来，进行信息交换和通信，以实现智能化识别、定位、跟踪、监控和管理的一种网络。

2009 年，王建宙指出，“物联网”是继计算机、互联网与移动通信网之后的世界信息产业第三次浪潮。“物联网”概念的提出，打破了之前的传统思维。传统的思路是将物理基础设施和 IT 基础设施分开：一方面是机场、公路、建筑物，而另一方面是数据中心、PC、宽带等。而在“物联网”时代，钢筋混凝土、电缆将与芯片、宽带整合为统一的基础设施，在此意义上，基础设施更像是一块新的地球工地，世界的运转就在它上面进行，其中包括经济管理、生产运行、社会管理乃至个人生活。

2010 年，《政府工作报告》提出要培育战略性新兴产业，加快物联网的研发应用，将物联网描述为：通过信息传感设备，按照约定的协议，把任何物品与互联网连接起来，进行信息交换和通信，以实现智能化识别、定位、跟踪、监控和管理的一种网络。它是在互联网基础上延伸和扩展的网络。

2）物联网技术的组成及工作原理

在物联网中，RFID 技术是一个最核心的技术，利用 RFID 技术，通过计算机互联网实现物品或商品的自动识别和信息的互联和共享。

3）物联网技术在物流中的应用

实质上，物联网也是 RFID 技术和互联网的结合应用，早期人们认为物联网最大规模、最有前景的应用是在零售和物流领域。传统的通信网络（包括物联网和各类通信网）是一个虚拟的世界，它是一种人与人之间在时间域和空间域上的互联，实现彼此之间的交流和信息共享。而物联网则把传统的信息通信网络延伸到更为广泛的物理世界，打破了之前将物理基础设施和 IT 基础设施分开的传统思维，本质上是一种真实世界和虚拟世界的广泛融合。

8.3 电子商务物流配送

电子商务交易平台为消费者和供应商提供了交易中的信息流、商流和资金流，但是商品实体的转移仍然需要借助于物流平台来完成。因此，物流作为电子商务各环节中的最后一步，直接影响到电子商务过程的质量和效率。如何才能保证客户享有最低的支付价格、最快的送货速度、最优质的服务质量，是电子商务物流配送过程中需要重视的问题。

8.3.1　电子商务物流配送的内涵

电子商务的发展需要具备两个重要的基础条件：一是货款的支付问题，二是商品的配送问题。前者正在得到逐步解决，可见配送问题成为制约电子商务发展的主要瓶颈。消费者在网上商店购买商品后，为消费者送货所需要的配送成本往往太高、时间太长。如果没有一个高效、合理、畅通的物流配送系统，电子商务所具有的优势就难以得到有效的发挥。网上购物无论如何方便快捷，甚至减少中间流通环节，但物流配送这一环节是必不可少的。

目前，我国电子商务的功能主要是信息交流与网上支付，没有将物流配送环节与电子商务有效集成。电子商务与物流配送环节缺乏相互依赖与相互促进，二者出现了一定程度的脱节，重视发展电子商务而没有对物流配送进行相应的配套物流体系构建，使得商品在物流配送过程中出现货物损坏、货物差异、延迟交货、效率低下等现象，不能满足电子商务过程中客户的快速、准确、及时的物流服务要求，物流环节成为客户投诉的热点。

我国的电子商务企业物流发展相对滞后，存在的问题主要包括以下几个。①物流配送网络不健全。中小城市、广大农村尤其是偏远地区难以配送到位。②配送质量不高、物流配送常常超过承诺时间，到货损坏也时常发生。配送人员的素质不高，态度不好，影响消费者的满意度。③退、换货流程不够完善。当购买的商品存在质量问题时，缺乏强有力的系统支撑。④配送费用不经济。在配送路线的规划等方面不够科学，导致重复配送时有发生，引起配送费用增加。⑤物流管理薄弱。⑥相关立法滞后。

8.3.2　电子商务物流配送的作用

在电子商务环境下，信息流、资金流与商流均可以通过网络进行，但是物流作为商务活动中的最特殊的一种“流”，涉及商品实体的物理性流动过程，包括运输、储存、配送、装卸、保管、物流信息管理等活动。除了一些数字化商品的物流活动可以通过网络进行传输外，大部分商品的物流还是要依靠传统的物流活动来完成的。

电子商务物流配送的作用主要体现在以下几个方面。首先，物流配送是顺利实现电子商务的保证。如果没有高效、完善的物流运作系统，电子商务的便捷、低成本等优势就难以发挥，交易也不可能成功。电子商务的核心在于快速响应客户的需求，满足客户对于信息、产品、服务的个性化需求，而这些都必须以强有力的物流能力作为保证。其次，物流配送影响电子商务的运作质量。物流配送在电子商务中属于服务环节，物流配送环节需要与客户直接接触，因此物流配送服务质量将直接决定着电子商务企业在客户心中的形象，从而很大程度上决定了电子商务企业与客户的关系，如用户黏性和忠诚度。为客户树立良好的企业形象，有助于提升企业的核心竞争力、培养忠诚用户，说到底，还是为了企业自身的可持续发展。最后，物流配送是实现电子商务企业盈利的重要环节。良好的物流管理可以大大降低企业的成本。在传统的商品成本中，物流成本可以占到商品总价值的 30%～50%，而现代物流业可以大大降低来自该部分的成本。

8.3.3　电子商务物流配送的模式

相比传统物流配送而言，电子商务物流配送成为发展的主流，原因主要在于该种配送能够保证电子商务企业为客户提供低成本、高质量的个性化服务。但是，以上优质的配送质量的实现，还依赖于适合电子商务企业的配送模式的选择。国内的电子商务企业数量繁多，对于其物流模式的选择也各具特色，物流服务水平也参差不齐。电子商务企业只有根据自身特点选择合适的物流配送模式，才能够降低企业成本、提高客户响应速度和客户满意度。因此，电子商务企业如何选择适合自身的物流配送模式，已成为电子商务企业发展的重中之重。根据企业的物流管理能力的强弱以及企业的物流成本优势的明显程度，可以将电子商务企业的物流配送模式分为图 8.1 中的几种类型。

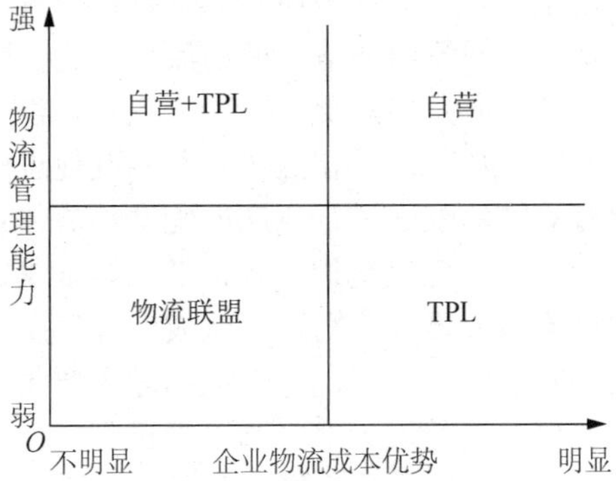

图 8.1　电子商务企业物流配送模式

1）自营模式

当电子商务企业的物流管理能力强且物流成本优势明显（电子商务企业能够通过花费较低的成本构建自身的物流体系并能获得较高的利润）时，就会自建仓储中心和配送中心，组建自己的物流配送系统，在没有第三者参与的情况下，独自完成从网上签订订单到货物最终到达客户手中的一条龙服务。我们将上述物流配送模式称为自营模式，位于图 8.1 中的第一象限。在该种模式下，如果企业的配送能力盈余，还可以对外开展物流配送服务，将成本转嫁出去。对这类企业而言，在全国范围内经营多年，已经形成了庞大的物流网络、比较现代化的物流技术和比较先进的物流管理经验。伴随着网络经济的发展，这些企业在电子商务方面的发展也较迅速。因此，这类企业通过整合自身优势资源，吸收外界资源，自行搭建起了适合自身的物流配送体系，如京东商城。

如图 8.2 所示，在自营模式下，电子商务企业拥有自身的物流部门，负责本企业商品的配送业务。物流部门将商品直接配送到消费者手中（如图 8.2 中黑色实线箭头所示），在此过程中，信息流贯穿于企业与网站平台之间、消费者与网站平台之间，而企业与消费者之间的信息流传递则是通过网站平台来实现的。

2）TPL 模式

当企业物流管理能力弱而物流成本优势明显时，意味着其不具备构建自身物流体系的能力，但在销售的商品上具有成本优势（商品价格加上物流费用的总和依然比传统商务具有价格优势），处于图 8.1 中的第四象限。这部分企业由于受到物资限制，就不会单独建立自己的物流配送体系，而是将物流活动委托给快递公司等专业的物流服务企业来完成，通过信息系统与物流企业保持联系。我们将上述这种由供求双方以外的物流企业提供物流服务的业务模式称为第三方物流（Third Part Logistics，TPL）模式。在该种模式下，企业将物流业务全部外包给专业的第三方物流企业（图 8.3），而企业则将优势资源集中起来用于发展核心业务。

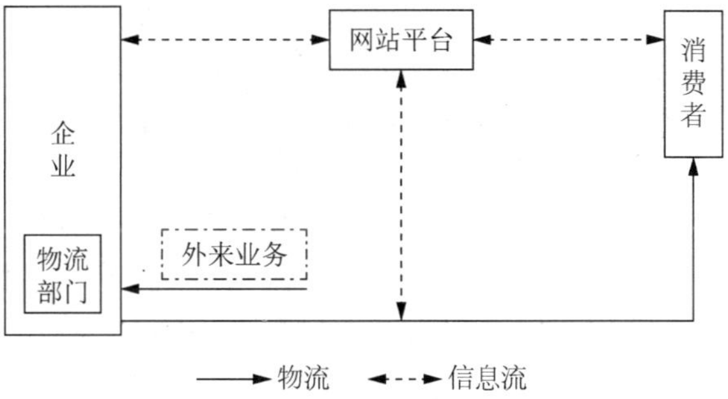

图 8.2　电子商务企业自营模式

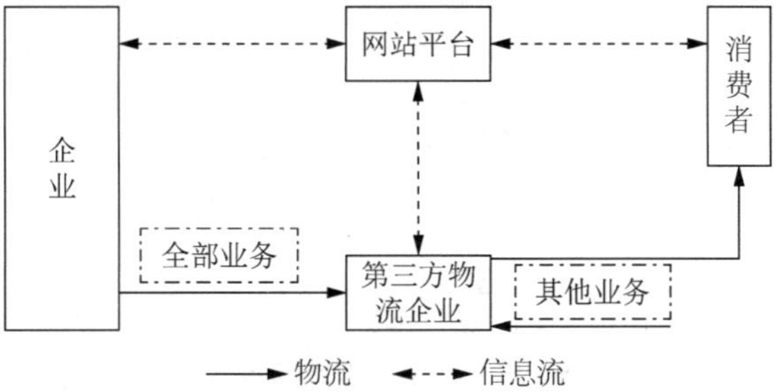

图 8.3　电子商务企业 TPL 物流模式

在我国，大多数电子商务企业都采用 TPL 模式。因为这种模式有利于中小企业更加高效地配置资源，加速资金周转，减少固定资产投资，赚取更多利润，从而提升企业的核心竞争力。同时，该种物流配送模式也能给顾客带来更专业的物流体验。例如，淘宝网将物流服务委托给专业物流公司，而将其优势资源集中起来发展企业的核心业务，如诚信建设。然而，TPL 模式优势的充分发挥，还依赖于第三方物流企业的合理选择。如果选择得当，则能降低成本、提升企业核心竞争力；如果选择不当，则可能适得其反。因此，电子商务企业如何根据自身发展情况选择合适的第三方物流企业，也将成为其能否顺利发展的重要决定因素。

3）“自营+TPL”模式

当企业物流管理能力强但企业物流成本优势不明显时，虽然企业有能力建立自己的物流体系，但是维持物流运营的成本较高，处于图 8.1 中的第二象限。这类企业一般采用“自营+TPL”模式，也可理解为“半外包”物流配送模式。即电商企业自建物流中心和掌控其核心区域的物流队伍，而将非核心区域的物流业务外包给第三方物流企业，如图 8.4 所示。

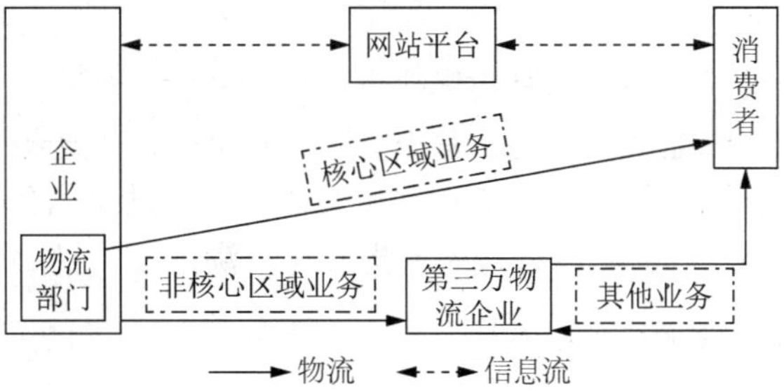

图 8.4　电子商务企业“自营+TPL”物流模式

“自营+TPL”模式相对于自营模式而言，由于省去了部分建设仓库、配置车辆的费用而更加经济，也由于只需主攻核心业务而更加可控。例如，1 号店在北京、上海、广州、武汉、成都等城市建立了物流仓储中心和 40 多个城市建立了配送中心，70%业务的订单由自建配送系统配送，在二三线城市则外包给当地的物流企业进行派送。

4）物流联盟模式

当企业物流管理能力弱，且企业物流成本优势也不明显时，意味着其不具备构建自身物流体系的能力，其所售商品的价格与物流成本的总和也不再具有价格优势，处于图 8.1 中的第三象限，此时企业宜选用物流联盟配送模式，如图 8.5 所示。

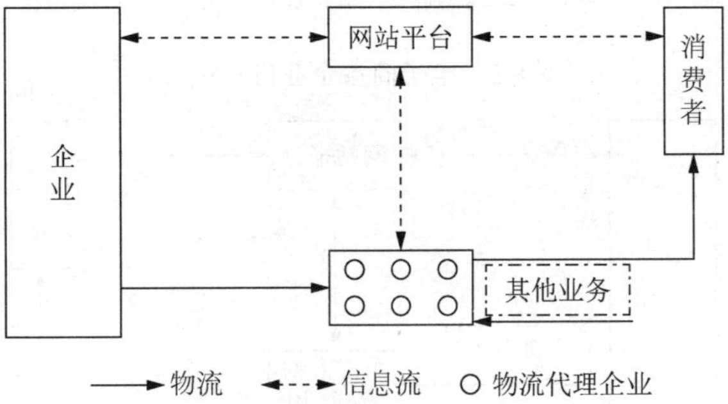

图 8.5　电子商务企业物流联盟模式

物流联盟是指在长期中，两个或多个企业之间，为了实现特定的物流目标和共赢的结果而结成的优势互补、风险共担、利益共享的组织。物流联盟强调分工合作，同时也相互依存。联盟各方，可以是电子商务企业与传统企业之间的合作，也可以是电子商务企业与专业物流企业之间的合作，还可以是电子商务企业与电子商务企业之间的合作。

采用物流联盟模式，有利于电子商务企业降低成本，增强对渠道的控制，提高利润率。但是，这种模式价值的充分发挥是以联盟的稳定性为前提的。因此，在形成联盟关系之前，要注重联盟伙伴的选择和联盟合同的签订，从而保证联盟各方实现“共赢”。

5）其他模式

除了上述几种物流配送模式以外，还有一些创新的模式。例如，“网络+实体连锁店”模式，即将网络与实体相结合，在网络上订购商品，到附近的连锁店取货或由连锁店送货上门。此外，又如菜鸟网络科技有限公司的物流使用阿里式的平台，旨在搭建中国智慧物流骨干网络，最大能力发挥社会化物流之间的协同价值。“菜鸟”把与合作伙伴的协同合作作为重点，共同实施快递、仓配、跨境、农村和驿站五大战略，实现国内 24 小时送达、全球 72 小时必达的目标。

以上所述物流配送模式，各自都有其优缺点，彼此并没有严格的优劣之分。这就要求各个电子商务企业在选择物流配送方案时，首先要对各种类型的配送模式及企业自身情况有全面清晰的认识，其次根据买家的不同需要和产品的特性，通过对比分析，组合选择不同的物流配送模式，从而达到相互补充、降低成本、提升客户满意度的目的。

8.3.4　电子商务物流配送的流程

传统商务下的物流配送流程包括储存、检验、包装、分拣、装车、配送以及物流信息管理等。电子商务环境下的物流配送流程与传统商务下的物流配送流程大致相同，存在差异的地方在于，电子商务物流配送的全过程都处于实时监控中，而实时监控得以实现的关键，则离不开现代化的电子商务物流技术（如条码技术、RFID 技术、GPS/GIS 技术等）、互联互通的计算机通信网络和比较完备的软硬件设备的支持。在电子商务环境下，从客户下单到客户收到商品的整个业务流程，都是在信息监控之下的实体作业过程。正因为如此，与传统的物流配送活动相比，电子商务物流配送具有更高的效率和更优质的服务质量。一般而言，电子商务物流配送的实体作业流程包括以下几个步骤：①仓储中心的出库处理；②分拣中心的配货处理；③车队运输；④最后 1 千米配送站点的配送。电子商务物流配送的基本流程如图 8.6 所示。

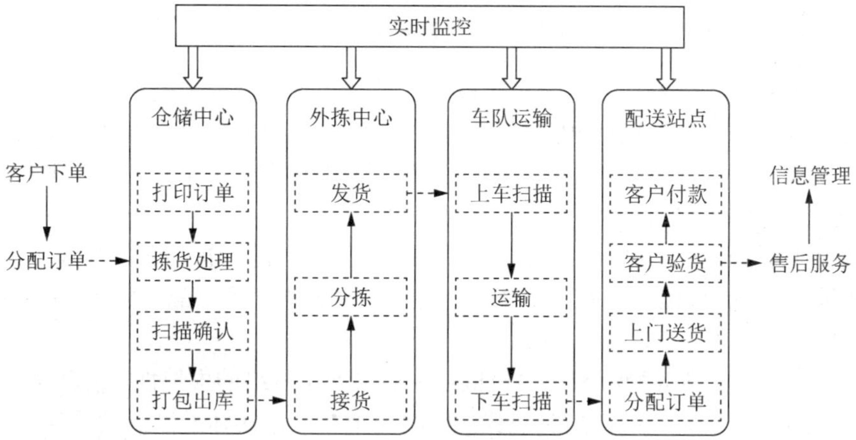

图 8.6 电子商务物流配送的基本流程

在图 8.6 中，实线箭头表示同一个物流阶段的先后处理顺序，虚线箭头表示不同物流阶段的衔接。具体的配送流程如下。

第一步，仓储中心的出库处理。当客户通过网络下单后形成订单号，系统就会将订单号传递到仓储中心。仓储中心按照系统分配的订单，打印订单信息，包括商品详情、收货人信息、配送地址等信息。接着，仓储中心就会按照打印出来的订单明细信息，包括商品的数量、商品的存放位置，并利用自动化或手动的方式拣货。然后，当确认拣出的商品与订单明细一致时，对商品进行扫描确认。最后，将核对无误的商品进行包装，并在包装外面贴上客户的信息并出库。该流程是物流配送的起点。

第二步，分拣中心的配货处理。首先，接收来自仓储中心已打包完成的商品。其次，按照客户的收货地址，将商品分拣到不同的配送站点。最后，将分拣完成后的商品发往不同的站点。该流程是物流配送顺利实施的关键。

第三步，车队运输。首先，由分拣中心对不同站点的商品进行扫描并装车，将车辆信息与所载商品进行一一关联，还需要将其录入系统，以便客户查询。装车完毕后，需要与司机进行交接。其次，车队负责将商品从分拣中心运送到配送站点。在运输过程中，通过 GPS 技术监控车辆的行驶轨迹，使得运输过程更加透明。最后，当车队到达配送站点后，工作人员就会对商品进行卸货处理，并再次扫描，以确认所收到的商品与系统里的商品信息一致。待确认完毕，站点工作人员应与分拣中心进行信息反馈。该流程是物流配送的重要接点。

第四步，最后 1 千米配送站点的配送。首先，配送站点工作人员要对所收到的商品进行订单分配，将客户的详细地址与配送人员的配送区域匹配后逐一分配。其次，配送人员进行上门配送。这是非常关键的一个环节，一般情况下，配送员需要提前与客户沟通，确认客户方便收货时再将商品送达客户手中。最后，客户对照商品详细信息，确认商品信息准确、商品完好无损后将货款交付给配送人员。该流程是物流配送的终点。

完整的电子商务物流过程不仅仅包括上述从仓储中心到分拣中心再到车队及配送站点的物流配送流程，还包括售后服务跟踪、客户关系管理及物流信息管理等。企业应及时地与客户取得联系，了解其网上购物后的感受，充分听取客户的诉求，打造良好的买卖双方关系，提升客户的满意度和忠诚度，力争在同类竞争者中占有一席之地。

8.3.5 电子商务对传统物流配送的影响

在电子商务时代，交易地点、支付手段、交易时间等都发生了根本性的变化。交易地点已从传统的实体商场、实体商店转向可跨区域的虚拟电子商务平台；支付手段也从传统的现金交易转向网上支付；交易时间也从传统的工作时间转向 7×24 小时全天候服务……以上这些转变，极大地缩短了交易时间、提高了交易效率。

电子商务物流配送不同于传统意义上的配送活动，是在电子商务环境下现代物流配送的新发展，具有信息化、现代化和社会化特征。与传统物流配送相比，有其自身的一些特点。

（1）虚拟性。电子商务物流配送的虚拟性主要来源于网络的虚拟性。借助现代信息技术，配送活动已由过去的实体空间拓展到现代的网络虚拟空间，实体配送活动的各项职能和过程可在计算机上进行模拟仿真，通过信息技术虚拟配送，寻求最优化配送方式，使实体配送过程做到费用最少、时间最短、距离最短、效率最高。

（2）实时性。配送实时性的特性不仅有助于辅助决策，让决策者获得高效的决策支持信息，还可以实现对配送过程实时监控管理，包括电子商务物流配送信息的代码化、数据库化。通过对信息的及时处理，使得实体物流配送活动更加高效和合理。

（3）个性化。个性化配送是电子商务物流配送的重要特性之一。在电子商务环境下，配送企业能够按照客户的不同要求做到一对一的配送服务。这个特性要求配送能够适应客户需求多样化的趋势和潮流。

（4）增值性。电子商务物流配送除了传统的备货、分拣、配货、加工、包装、送货等作业以外，其功能还向上游延伸到市场调研与预测、采购和订单处理，向下延伸到物流咨询、物流方案的制订、选择和规划，库存控制决策，物流教育与培训等附加功能，为客户提供具有更多增值性的物流服务。

案例分析

唯品会转变物流模式

电子商务行业内，物流乃“兵家必争之地”。不同于自建物流的同行，唯品会开创性运用“干线+落地配”的物流模式，共推物流供应链上下游联动发展。而且，其 4 个物流中心的仓储面积扩容至 22 万平方米后，能够更好地满足高速增长的客户订单需求，提高了配送能力和服务质量，以短平快的用户体验获取和黏住新老用户。

随着业务的高速增长，一直奉行“干线+落地配”模式的唯品会正在自建物流配送体系。唯品会以“限时闪购”的特卖为主要特征，“特卖”所独有的“精选商品+深度折扣+限时抢购”的模式决定了其物流仓储运作模式与众不同，即一种与“特卖模式”相匹配的“寄售模式”。这在仓储运营中的主要特征是多品类、大货量的商品快进快出、大进大出。仓储中心的存货商品周转率相当高，当前唯品会仓储每 8 天左右全部周转一次商品，这要求仓储中心各职能岗位人员要具备较高的业务水平与现场管理能力来适应这种高效率的运作需求，确保整个供应链的各个环节高效、协调、有序。现在唯品会物流已经实现货物的仓储处理时间不超过 4 小时。一线城市配送实现顾客下单后次日送达，二三线城市的配送时间不超过 72 小时，唯品会在二三线城市的配送水平处于全行业领先水平。配送体系直接关乎用户体验和订单数量，这是唯品会不惜重金自建配送体系的重要原因。随着自建物流配送体系的全面建成，唯品会的配送网络将有望实现全国无盲点，企业竞争力将得到进一步提升。

分析：

1. 唯品会先后采用了哪种物流模式，各有何特点?
2. 结合所学内容，分析唯品会转变物流模式的原因。

习　　题

一、选择题

1. 京东商城采用的物流模式是（　　）。

A．自营模式　　B．“自营+TPL”模式

C．TPL 模式　　D．物流联盟模式

2. 将物流活动委托给快递公司等专业物流服务企业，并通过信息系统与物流企业保持联系的物流模式是（　　）

A．自营模式　　B．“自营+TPL”模式

C．TPL 模式　　D．物流联盟模式

3. （　　）模式从配送中心到运输队伍，全部由电商企业自己整体建设，它将大量的资金用于物流队伍、仓储体系建设。

A．自营模式　　B．“自营+TPL”模式

C．TPL 模式　　D．物流联盟模式

4. （　　）不属于电子商务物流环节。

A．分拣　　B．咨询

C．运输　　D．配送

二、思考题

1．现代物流技术在现代物流企业中扮演了一个什么样的角色？你认为现代物流企业在采用一项现代物流技术时要考虑哪些方面的因素。

2．试分析四种物流模式各自的优缺点及其适用企业。

3．简述电子商务物流配送的流程。

三、技能实训题

分别登录相关网站，对其物流模式进行对比分析，完成表 8-1。

表 8-1　各个网站的物流模式分析

网站名称	物流模式	特色服务	送货范围	送货时间
亚马逊				
唯品会				
当当网				
苏宁易购				

第 9 章

电子商务安全与管理

学习目标

1. 掌握电子商务面临的安全问题;
2. 理解电子商务安全的基本要求以及安全体系结构;
3. 掌握电子商务常见的网络安全技术、数据加密技术、数字认证技术等方法;
4. 理解电子商务安全的管理措施、诚信机制和其他安全保障措施。

名人名言

电子商务代表了世界经济贸易发展的方向。

——中国前国家主席江泽民

引例

财务人员点开陌生邮件，96 万元被骗走

2014 年年底，某公司的财务人员小王在 QQ 上收到公司老板张总的消息。张总向他询问公司账户的数额，随后发给他一个账号，要求小王将 96 万元工程款打入此账户。

小王到银行汇完款，回到公司正好碰到张总，就告诉张总，那笔工程款已经汇过去了。张总说自己并没有让小王汇款。这时两人突然意识到遇到了骗子，便立即报警。

由于报警及时，警方马上冻结了骗子账户上的 30 万元。专案组经过两个多月的调查，抓获了犯罪嫌疑人，同时追回 10 万余元被骗款项。然而剩余的 50 余万元早已被取走。

案发后，小王将自己的笔记本电脑拿到公安部门检查，警察发现，小王的 QQ 邮箱里有一封携带病毒的陌生邮件，正是它盗取了小王的 QQ 信息。

据专业人士介绍，骗子一般先在网上购买一款盗号木马，然后搜索各类财务人员的 QQ 群，以财务人员的名义加入群内，再给群成员群发以财务考试、会计师考试等为题带有病毒的邮件，只要打开邮件点击链接，病毒便会进入计算机盗取 QQ 密码。

骗子顺利登入小王的 QQ 后，找到了张总的 QQ 号。他先删掉张总的号，同时添加了一个和他的 QQ 头像、昵称等完全一样的 QQ 号。就这样，骗子轻易骗取了 96 万元。

因此，这对我们有以下启示：不要打开陌生邮件；公司财务流程应当规范，汇款等重要事项应当由负责人当面签字确认，涉及借钱也应当电话或当面确认；计算机一定要安装杀毒软件，定期扫描系统、查杀病毒；及时更新病毒库、更新系统补丁；在日常生活中提高网络安全防范意识。

9.1 电子商务安全概述

电子商务安全涉及许多方面，但主要是指计算机网络的安全和电子交易的安全。从这方面来说，电子商务安全就是要确保数据（尤其是信用卡与付款金额）在传输作业中不被非法拦截，账户中的现金不被窃取，以确保数据传输的完整性，如防止交易双方按照不完整数据进行处理交易，要能够确认交易双方的身份。例如，商户要通过身份认证来确认他所购买商品的商店是具有真正的合法地位的真实商店，并确保交易各方多所做的交易无法抵赖。

众所周知，Internet 是一个完全开放的网络，任何一台计算机、任何一个网络都可以与之连接，并借助 Internet 发布信息，获取与共享各种网站的信息资源，进行各种网上商务活动。运作在互联网上的电子商务，每天都在进行数以百万次计的各类交易。由于互联网的高度开放性与电子商务所要求的保密性是矛盾的，而互联网本身有没有完整的网络安全体制，因此基于互联网的电子商务安全无疑会受到严重威胁。在电子商务的发展过程中，各产业对网络已经出现高度的依赖性，越来越多的通过计算机网络存储和传递机密信息。一旦计算机网络受到攻击而不能正常运作，整个社会就会陷入危机中。如何建立一个安全、可靠、便捷的电子商务应用环境，保证其交易过程中信息的安全性，使基于互联网的电子交易和传统交易方式一样安全、可靠，已经成为关乎今后经济发展的重要问题。

随着电子商务的发展，其安全问题也变得越来越突出。由于电子商务是一种全新的商务活动方式，人们对其认识模糊，而且交易双方互不见面，再加上媒体对计算机“黑客”的报道，也使人们对电子商务的安全性充满疑虑。如何建立一个安全、便捷的电子商务应用环境，对交易信息提供足够的保护，已经成为商家和用户都十分关心的问题。本章将就电子商务的安全控制要求、网络安全的防火墙技术、电子商务的信息加密技术、认证技术和安全交易协议等展开讨论。

9.1.1 电子商务面临的安全问题、威胁及对策

电子商务发展的核心和关键问题是交易的安全性。为了保护网上交易过程中交易双方的合法权益，人们针对电子商务系统所面临的主要威胁，对其安全性提出了具体的要求。

1. 电子商务面临的安全问题

一般认为，计算机网络系统的安全威胁主要来自黑客攻击、计算机病毒和拒绝服务三方面的攻击。

1）黑客攻击

黑客可分为两类。一类是骇客，他们只想引人注目，证明自己的能力，在进入网络系统

后，不会破坏系统，或者仅仅做一些恶作剧。他们追求的是从侵入行为本身获得巨大的成功的满足。另一类黑客是窃客，他们的行为带有强烈的目的性。早期的这类黑客主要是窃取国家情报、科研情报；而现在的这类黑客的目标大部分瞄准了银行的资金和电子商务的整个交易过程。

黑客攻击是指黑客非法进入网络，非法使用网络资源。例如，通过网络监听获取网上用户的账号和密码；非法获取网上传输的数据；通过隐蔽通道进行非法活动；突破防火墙等。目前黑客的行为正在不断地走向系统化和组织化。例如，企业、集团、金融界高薪聘请黑客进行商业间谍幕后战。所以，从事网络交易的计算机用户，非常有必要了解有关黑客入侵的常用手段，以预防黑客的侵袭。

（1）口令攻击。口令攻击是网上攻击最常用的方法，也是大多数黑客开始网络攻击的第一步。黑客首先通过进入系统的常用服务，或对网络通信进行监视，使用扫描工具获取目标主机的有用信息。这些信息包括目标主机操作系统的类型和版本、主机域名、邮件地址、开放的端口、启动的保护手段等。其次，反复试验和推测用户及其亲属的名字、生日、电话号码或其他易记的线索等，获取进入计算机网络系统的口令，以求侵入系统，从事袭击活动。也有的黑客利用一些驻留内存的程序暗中捕获用户的口令。这类程序类似于“特洛伊木马”（Trojan Horse）的病毒程序，它通常让用户填写调查表格，并答应给予奖励，而实际目的是暗中捕获用户的口令。当这些方法不能奏效时，黑客便借助各种软件工具，利用破解程序分析这些信息，进行口令破解，进而实施攻击。

（2）服务攻击。黑客所采用的服务攻击手段主要有以下四种。

① 使目标主机建立大量的连接。因为目标主机要为每次网络连接提供网络资源，所以当连接速率足够高、连接数量足够多时就会使目标主机的网络资源耗尽，从而导致主机瘫痪、重新启动、死机或黑（蓝）屏。

② 向远程主机发送大量的数据包。因为目标主机要为每次到来的数据分配缓冲区，所以当数据量足够大时会使目标主机的网络资源耗尽，导数主机死机或黑（蓝）屏；

③ 利用即时消息功能，以极快的速度用无数消息“轰炸”某个特定用户，使目标主机缓冲区溢出，便于黑客伺机提升权限，获取信息或执行任意程序。

④ 利用网络软件在实现协议时的漏洞，向目标主机发送特定格式的数据包，从而导致主机瘫痪。

（3）IP 欺骗。IP 欺骗是适用于 TCP/IP 环境的一种复杂的技术攻击，伪造他人的源地址，让一台计算机来扮演另一台计算机，借以达到蒙混过关的目的。IP 欺骗主要包括简单的地址伪造和序列号预测两种。

简单的地址伪造是指黑客将自己的数据包的源地址改为其他主机的地址，然后发向目标主机，使目标主机无法正确找到数据包的来源。序列号预测的攻击方法是，黑客首先在网上监测目标主机与其他主机的通信，分析目标主机发出的 TCP 数据包，对目标主机发出的 TCP 数据包的序列号进行预测。如果序列号是按照一定的规律产生的，那么，黑客就可以通过伪造 TCP 序列号、修改数据包的源地址等方法，使数据包伪装成来自被信任或正在通信的计算机，而被目标主机接收。在黑客实施 IP 欺骗的过程中，目标主机无法反映出来。由攻击者模仿的 TCP 数据包能到达目标地址，而由目标地址发出的 TCP 数据包永远无法到达对方的主机。

2）计算机病毒

计算机病毒，是指编制或者在计算机程序中插入的破坏计算机功能或者毁坏数据，影响计算机使用，并能自我复制的一组计算机指令或者程序代码。

计算机病毒是通过连接来扩散的，计算机病毒程序把自己附着在其他程序上，待这些程序运行时，病毒进入系统中，进而大面积扩散。一台计算机感染上病毒后，轻则使系统运行效率下降，部分文件丢失，重则造成系统死机、计算机硬件被烧毁。当前，计算机活性病毒达数千种。传统的计算机病毒依靠软盘传播，而网络条件下，计算机病毒大部分通过网络或电子邮件传播，侵入网络的计算机病毒破坏网络资源，使网络不能正常工作，甚至造成网络瘫痪。

3）拒绝服务

用数百条消息填塞用户的电子邮件信箱也是一种在线袭扰的方法，典型的如“电子邮件炸弹（E-mail Bomb）”，当用户受到它的攻击后，就会在很短的时间内收到大量无用的电子邮件，这样使得用户系统的正常业务不能开展，系统功能丧失，严重时会使系统关机，甚至使整个网络瘫痪。

另外一种方法是在邮件中直接夹带或在附件中夹带破坏性执行程序。用户不小心点击了这类邮件或附件，就会自动启动有害程序，带来不可预测的严重后果。

2. 电子商务安全对策

（1）加强教育和宣传，提高公众电子商务的安全意识、信息安全意识。具体可采取以下措施：一是通过大众媒体，普及电子商务的安全意识，提高用户的认识；二是积极组织研讨会和培训课程，培养电子商务网络营销安全管理人才。

（2）采用多种网络技术，确保网络信息安全。目前，常用的电子商务安全技术主要包括防火墙、物理隔离和 VPN（Virtual Private Network，虚拟专用网）。防火墙是实现内部网与外部网安全代理和入侵隔离的常规技术，使用防火墙可以抵御来自外界的攻击，因此电子商务内、外网与互联网之间要设置防火墙，同时网管人员要经常到有关网站上下载最新的补丁程序，经常扫描整个内部网络，以便做到有备无患。

（3）运用密码技术，强化通信安全。围绕数字证书应用，为电子政府信息网络中各种业务应用提供信息的真实性、完整性、机密性和不可否认性保证。目前要加强身份认证、数据完整性、数据加密、数字签名等工作，以防止攻击者窃取电子商务信息交换中的各种信息。必须通过身份证来确认其合法性，应采用基于 PKI（Public Key Infrastructure，公钥基础设施）技术，借助第三方（CA）颁发的数字证书、数字签名来确认彼此的身份。

（4）健全法律，严格执法。目前我国在电子商务法律法规方面还有很多缺失，不能有效地保护公众的合法权益，导致犯罪分子有了可乘之机。我国立法部门应加快立法进程，吸取和借鉴国外网络信息安全立法的先进经验，尽快制定和颁布相关法律，使电子商务安全管理走上法制化轨道，并发挥职能部门的监管作用，通过建立电子商务安全法规体系，规范和维持网络的正常运行。

9.1.2 电子商务安全的基本要求

由于网上交易者不可能都互相认识，为了确保交易的顺利进行，必须在互联通信网络中建立并维持一种令人可以信任的环境和机制。在设计和实施安全方法时，对用户应该是公开透明的。针对计算机网络安全存在的问题和从事电子商务活动所面临的威胁，为了保障交易各方的合法权益，保证能够在安全的前提下开展电子商务，对电子商务的安全问题提出了以下几点基本要求。

1. 内部网的严密性

企业的内部网上一方面有着大量需要保密的信息，另一方面传递着企业内部的大量指令，控制着企业的业务流程。企业内部网一旦被恶意侵入，可能给企业带来极大的混乱与损失。例如，计算机黑客一旦非法闯入银行的内部网络，就可以修改存款数据、划拨资金。再如，对一些自动化程度高的企业而言，内部网一旦被恶意侵入，企业的经营活动就会陷入瘫痪；企业的财务、技术与人事资料被销毁或被篡改；不订原料或订大量无用的原料；不按规定的程序生产，生产出大量废品；产品被送到不需要的地方，资金被划走，如此等等。因此，保证内部网不被侵入，或把侵入后的损失限制在一定范围，是开展电子商务时应着重考虑的一个问题。

2. 完整性

电子商务简化了交易过程，减少了人为的干预，大量的交易活动通过网上的信息交流来完成，但同时也带来了需要保证网上交易双方商业信息的完整性、数据和交易的完整性的问题。

（1）信息的完整性。联合国国际贸易法委员会在（电子商业示范法）中指出：信息首次以其最终形式生成，作为一项数据电文或充当其他用途时，该信息保持了完整性。

由此可见，在数据输入时的意外差错或欺诈行为、信息传输过程中的丢失、信息传送的次序差异都会导致贸易各方信息的不同，影响信息的完整性。信息的完整性将影响到商务活动的经营策略和成功，保持网上交易各方信息的完整性是电子商务应用的基础。因此，要预防对信息的随意生成、修改和删除，同时要防止数据传送过程中信息的丢失和重复，并保证信息传送次序的统一。

（2）数据和交易的完整性。数据的完整性是指确保传输或存储中的数据未遭受未经授权的篡改和破坏；交易的完整性是指电子交易完成了交易的全部逻辑，实现了交易的全部功能，不存在单边账现象，同时交易各阶段中的数据是完整的。交易数据的完整性是交易完整性的保障，如果不能保持交易中的数据完整性，不完整的记录和信息将使交易的一方或者双方遭受财务上的损失，并使其承担实质上的法律和信誉风险。

3. 保密性

电子商务作为贸易的一种手段，其信息直接代表着个人、企业或国家的商业机密，均应保密，不能披露给第三方敏感信息。一旦被人恶意获取，将造成极大的危害。例如，信用卡的号码与用户名被人知悉，就有可能被盗用；订货与付款的信息被竞争对手获取，就有可能丧失商机。传统的纸面贸易都是通过邮寄封装的信件或通过可靠的通信渠道发送商业报文来达到保守机密的目的。电子商务是建立在一个较为开放的网络环境上的（尤其 Internet 是更为开放的网络），如果没有专门的软件对数据进行控制，所有的 Internet 通信都将不受限制地进行传输，任何一个对通信进行监测的人都可以对数据进行截取。黑客只需使用简单的匹配算法就可以将口令字和信用卡号与其他部分区别开。只有网上交易信息的保密性达到一定程度，才能保证信息如信用卡的账号和用户名等不泄漏给未授权的他人，防止信息被盗用和恶意破坏，并开展真正意义上的电子商务。因此，对电子商务中的信息传播、存储、使用均有保密的要求。特别是对敏感文件，其信息要进行加密，即使这些信息被截获，截获者也无法了解到信息内容。

信息发送和接收要求在安全的通道进行，保证通信双方的信息保密。交易的参与方在信息交换过程中没有被窃听的危险。非参与方不能获取交易的信息。

4. 不可修改性

交易的文件是不可被修改的。例如订购商品时，卖方收到订单后，发现价格大幅度上升，如果把订货的数量由一万件改为一件，则可大受其利，而买方则会相应受损。在传统的纸面贸易中，双方是通过协议的一式双份，双方各执一份来防止协议被修改，但在无纸化的电子商务方式下，这显然也不现实，因此，必须有技术来防止电子交易文件被修改，以保证交易的严肃与公正。

5. 交易者身份的确定性

只有信息流、资金流、物流进行有效转换，才能保证电子商务的顺利实现，而这一切均以信息的真实性为基础。信息的真实性一方面是指网上交易双方提供信息内容的真实性，另一方面是指网上交易双方身份信息的真实性。网上交易的双方很可能彼此不认识，相隔千里。要使交易成功，首先要确认交易者的身份。商家要考虑客户是否为骗子，发货后是否会收不回货款，客户也会考虑商家是否是黑店，付款后是否会收不到货，或者收到货后质量是否能有保证，质量不好是否能投诉商家，因此，能方便而可靠地确认对方身份是交易的前提。双方应该在交换信息之前通过各种方法获取对方的证书，并以此识别交易对方的身份不能被假冒或伪装，以有效鉴别确定交易方的身份。

6. 交易的无争议和不可抵赖性

数据发送者对自己所发送数据的内容和事实不可否认；数据接受者在确实接收到数据后，对已经接收到数据的事实不可否认。只有这样，电子交易及交易过程产生的电子凭证才具有无争议性。

由于商情时刻在变化，交易一旦达成就不可否认，否则必然会损害一方的利益。例如，订货时商品价格较低，收到订单后商品价格已经上涨，如果卖方否认收到订单的实际时间，甚至否认收到订单的事实，必然会对买方造成损失。在传统的纸面贸易中，贸易双方通过在交易合同、契约或贸易单据等书面文件上手写签名或印章来鉴别贸易伙伴，确定合同、契约、单据的可靠性并预防抵赖行为的发生，即“白纸黑字。”在无纸化的电子商务方式下，通过手写签名和印章进行贸易方的鉴别与交易的确认已是不可能的。因此，要在交易信息的传输过程中为参与交易的个人、企业或国家的身份与行为提供可靠的标识。信息的发送方不能抵赖曾经发送的信息、否认自己的行为。如今网络交易的许多条例均明确指出，在合约成立方面，除非合约各方另有协议，否则要约及承约可全部或部分以电子记录和电子合约等方式来表达。网上交易一旦达成，便形成交易信息文件，参与交易的各方不可擅自否认和修改交易信息文件，不得因为是电子记录而否定合约的有效性及可强制执行性。

7. 有效性

电子商务以电子形式取代了纸张，那么如何保证这种电子形式的贸易信息的有效性则是开展电子商务的前提。电子商务作为贸易的一种形式，其信息的有效性将直接关系到个人、企业或国家的经济利益和声誉。因此，要对网络故障、操作错误、应用程序错误、硬件故障、系统软件错误及计算机病毒所产生的潜在威胁加以控制和预防，以保证贸易数据在确定的时刻、确定的地点是有效的。

8. 授权合法性

安全管理人员能够控制用户的权限，分配或终止用户的访问、操作、接入等权利，被授权用户的访问不能被拒绝。在电子商务过程中要求保证信息确实为授权使用的交易各方使用，使他们有选择地得到相关信息与服务，防止由于电子商务交易系统的技术或其他人为因素造成电子商务交易系统对授权者拒绝提供信息与服务，反而为未授权者提供信息与服务。

电子商务的安全体系结构是保证电子商务中数据安全的一个完整的逻辑结构，由五个部分组成，具体如图 9.1 所示。电子商务安全体系由网络服务层、加密技术层、安全认证层、交易协议层、商务系统层组成。从图 9.1 中的层次结构可看出，下层是上层的基础，为上层提供技术支持；上层是下层的扩展与递进。各层次之间相互依赖、相互关联构成统一整体。各层通过控制技术的递进实现电子商务系统的安全。

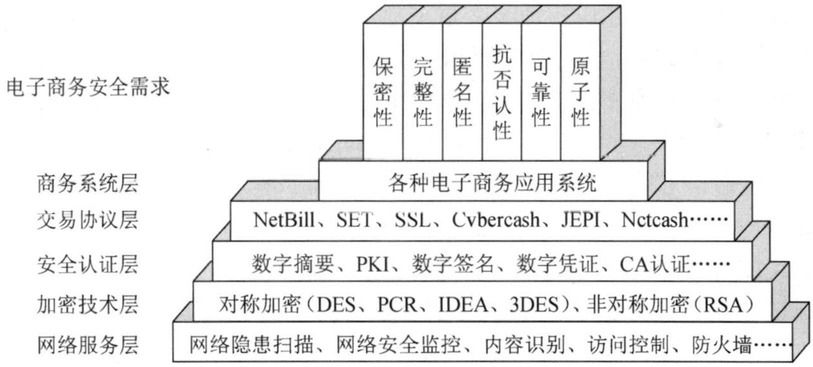

图 9.1 电子商务安全体系结构

电子商务系统是依赖网络实现的商务系统，需要利用 Internet 基础设施和标准，所以构成电子商务安全框架的底层是网络服务层。它是各种电子商务应用系统的基础，并提供信息传送的载体和用户接入的手段及安全通信服务，保证网络最基本的运行安全。网络服务层是电子商务系统基本、灵活的网络服务平台。

为确保电子商务系统全面安全，必须建立完善的加密技术和认证机制。加密技术是保证电子商务系统安全所采用的最基本的安全措施，用于满足电子商务对保密性的需求。安全认证层中的认证技术是保证电子商务安全的又一必要手段，它对加密技术层中提供的多种加密算法进行综合运用，进一步满足电子商务对完整性、抗否认性、可靠性的要求。在图 9.1 中，加密技术层、安全认证层、交易协议层，即专为电子交易数据的安全而构筑。其中，交易协议层是加密技术层和安全认证层的安全控制技术的综合运用和完善，为电子商务安全交易提供保障机制和交易标准。

基于安全技术层次提供的安全措施，商务系统层就可以满足电子商务对安全的需求。商务系统层包括 B2B、B2C、C2C、B2G 等各类电子商务应用系统及商业的解决方案。用于保障电子商务的安全控制技术很多，层次各不相同，但并非是把所有安全技术简单地组合就可以得到可靠的安全。如果了解图 9.1 的技术层次，则通过合理结合与改进，就可从技术上实现系统、有效的电子商务安全。为满足电子商务在安全服务方面的要求，基于 Internet 的电子商务系统使用除保证网络本身运行的安全技术外，还用到依据电子商务自身特点定制的重要安全技术。

9.2 电子商务安全技术

9.2.1 网络安全技术

1. 互联网安全概述

1）网络安全的概念

网络系统的开放性，以及现有网络协议和软件系统固有的安全缺陷，特别是 Internet 使用和管理上的无政府状态，使任何一种网络系统都不可避免地、或多或少地存在一定的安全隐患和风险，使人们在享受网络所带来方便和效益的同时，也面临着网络安全方面的巨大挑战。网络安全是指网络系统的硬件、软件及其系统中的数据受到保护，不受偶然的或者恶意的原因而遭到破坏、更改、泄露，系统能连续、可靠、正常地运行，网络服务不中断。网络安全从本质上讲就是网络信息的安全，包括静态信息的存储安全和信息的传输安全。为了保证网络的安全，必须保证以下四个方面的安全：①运行系统的安全；②网络上系统信息的安全；③网络上信息传播的安全；④网络上信息内容的安全。

为了保证这些方面的安全，通常会使用一些网络产品或技术，如防火墙、VPN、入侵检测系统等，这些安全产品和技术的使用可以从一定程度上满足网络安全需求，如防火墙最主要的功能就是访问控制功能，VPN 可以实现加密传输，入侵检测系统可以在恶意入侵系统阶段就处理威胁等。

2）网络系统的应用环境

网络系统面临的安全风险和潜在的安全风险与网络应用环境密切相关。目前，网络应用环境大致可分为以下三种。

（1）开放网络环境。它主要是指 Internet 中向公众开放的各种信息服务系统或网站，网站与 Internet 连接，信息内容完全开放，任何用户都可以通过 Internet 浏览网站上的信息。这种网络应用是开放的，它所面临的安全风险是拒绝服务（Denial of Service，DOS）、篡改网页内容以及被非法利用等。

（2）专用网络环境。它主要是指基于 Internet 互联的专用网，如企业网、金融网、商务网等。专用网通过防火墙与 Internet 连接，网络资源只向授权的用户开放，他们可以通过 Internet 访问专用网上的信息资源。这种网络应用是半开放的，它所面临的安全风险是假冒合法用户获取信息以及在信息传输过程中非法截获或者篡改信息等。

（3）私用网络环境。它主要是指与 Internet 完全隔离的内部网，如政务网、军用网等，私用网与 Internet 是物理隔离的，网络资源只向授权的内部网用户开放，他们只能通过内部网访问网络中的信息资源。这种网络应用是封闭的，它所面临的安全风险是内部用户的非授权访问、窃取和泄露机密信息等。

2. 防火墙技术概述

随着网络规模越来越大，互联网的安全问题也显得越来越重要。网络的安全性主要是指网络信息的安全性和网络路由的安全性。网络信息的安全性问题将在本章的 9.3 介绍。网络路由的安全性包括两个方面。一方面，限制外部网对本地网的访问，从而保护本地网中的特定资源免受非法侵犯；另一方面，限制本地网对外部网的访问，主要是针对一些不健康信息及敏感信息的访问。网络路由的安全性通常可由防火墙来保证。

1）防火墙的概念

“防火墙”是一种形象的说法，其实它是一种由计算机硬件和软件组成的一个或一组系统，用于增强内部网络和 Internet 之间的访问控制。防火墙是设置在被保护网络和外部网络之间的一道屏障，使互联网与内部网之间建立起一个安全网关，从而防止发生不可预测的、潜在破坏性的侵入。它可通过监测、限制、更改跨越防火墙的数据流，尽可能地对外部屏蔽网络内部的信息、结构和运行状况，以此来实现网络的安全保护。

2）设置防火墙的意义

Internet 是一个开放的世界，它在拥有丰富信息量的同时也存在着许多不安全因素。自内部网连上 Internet，使它的用户能访问 Internet 上的服务时，非内部网用户也能通过 Internet 访问内部网用户，实现一些非法操作，如盗取重要资料、破坏文件等。这对于没有受到任何保护的内部网用户来说无疑是一种灾难。

人们经常在建筑物之间修建一些墙壁，以便在火灾发生时，使火势不至于从一幢建筑蔓延到另一幢建筑，这些墙被称为“防火墙”。与此类似，可以在内部网和 Internet 之间设置一堵“防火墙”，以保护内部网免受外部的非法入侵。在网络世界中，防火墙是被配置在内部网和 Internet 之间的系统（或一组系统），通过控制内外网络间信息的流动来达到增强内部网络安全性的目的；防火墙决定了内部的哪些服务可以被外部用户访问以及哪些外部服务可以被内部用户访问。

3）防火墙的定义

关于防火墙的定义，目前在业界有着不同的意见，一般认为，防火墙是放在两个网之间用于提高网络安全的软、硬件系统的集合，具有如下属性。

（1）所有从内到外的通信流量都必须通过它。

（2）仅仅被本地安全策略定义的且被授权的通信量允许通过。

（3）系统对外部攻击具有高抵抗力。

4）防火墙的工作原理

防火墙的工作原理是，在内部网和外部网之间建立起一条隔离墙，检查进入内部网络的信息是否合法，或者是否允许用户的服务请求，从而阻止对内部网络的非法访问和非授权用户的进入，同时也可以禁止特定的协议通过相应的网络。图 9.2 为最简单的防火墙设置方式。

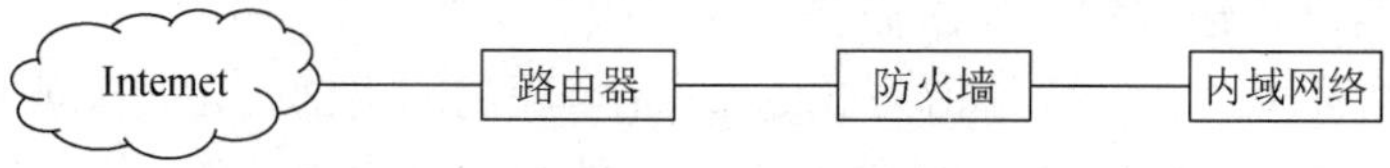

图 9.2 防火墙的设置方式

作为内域网络和外部公共网络之间的第一道屏障，防火墙是最先受到人们重视的网络安全产品之一。在发展初期，它处于 OSI 七层协议的网络层，也就是网络安全的最底层，只是用来负责网络之间的安全认证和传输（信息过滤），但随着网络安全技术的整体发展和网络应用的不断变化，现代防火墙技术已经逐步走向网络层以外的其他安全层次，它不仅要完成传统防火墙的过滤任务，同时还能为各种网络应用提供相应的安全服务。另外，还有多种防火墙产品研究正朝着数据安全与用户认证、防止病毒与黑客侵入等方向发展。

5）防火墙的体系结构与功能

（1）防火墙的体系结构。

为网络建立防火墙，首先需决定防火墙将采取何种安全控制基本准则。有以下两种准则可供选择：①一切未被允许的都是禁止的；②一切未被禁止的都是允许的。

总之，从安全性的角度考虑，第一种准则更可取一些，而从灵活和使用方便性的角度考虑，第二种准则更适合。

6）防火墙的分类

一般说来，根据防火墙所采用技术的不同，我们将它分为三种基本类型，即包过滤型、代理服务器型和监测型。

（1）包过滤型。包过滤型的技术依据是网络中的分包传输技术。网络上的数据都是以“数据包”为单位进行传输的，数据被分割成一定大小的数据包，每一个数据包中都包含诸如数据源地址、目标地址、TCP/UDP 源端口地址和目标端口地址等特定信息。防火墙就是通过读取数据包中的地址信息并通过与系统管理员制定的规则表的对比来判断这些“包”是否来自于可信任的站点，并自动将来自于危险站点的数据包拒之门外。

包过滤通常是安装在路由器上，作为防火墙的基本功能，多数路由器都提供了包过滤功能，另外在计算机上安装包过滤软件也可以作为防火墙使用。

包过滤技术作为一种基本的功能，其优点在于，由于不少路由器具有数据包过滤的功能，因此逻辑简单，易于安装和使用，对用户的透明性较好，实现成本低；在应用环境比较简单的情况下，能够以较小的代价在一定程度上保证系统的安全。

包过滤技术的主要缺陷在于包过滤技术是一种完全基于网络层的安全技术，只能根据数据包的来源、目标和端口等信息进行判断，无法识别基于应用层的恶意侵入，如恶意的 Java 小程序以及通过电子邮件中附带病毒进行破坏等。此外，因为数据包的源地址、目标地址、端口号等信息在数据包的头部，有经验的黑客很容易通过窃听和假冒骗过包过滤型的防火墙，一旦突破防火墙，整个系统会被完全暴露在外面，黑客将轻易对主机和软件进行攻击，对用户造成难以估计的损失。

（2）代理服务器型。代理服务器也可以称为应用网关，是当前防火墙产品的主流趋势。

代理服务器的工作原理是，客户端程序与代理服务器连接，代理服务器再与访问的外部服务器实际连接。代理服务器位于客户机和服务器之间，完全阻挡了二者之间的数据交流。对客户机来讲，代理服务器相当于一台真正的服务器；而对服务器来讲，代理服务器又相当于一台真正的客户机。当客户机需要使用服务器的数据时，首先将数据请求发送到代理服务器，代理服务器首先检查访问用户是否有权访问该服务器以及是否能够进行所要求的应用，然后根据通过检测的请求来向服务器索取数据，服务器将数据由代理服务器传送给客户机。由于外部系统与内部服务器之间的连接都要通过代理服务器，它们之间没有直接的数据通道，因此外部的恶意侵害就很难伤害到企业内部的网络系统。并且代理服务是在应用层中实现的，能对应用层的协议进行过滤，如 Web、HTTP、FTP、Telnet、SMTP、POP 等，除此以外，代理服务器还能对应用层的协议进行转换。

（3）监测型。监测型防火墙是新一代的防火墙产品，这一技术的出现实际上已经使防火墙的定义超越了最初防火墙的定义。监测型防火墙能够对各层的数据进行主动的、实时的监测，在对这些数据加以分析的基础上，监测型防火墙能够有效地判断各层的非法入侵。同时，这种监测型防火墙一般还带有分布式探测器，这些探测器安置在各种应用服务器和其他网络节点之中，不仅能够检测来自网络内部的攻击，同时对来自内部的恶意破坏也有极强的防范作用。监测型防火墙不仅超越了传统防火墙的概念，而且在安全上也有了极大的提高。

另外，根据实际使用的要求，还产生了一些更为细数的分类，如将防火墙分为复合型、加密路由型等。

9.2.2　数据加密和解密技术

1. 数据加密和解密技术的要素

数据加密的技术核心是密码技术。密码技术是实现网络信息安全的核心技术，是保护数据最重要的工具之一。通过加密交换，将可读的文件变换成不可理解的乱码，从而起到保护信息和数据的作用。网络中的数据加密则是通过对网络中传输的信息进行数据加密，满足网络安全中数据加密、数据完整性和不可抵赖性等要求。

由此可见，在加密和解密的过程中，都要涉及信息（明文、密文）、算法（加密算法、解密算法）和密钥（加密密钥、解密密钥）这几个基本要素。

1）明文

明文是指希望得到保密的原始信息。例如，若想加密“China”这个信息，“China”就是明文。

2）密文

密文是经过加密处理后得到的隐藏信息。例如，经过某种加密机制，上述的信息变为“FKLQD”，则“FKLQD”就是密文住处。

3）加密算法

加密算法是指通过一系列的变换，替代或其他各种方式将明文信息转化为密文信息的方法。

4）解密算法

解密算法是与加密算法相反的过程，指通过一系列变换、替代或其他各种方法将密文恢复为明文的方法。加密算法与解密算法一般是公开的。

5）密钥

密钥类似于银行保险箱的钥匙，除了拥有保险箱钥匙的人能够开启箱子取得“保险物品”之外，其他人都无法获得，即只有拥有密钥的人才能从密文中恢复明文的信息。因此，密钥是密码系统最关键的要素，其安全性关系着整个密码系统的安全。

一个完整的加密和解密过程将涉及以上五个基本要素，数据加密解密过程如图 9.3 所示。

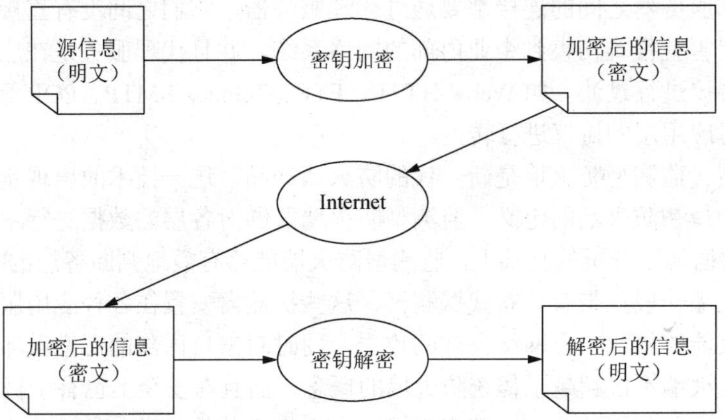

图 9.3　数据加密和解密过程

2. 密钥体制

密钥分为加密密钥和解密密钥。完成加密和解密的算法称为密码体制，传统的密码体制所用的加密密钥和解密密钥相同，形成了对称式密钥加密技术。在一些新体制中，加密密钥和解密密钥不同，形成非对称式密码加密技术，即公开密钥加密技术。

1）对称式密钥加密技术

对称加密，是指使用同一把密钥对信息加密，而对信息解密，同样采用该密钥即可。如果一个加密系统的加密密钥和解密密钥相同，或者虽不相同，但可以由其中一个推导出另一个，则为对称密钥密码体制。

（1）对称式密钥加密技术的分类。

对称加密的典范是 DES。1977—1998 年，DES 一直被确认为美国国家加密标准。另一个是 IDEA，它比 DES 的加密性好，而且对计算机要求不高。

① DES。DES（Data Encryption Standard，数据加密标准）是一种数据分组的加密算法，是由 IBM 在 20 世纪 70 年代发展起来的，并经过政府的加密标准筛选后，于 1997 年被美国政府定为联邦信息标准。它将数据分成长度为 64 位的数据块，其中 8 位作为奇偶校验，有效的密码长度为 56 位。DES 使用 56 位密钥对 64 位的数据块进行加密，并对 64 位的数据块进行 16 轮迭代，最后进行逆初始化变换而得到密文。

② IDEA。IDEA（International Data Encryption Algorithm，国际信息加密算法）是一种国际信息加密算法，于 1992 年正式公开，是一个分组大小为 64 位，密钥为 128 位，迭代轮数为 8 轮的迭代型密码体制。此算法使用长达 128 位的密钥，有效地消除了任何试图破解密钥的可能性。

（2）对称式密钥加密技术的优缺点。对称式密钥加密技术具有加密速度快、保密度高等优点。其缺点有以下几个。

① 钥是保密通信安全的关键，发信方必须安全、妥善地把钥匙护送到收信方，不能泄露其内容。如何才能把密钥安全地送到收信方，是对称密钥加密技术的突出问题。

② 通信时密钥的组合的数量会出现爆炸性的膨胀，使密钥分发更加复杂化，*nn* 个人进行两两通信，总需要的密钥数为 n（n−1）/2。

③ 通信双方必须统一密钥，才能发送保密的信息。如果发信者与收信人是素不相识的，就无法向对方发送秘密信息。

④ 对称密钥体制难以解决电子商务系统中的数字签名认证问题。对于开放的计算机网络来说，存在着安全隐患，不适合网络环境邮件加密的需要。

2）公开密钥加密技术

如果将一个加密系统的加密密钥和解密密钥分开，加密和解密分别由两个密钥来实现，并使得由加密密钥推导出解密密钥（或反之）在计算上是不可行的。则该系统称为公开密钥加密技术。

采用公开密钥加密技术的每一个用户都有一对选定的密钥。加密密钥公布于众，谁都可以用，解密密钥只有解密人自己知道，分别称为公开密钥（Public-Key）和私有密钥（Private-Key）。公开密钥加密算法的典型代表是 RSA 算法。

RSA 算法于 1978 年就出现，这是一个既能用于数据加密，也能用于数字签名的算法。算法的名字以发明者的名字命名[李维斯特（Rivest）、萨莫尔（Shamir）和阿德曼（Adleman）]。但 RSA 的安全性一直未能得到理论上的证明。

RSA 的安全性依赖于大数分解。它利用两个很大的质数相乘所产生的乘积来加密。这两个质数无论哪一个先与原文件编码相乘，对文件加密，均可由另一个质数再相乘来解密。但要用一个质数来求出另一个质数，则是十分困难的。因此将这一对质数称为密钥对（Key Pair）。一个作为公开密钥向公众开放，另一个作为私有密钥不告诉任何人。

（1）信息保密原理。公开密钥与私有密钥这两个密钥是互补的，即用公钥加密的密文可以用私钥解密，而用私钥加密的密文可以用公钥解密。在加密应用时，接收者总是将一个密钥公开，为发送一份保密报文，发送者必须使用接收者的公共密钥对数据进行加密。一旦加密，只有接收方用其私人密钥才能加以解密。假设甲和乙互相知道对方的公开密钥，甲向乙发送信息时用乙的公开密钥加密，乙收到后就用自己的私有密钥解密出甲发送的原文。由于没有别人知道乙的私有密钥，从而解决了信息的保密问题。

（2）签名认证原理。

另外，由于具有数字凭证身份的人员的公共密钥可在网上查到，因此，任何人都可能知道乙的公开密钥，都能给乙发送信息，乙要确认是甲发送的信息，就产生了认证的问题，于是要用到数字签名。数字签名是发送方用自己的私钥加密，而接收方用发送方的公钥解密。

RSA 公钥体系的特点使它非常适合用来满足上述两个要求：保密性和认证性。

3. 数字摘要

数字摘要是将任意长度的消息变成固定长度的短消息，类似于一个自变量是消息的函数，也就是 Hash 函数。Hash 函数的好坏是由发生碰撞的概率决定的。如果攻击者能够轻易地构造出两个具有相同的Hash值的消息，那么这样的Hash函数是很危险的。一般来说，安全Hash标准的输出长度为160位，这样才能保证足够的安全。

数字摘要的原理：通过某种密码运算生成一系列符号及代码并组成电子密码进行签名，来代替书写签名或印章，对于这种电子式的签名还可进行技术验证，其验证的准确度是一般手工签名和图章的验证无法比拟的。数字摘要的过程如图9.4所示。

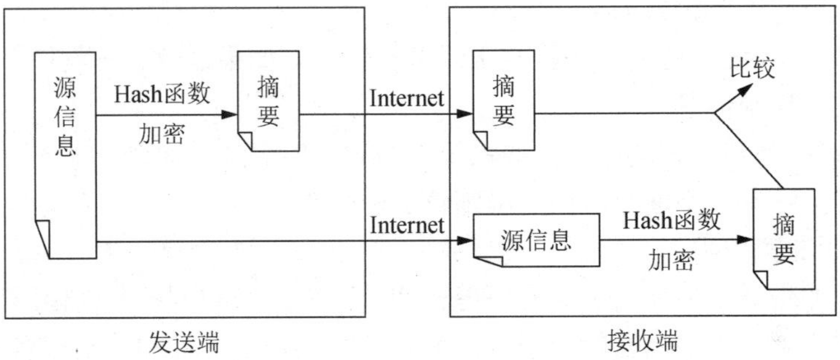

图9.4 数字摘要

用于数字摘要的Hash函数应该满足以下几个条件。

（1）对同一数据使用同一个Hash函数，其运算结果应该是一样的，即对同一文件采用同样的“全息处理”过程，形成的“全息照片”应该是一样的。

（2）Hash函数应具有运算结果不可预见性，即从源文件的变化不能推导出缩影结果的变化，对源文件的微小变化可能会导数“全息照片”的巨大变化。

（3）Hash函数具有不可逆性，即不能通过文件缩影反算出源文件的内容。

由此可以看出，通过Hash函数计算出的“信息文摘”可以被看作源文件的缩影。由于它是整个源文件经过Hash函数处理的结果，因此该“缩影”的完整性可以代替源文件的完整性。通过Hash函数可以将变长文件缩为定长信息，避免对全文加密的时间消耗（加密算法的实现需要大量的数学计算）。目前常用的Hash算法有安全散列算法（the Secure Hash Algorithm，SHA）、MD5（Message Digest Algorithm，消息摘要算法第五版）等。

9.2.3 数字认证技术

1. 数字签名

1）数字签名的作用

在书面文件上签名是确认文件的一种手段，签名的作用有两点，一是因为自己的签名难以否认，从而确认了文件已签署这一事实；二是因为签名不易仿冒，从而确认了文件是真的这一事实。数字签名与书面文件签名有相同之处，采用数字签名也能确认以下两点：①信息是由签名者发送的；②信息自签发后到收到为止未曾做过任何修改。

这样数字签名就可以用来防止电子信息因易被修改而有人作伪；或冒用别人名义发送信息；或发送（收到）信件后又加以否认等情况发生。

为了做一个数字签名，发送者用他的私钥加密一个信息。任何有他的公钥的接收者都能读取它，接收者能确信发送者的确是信息的作者，同时发送者无法否认信息已发送。数字签名往往附加在发送的信息中，就像手写签名一样。

2）数字签名的实现方式

报文的发送方从报文文本中生成一个固定位数的散列值（或报文摘要）。发送方用自己的私有密钥对这个散列值进行加密来形成发送方的数字签名。然后，该数字签名将作为附件和报文一起发送给接收方。报文的接收方首先从接收到的原始报文中计算出固定位数的散列值（或报文摘要），接着用发送方的公开密钥来对报文附加的数字签名解密。如果两个散列值相同，那么接收方就能确认该数字签名是发送方的。

3）数字签名采用的算法

数字签名采用的算法有 RSA 签名、DES 签名和 Hash 函数签名，其中 Hash 签名是最主要的数字签名方法。该方法将数字签名与要发送的信息捆绑在一起，所以更适合电子商务（比信息与签名分别发送具有更高的可信度和安全性）。

4）数字签名的过程

数字签名并非采用“手书签名”类型的图形标志，而是采用双重加密的方法来实现防伪、防赖，其过程如图 9.5 所示。

（1）送方采用哈希函数将需要传送的内容加密产生报文的数字摘要。

（2）送方采用自己的私有密钥对摘要进行加密，形成数字签名。

（3）发送方把原文和加密的摘要同时传递给接收方。

（4）接收方使用发送方的公共密钥对数字签名进行解密，得到发送方形成的报文摘要。

（5）接收方用哈希函数将接收到的报文转换成报文摘要，与发送方形成的摘要相比较，若相同，说明文件在传输过程中没有被破坏。

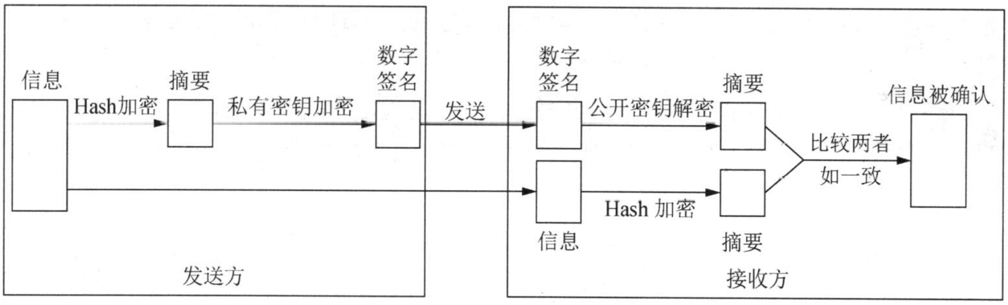

图 9.5　数字签名的过程

2. 数字信封

数字信封是用密码技术的手段保证只有规定的收信人才能阅读信的内容。在数字信封中，信息发送方自动生成对称密钥，用它加密原文，再利用 RSA 算法对该密钥进行加密，则被 RSA 算法加密的密钥部分称为数字信封。数字信封工作过程如图 9.6 所示。

（1）在发送文件时，发送方先产生一个通信密钥，并用这一个通信密钥对文件原文进行加密后，再通过网络将加密后的文件传送到接收方。

（2）发送方把对文件加密时使用的通信密钥用接收方的公开密钥进行加密，即生成数字信封，然后通过网络传送到接收方。

（3）接收方收到发送方传来的经过加密的通信密钥后，用自己的私有密钥对其进行解密，从而得到发送方的通信密钥。

（4）接收方用发送方的通信密钥对加密文件进行解密，从而得到文件的原文。这样，数字信封就保证了在网上传输的文件信息的保密性和安全性。即便加密文件被他人非法截获，因为截获者无法得到发送方的通信密钥，不可能对文件进行解密。

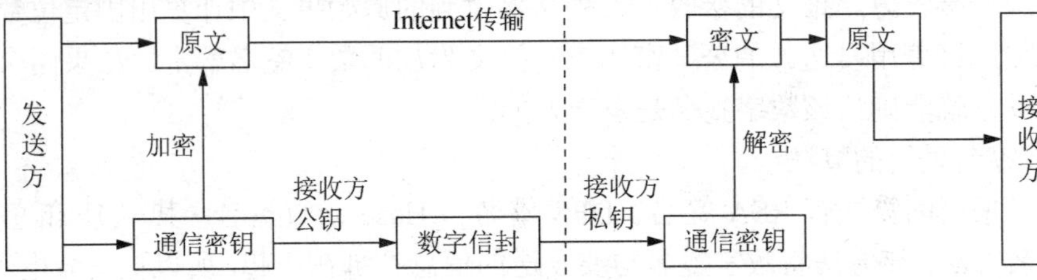

图 9.6　数字信封工作过程

3. 数字时间戳

交易文件中，时间是十分重要的信息。在书面合同中，文件签署的日期和签名一样均是十分重要的防止文件被伪造和篡改的关键性内容。

在电子交易中，同样需要对交易文件的日期和时间信息采取安全措施，而数字时间戳（Digital Time Stamp，DTS）服务就能提供电子文件发表时间的安全保护。DTS 是网上安全服务项目，由专门的机构提供。时间戳是一个经加密后形成的凭证文档，包括三个部分：需加时间戳的文件的摘要；DTS 收到文件的日期和时间；DTS 的数字签名。

时间戳产生的过程：用户首先将需要加时间戳的文件用 Hash 编码加密形成摘要，其次将该摘要发送到 DTS，DTS 在加入收到文件摘要的日期和时间信息后对该文件加密（数字签名），送回用户。

书面签署文件的时间是由签署人自己写上的，而数字时间戳则不然，它是由认证单位 DTS 来加的，以 DTS 收到文件的时间为依据。因此，时间戳也可以作为科学家的科学发明文献的时间认证。

4. 数字证书

数字证书是用电子手段来证实一个用户的身份和对网络资源访问的权限。数字证书作为网上交易双方真实身份证明的依据，是一个经证书授权中心（CA）数字签名的，包含证书申请者（公开密钥拥有者）个人信息及其公开密钥的文件。基于 PKI 的数字证书是电子商务安全体系的核心，用途是利用公共密钥加密系统来保护与验证公众的密钥，由可信任的、公正的机构 CA 颁发。CA 对申请者所提供的信息进行验证，然后通过向电子商务各参与方签发数字证书，来确认各方的身份，保证网上支付的安全性。

在网上的电子交易中，如双方出示了各自的数字证书，并用它来进行交易操作，那么双方都可不必为对方身份的真伪担心。

数字证书可用于电子邮件、电子交易、电子支付等各种用途。

1）数字证书的内部格式

X.509 国际标准规定了数字证书包含的以下内容：①证书拥有者的姓名；②证书拥有者

的公共密钥；③公共密钥的有效期；④颁发数字证书的单位；⑤数字证书的序列号；⑥颁发数字证书单位的数字签名。

2）数字证书的类型

（1）个人证书（Personal Digital ID）。它仅为某一个用户提供凭证，以帮助其个人在网上进行安全交易操作。个人身份的数字证书通常是安装在客户端的浏览器内的，并通过安全的电子邮件来进行交易操作。

（2）企业（服务器）证书（Server ID）。通常为网上的某个 Web 服务器提供凭证，拥有 Web 服务器的企业就可以用具有证书的 Web 站点（Site）来进行安全电子交易。有证书的 Web 服务器会自动将其与客户端 Web 浏览器通信的信息加密。

（3）一些专门的安全技术协议和整体解决方案，也会根据各自的标准向交易的各方颁发相应的数字证书，如 SSL 数字证书和 SET 数字证书等。

5. CA 认证中心

在电子商务中必须解决两个问题：一个是身份验证，另一个是交易的不可抵赖性。由于交易双方互不见面，并且是一些不带有本人任何特征的数据在交换，因此有可能造成一些交易的抵赖。为解决这两个问题，就必须引入一个交易双方均信任的第三方，对买卖双方进行身份验证，以使交易的参与者确信自己确实是在与对方所说的人交易。同时，在公开密钥体系中，公开密钥的真实性鉴别也是一个重要问题。

而 CA 中心为用户发放的证书是一个具有该用户的公开密钥及个人信息并经证书授权中心数字签名的文件。由于 CA 的数字签名使得攻击者不能伪造和篡改证书，因此，证书便向接收者证实了某人或某机构对公开密钥的拥有。与其进行交易不必怀疑身份，因为对方传来的数据是带有其身份特征而且是不可否认的。在这里，各方均信任的第三方就是 CA 安全认证机构。

1）CA 认证中心的含义

CA 认证中心，又称证书授权机构，是一个负责发放和管理数字证书的第三方公正、权威机构，承担网上安全电子交易的认证服务。建立安全的 CA 认证中心则是电子商务的中心环节，其目的是加强数字证书和密钥的管理工作，增强网上交易各方的相互信任，提高网上购物和网上交易的安全，控制交易的风险，从而推动电子商务的发展。

CA 认证中心的验证方法是接收个人、商家、银行等涉及交易的实体申请数字证书，核实情况，批准或拒绝申请，颁发数字证书。除此之外，CA 认证中心，还具有更新、撤销和验证证书的职能。消费者、商户和支付网关的证书应定期及时更新，以避免在长期的使用中使证书内容泄密而影响交易的安全性。一旦私有密钥被泄密，或身份信息更换或不再需要该证书，就应向认证中心申请撤销证书。证书的验证是通过分级体系来完成的，每一种证书归属于签发它的单位，通过层层认证，可达根 CA。通过对证书的管理，可以检查所申请证书的状态（等待、有效、过期等），并可以废除、更新、搜索、验证证书。

（2）CA 认证中心的层次结构

CA 认证中心具有一定的层次结构，如图 9.7 所示。

从图 9.7 可以看出，CA 由根 CA、品牌 CA、地方 CA 以及持卡人 CA、商家 CA、支付网关 CA 等不同层次构成，上一级 CA 负责下一级 CA 数字证书的申请、签发及管理工作。

通过一个完整的 CA 认证体系，可以有效地实现对数字证书的验证。每一份数字证书都与上一级的签名证书相关联，最终通过安全认证链追溯到一个已知的可信赖的机构。由此便可以对各级数字证书的有效性进行验证。根 CA 的密钥由一个自签证书分配，根证书的公开密钥对所有各方公开，它是 CA 体系中的最高层。

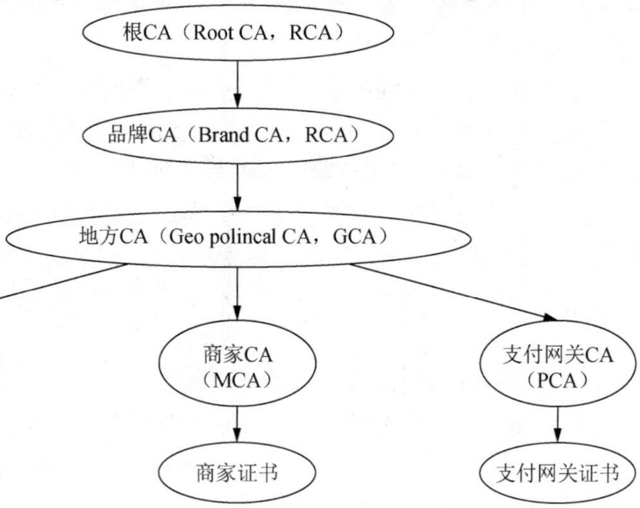

图 9.7　CA 层次结构

9.3　电子商务安全的管理

电子商务的安全风险来自多个方面，包括物理风险、偶然失误风险、有意破坏风险、管理风险和其他风险。实现信息安全需要对风险进行管理，包括与组织内部或组织使用的所有形式的信息相关的，来自物理、人员和技术上威胁的风险。如何有效地保证电子商务的安全运行，将安全风险降到最低，是电子商务建设中必须解决的一个问题，也是电子商务正常运行的保证。电子商务安全不仅是技术问题，还有很多其他非技术的因素，如物理安全、制度安全、人员安全和管理安全等。

9.3.1　电子商务安全管理的内容和措施

1. 电子商务安全管理的内容

电子商务安全是一项极其复杂的系统工程。在安全技术、安全管理、安全法规的保障措施中，安全技术是信息安全的基础，安全管理是信息安全的关键，安全法规是信息安全的保证。只有安全技术、安全管理与安全法规共同配合，才能有效地保证电子商务系统的安全。电子商务安全管理主要包括以下内容。

（1）信息安全组织管理。加强领导，建立机构，落实责任，完善措施，建立健全信息安全责任机制和工作机制。

（2）日常信息安全管理。制定信息安全工作的总体方针和目标，建立健全信息安全相关管理制度，明确信息安全工作的主要任务和原则，加强对人员、资产、采购、外包等的安全管理，并保证信息安全工作经费投入。

（3）信息安全防护管理。开展企业信息化建设应按照同步规划、同步建设、同步运行的原则，同步规划、设计、建设、运行、管理信息安全设施，建立健全信息安全防护体系。具体内容如下。

① 网络边界防护管理：采取访问控制、安全审计、边界完整性检查、入侵防范和恶意代码防范等措施，进行网络边界防护。对网络日志进行管理，定期分析，及时发现安全风险。

② 信息系统防护管理：定期对信息系统面临的安全风险和威胁、薄弱环节以及防护措施的有效性等进行分析评估。确定信息系统安全保护等级，对信息系统实施相应等级的安全建设和整改。

③ 门户网站防护管理：组织专业技术机构对门户网站进行安全测评，对新增应用要进行安全评估，确定信息系统安全保护等级，对信息系统实施相应等级的安全建设和整改。

④ 电子邮件防护管理：加强电子邮箱系统安全防护，采取反垃圾邮件等技术措施；规范电子邮件注册管理，严格邮箱账户及密码管理，采取相关技术和管理措施确保密码具有一定强度并定期更换。

⑤ 终端计算机防护管理：采用集中统一管理方式对终端计算机进行管理，统一软件下发，统一安装系统补丁，统一实施病毒库升级和病毒查杀，统一进行漏洞扫描；规范软硬件使用，不得擅自更改软硬件配置，不得擅自安装软件；加强账户及密码管理，使用具有一定强度的密码并定期更换；应对接入互联网的终端计算机采取控制措施，包括实名接入认证、IP 地址与 MAC（Media Access Control，媒体访问控制）地址绑定等；应定期对终端计算机进行安全审计。

⑥ 存储介质防护管理：严格存储陈列、磁带库等大容量存储介质的管理，采取技术措施防范外联风险，确保存储数据安全；对移动存储介质进行集中统一管理，记录介质领用、交回、维修、报废和销毁等情况；移动存储介质在接入本部门计算机和信息系统前，应当查杀病毒、木马等恶意代码；应配备必要的电子信息消除和销毁设备，对转为他用的存储介质要消除信息，对废弃的存储介质要进行销毁。

（4）信息安全应急管理。建立健全信息安全应急工作机制，提高应对信息安全事件的能力，预防和减少信息安全事件造成的损失和危害；制订信息安全事件应急预案，并根据实际情况适时修改；组织开展应急预案的宣传和贯彻培训，确保相关人员熟悉应急预案；建立信息安全事件报告和通信机制，提高预防预警能力；明确应急技术支援队伍，做好应急技术支援准备；做好信息安全应急物资保障，确保必要的备机、备件等资源到位；根据业务实际需要，对重要数据和业务系统进行备份。

（5）信息安全教育培训。加强信息安全宣传和教育培训工作，提高信息安全意识，增强信息安全基本防护技能；建立信息安全教育培训制度，把信息安全教育作为工作人员上岗、干部培训、业务学习的重要内容；定期开展对信息安全管理人员和技术人员的专业技能培训，提高信息安全工作能力和水平。

（6）信息安全检查。认真组织开展信息安全检查工作，掌握信息安全总体状况和面临的威胁，查找安全隐患，堵塞安全漏洞，完善安全措施，减少安全风险，提高安全防护能力；重视安全技术检测，采取必要的技术检测手段对门户网站、服务器、终端计算机等进行安全检测。可根据需要委托符合要求的检测机构进行技术检测；加强安全检查过程中的保密管理和风险控制，严格检查人员、有关文档和数据的安全保密管理，制订安全检查应急预案，确保被检查信息系统的正常运行；对安全检查中发现的问题进行分析判断，制定整改措施并及时整改。

2. 电子商务安全管理的措施

安全管理的主要任务是建立、强化和实施整个网络系统的安全策略。为了保证电子商务系统安全、可靠地运行，除了采用合适的安全策略和多种安全技术，以及增强安全服务功能、完善系统的安全保密措施外，还必须加强整个系统的安全管理。安全管理是电子商务安全运行的基础和保证。绝对的安全技术是不存在的，安全技术的局限性对电子商务不同的应用有不同的影响，安全技术的局限需要靠完善的安全管理来弥补。另外，为了实现电子商务系统的安全，需要进行成本效益分析，估计在安全上的花费是否能从提高系统资源的安全、减少损失方面得到应有的补偿，因此，需要在成本和效益之间折中，制定成本效益策略以达到效益与风险之间的平衡。电子商务安全管理的主要措施包括安全评估、安全政策、安全标准和安全审计等。

总之，在电子商务安全中，安全管理与安全技术同样重要。在安全管理中，除了安全评估、安全政策、安全标准和安全审计之外，还需要有组织上的保证。在电子商务组织结构中，要有相应的安全管理机构，具体负责落实电子商务安全政策，开展安全宣传、安全培训、安全检查和处理等工作，建立应急技术处理专业队伍，根据安全策略和安全要求，定期对系统开展风险评估分析、安全性评估等方面的工作，对紧急情况进行应急处理。

9.3.2 电子商务的诚信机制

电子商务环境下，机遇与风险并存。解决电子商务安全问题，防范电子商务安全风险，需要用心营造电子商务的诚信体系。基于互联网的电子商务在交易时买卖双方互不见面，同时对于双方的详细信息了解通常是不对称的，因此对网上的信息真实性非常敏感。如果有限的信息存在虚假，那么就会出现“格雷欣法则”——劣币驱逐良币规律，也就使大量诚信的交易者放弃电子商务的交易方式而返回传统的线下交易，导致电子书商务的极度萎缩乃至消亡。

信用体系的建立非常艰难，但毁坏很容易。要建立良好的信用体系，需要国际、社会和个人的良好互动。

1. 进行身份识别

网络具有虚拟性，所以很多人认为可以逃避法律、道德约束。其实不然，虚拟的网络也可以有很多方法将每个用户的身份与其行为一一对应，从而规范网络社会秩序，保证网民安全，如实名认证和CA认证。

（1）实名认证

实名认证是一种被广泛采用的对注册用户身份进行核实的体系，它通过国家安全机构和银行等机构，验证用户提交的注册信息的真实性和唯一性来确保电子商务的安全。这样就可以保证网上发布的每一件商品、每一条信息的真实性，如果发生了不实、欺诈或抵赖的情况，网站或公安机关就可以很方便地追查肇事者的姓名、住址、企业信息等情况，这样就很大程度控制或杜绝了不诚信行为的发生。实名认证有企业认证与个人认证两种，前者一般发生在 B2B 或 B2C 模式中，凡是在这些网站上从事电子商务的企业，必须提供营业执照、税务登记证等企业证书，网站一般委托第三方的专业资信调查公司进行核查，无误后获得网站准入。个人认证相对简单，可以视网站类型和所希望进行何种操作，进行身份认证或信用卡认证，一般在 B2C 或 C2C 型网站使用。采用实名认证的好处是比较明显的：会员更诚信，降低了进行欺诈活动的概率；交易更安全，对不法行为企业或个人能轻易锁定，极大提高犯罪风险和成本。例如，阿里巴巴公司的诚信通、中国供应商和支付宝产品都建立在实名认证的基础上，推动了中国电子商务诚信意识的建立，对电子商务的发展功不可没。

2）CA 认证

CA 认证已经广泛为世界各国所采用，用来向电子商务有关交易人提供双方当事人的资信情况，以提高交易的互信和透明度。如同现实生活中每人有一张身份证一样，CA 认证相对于电子商务中的数字化身份证，其中包含着用户的基本信息和公开密钥。用户在通信时将数字证书出示给对方证明自己的身份，同时提供公开密钥让对方可以解密。由数字证书拥有者加密传输数据，以保证信息传输过程中的保密性和数据交换的完整性。在电子商务活动中，数字证书由某个具有公信力的认证中心签发，因此认证中心必须以其信誉保证所签发证书的可信性，确保数字证书所对应的是真实用户实体。认证中心的组织结构大致可以分为两部分：一部分负责数字证书的使用运营，包括数字证书在线申请、生成、颁发和管理；另一部分被称为 RA（Registration Authority，注册审批），主要是对用户的申请进行审核，验证客户资料的真实合法性，保证数字证书所对应的客户实体是真实可信的。

目前 CA 认证在我国电子商务中主要起到的作用是，证明电子商务交易当事人的合法身份和保障网络安全。根据《电子商务 CA 认证机构试点管理办法》规定，认证机构的职责是，对 CA 证书申请者提交的有关材料和申请者身份进行审核，确认后签发数字证书；将认证业务操作规范和数字证书管理制度向社会公布、宣传；当发生电子交易纠纷时，认证机构应当向有关当事人提供电子身份证明，协助调查；将用户的数字证书在网上发布，供公众查询。

显然，严密的 CA 认证对诚信体系的支持极大，有效地杜绝了电子商务中关于往来信息的诸多问题。

2. 支付方式安全

电子商务发展的一个重要“瓶颈”就是支付的问题。安全的支付方式曾一度困扰中国电子商务的发展。这个问题在阿里巴巴推出支付宝这一工具后得到了较好的解决。支付宝交易是阿里巴巴旗下支付宝公司针对网上交易而特别推出的安全付款服务，其运作的实质是以支付宝为信用中介，在买家确认收到商品前，由支付宝替买卖双方暂时保管货款的一种增值服务。

（1）支付宝实名认证

支付宝实名认证是指核实会员身份信息和银行账户信息。通过支付宝实名认证后，相当于拥有了一张互联网身份证。可以在淘宝网等众多电子商务网站开店、出售商品，增加支付宝账户拥有者的信用度。如果是公司，需要提供营业执照；如果是个人，需要提供身份证。阿里巴巴接到这些信息后，会在政府部门检查验证信息的真伪。只有真实的信息可以通过验证。通过验证后，公司将给他发一个实名认证标志，这就将网络上虚拟的个人或企业变得真实了，每个人所进行的操作和他本人挂钩，起到了监督的作用。

2）支付宝交易的流程

使用支付宝交易的流程：第一步，买家在卖家店铺选择满意的产品；第二步，买家付款到支付宝；第三步，支付宝收到买家的货款后，通知卖家发货；第四步，卖家收到支付宝的通知后，发货给买家；第五步，买家收到货物后，查验审核，满意后，通知支付宝付款；第六步，支付宝接到买家的付款通知后，将款项划拨给卖家。

3）先行赔付

传统商务中的先行赔付是经营者不能赔付时，消费者可以向市场主办单位要求赔付，市场主办单位再向企业追偿的方法。综合我国现阶段电子商务活动中实施的先行赔付制度，按照相关第三人不同，把电子商务中的先行赔付制度分为网站先行赔付与消费者权益保护协会的先行赔付两种情况。网站先行赔付是由电子商务网站自行建立的赔付制度，例如，2005 年支付宝首次提出“你敢用，我就敢赔”的理念，开创中国网上支付全额赔付的先例。消费者权益保护协会的先行赔付是由电子商务网站将先行赔付的保证金交给消费者协会委托代为管理，当消费者权益受到侵犯时，消费者权益保护协会对受害人先行赔付的制度。例如，搜易得与北京海淀区消费者协会达成协议，设立搜易得先行赔付保证金，一旦由搜易得所销售的商品受到投诉，北京海淀区消费者协会将直接动用由保证金建立的“消费争议赔付专项基金”对消费者先行赔偿。

先行赔付制度有力地消除了消费者的顾虑，鼓励他们放心地进行网购。对于设立先行赔付制度的网站，通常会把这一制度放在明显的地方予以公告，方便消费者辨认。消费者一般会因此对有这一赔付制度的网站做优先采购考虑，从而大大提高了网站的交易额和收益，从而达到双赢的效果。

3. 树立风险意识，养成良好习惯

（1）及时升级浏览器和操作系统，及时下载安装相应的补丁程序。

（2）安装正版的杀毒软件、防火墙，尤其重要的是要安装防木马软件。现在很多用户安装了杀毒软件，但对于木马的防范意识不够，应引起注意。

（3）要及时更新杀毒软件、防火墙、防木马软件，并定期查杀。

（4）使用上网工具，保护自己的计算机。

（5）不浏览不明网页，不使用不明软件，不在聊天时透露个人、单位账户信息。

（6）不在网吧等公共场合进行支付。

（7）登录账号后，应该选择安全退出，而不是直接单击窗口上的“关闭”按钮。

（8）设置安全的密码。为了自己的账户安全，尽量设置复杂密码，密码不要有规律。自己容易记忆的密码，同时也很可能被轻易猜到。例如，密码长度为 6～20 个字符，可使用英文字母和数字的组合，如 wdvt058、8465sdrj 等，尽量不要有规律。不能把自己的密码设置成以下形式，以免安全性过低：密码和会员登录名完全一致；密码和自己的联系方式，如“电话”、“传真”、“手机”、“邮箱”、“邮编”的任何一个一致，如 85027110、0755850027110；

使用连续数字或字母，如 23456、98765、abcdef；使用会员登录名或邮件地址中的一部分，如自己的会员登录名是 carry770815，则勿使用 770815 作为密码；使用自己的姓名、单位名称和阿里巴巴有关或其他任何可轻易获得的信息，如 alibaba；使用简单又规律的数字，如 789456、123321。

9.3.3　其他安全保障措施

Internet 的发展已经将国民经济和社会发展的方方面面紧密地联系在一起，电子商务交易安全将直接影响到整个国民经济的正常运行，影响到电子商务交易各方的切身利益。有效保护银行、企业和消费者个人的各种权益，防止不良行为和恶意侵袭，成为计算机网络安全保护的一个新的重点。但是，电子商务所面临的信息安全威胁已经不再是单纯的技术问题。因此，电子商务安全需要由相应的法律法规做保障。

1. 电子商务中的信息安全法律和规定

电子商务信息安全建设必须依据国家主管部门的法律法规。不符合管理要求的建设必然存在安全漏洞，造成信息安全事故和泄密事件。只有严格按照国家有关主管部门的管理规定和建设规范开展这项工作才可能真正保障信息安全。

（1）国际互联网网络行业市场准入。在对信息、互联单位、接入网络及国际联网经营者的管理上，我国的《中华人民共和国计算机信息网络国际联网管理暂行规定》中做出了一些明确的规定。

（2）建立登记备案制度。《计算机信息网络国际联网安全保护管理办法》规定：互联单位、接入单位、使用计算机信息网络国际联网的法人和其他组织（包括跨省、自治区、直辖市联网的单位和所属的分支结构），应当自网络正式联通之日起 30 日内。到所在地的省、自治区、直辖市人民政府公安机关制定的受理机房办理备案手续；用户在接入单位办理入网手续时，应当填写由公安部监制的用户备案表。

2. 互联网内容管理

《计算机信息网络国际联网安全保护管理办法》规定，任何单位和个人不得不利用国际联网制作、复制、查阅和传播下列信息：①煽动抗拒、破坏宪法和法律、行政法规实施的；②煽动颠覆国家政权、推翻社会主义制度的；③煽动分裂国家、破坏国家统一的；④煽动名族仇恨、名族歧视，破坏民族团结的；⑤捏造或者歪曲事实，散布谣言，扰乱社会秩序的；⑥宣扬封建迷信、淫秽、色情、赌博、暴力、凶杀、恐怖，教唆犯罪的；⑦公然侮辱他人或者捏造事实诽谤他人的；⑧损害国家机关信誉的；⑨其他违反宪法和法律、行政法规的。

《中华人民共和国计算机信息网络国际联网管理暂行规定实施办法》第 18 条规定，用户应当服从接入单位的管理，遵守用户守则；不得擅自进入未经许可的计算机系统，篡改他人信息；不得在网络上散发恶意信息，冒用他人名义发出信息，侵犯他人隐私；不得制造、传播计算机病毒及从事其他侵犯网络和他人合法权益的活动。

3. 网络安全保护

《计算机信息网络国际联网安全保护管理办法》规定，任何单位和个人不得从事下列危害计算机信息网络安全的活动：①未经许可，进入计算机信息网络或使用计算机信息网络资源的；②未经允许，对计算机信息网络功能进行删除、修改或者增加的；③未经允许，对计算机信息网络中存储、处理或传输的数据和应用程序进行删除、修改或者增加的；④故意制作、传播计算机病毒等破坏性程序的；⑤其他危害计算机网络安全的。

对于违反以上规定的单位和个人，公安机关可给予警告、没收违法所得、罚款等处罚；情节严重的，可并处 6 个月以内停止联网、停机整顿的处罚，必要时可建议原发证、审批机构吊销经营许可证或取消联网资格；构成违反治安管理行为的，依照治安管理处罚法的规定处罚；构成犯罪的，依法追究刑事责任。

4. 网络保密管理

《计算机信息系统国际联网保密管理规定》指出，凡以提供网上信息服务为目的而采集的信息，除在其他新闻媒体上已公开发表的，组织者在上网发布前，应当征得提供信息单位的同意；凡对网上信息进行扩充或更新，应当认真执行信息保密审核制度。凡在网上开设电子公告系统、聊天室、网络新闻组的单位和用户，应由相应的保密工作机构审批，明确保密要求和责任。任何单位和个人不得在电子公告系统、聊天室、网络新闻组上发布、谈论和传播国家秘密信息。面向社会开放的电子公告系统、聊天室、网络新闻组，开办人或其上级主管部门应认真履行保密业务，建立完善的管理制度，加强监督检查，发现有涉密信息，应及时采取措施，并报告当地保密工作部门。涉及国家秘密的信息，包括在对外交往与合作中经审查、批准与境外特定对象合法交换的国家秘密信息，不得在国际联网的计算机信息系统中存储、处理、传递。涉及国家秘密的计算机信息系统，不得直接或间接地与国际互联网或其他公共信息网络相联接，必须实行物理隔离。

案例分析

直接链接其他网站栏目引争议，双方诉诸法律

互联网经济因其特殊性，通常被喻为“眼球经济”或者“注意力经济”。一个网站所吸引的访问者越多，为其带来的相关经济利益就越大，为此，经营者均通过制作精彩、独特的内容以吸引访问者的注意力，并使访问者记住发布这些内容的网站。然而，这些独特的内容一旦被另外的网站直接链接，访问者通过设链网站看到的内容，已不能准确反映出制作者的身份，从而导致被链接网站的访问者减少，经济利益受到损害。

A 网站就因为直接链接了淘宝网的重要栏目“今日全球重要数据”，被淘宝网以不正当竞争为由告上法庭。具体经过如下。

淘宝网以网络为媒介向用户提供中文国际财经资讯服务，进而推广自己网站供下载的相关产品。其首页设有“今日全球重要数据”栏目，该栏目数据是淘宝网从其他公司购买的，服务期限为 1 年。同时，还签订了《关于保护信息汇编作品著作权及商业秘密的协议》，淘宝网承诺保守商业秘密。

而刚成立的 A 网站未经淘宝网许可，越过淘宝网主页，直接对“今日全球重要数据”栏目内容建立链接，将栏目置于网站首页的中心位置，改名“指标速递”。于是，淘宝网通过公证机关对 A 网站链接行为进行了证据保全，并将其诉至法院。

淘宝网的代理律师认为，网络上的链接分为两种，一种是普通链接，另一种是深层链接，普通链接不存在侵权问题，深层链接则构成侵权。深层链接，是绕过被链接网站的首页直接对其网站的某一部分网页或者内容进行链接。当用户点击链接标志时，计算机就会自动绕开被链接网站的首页，直接指向具体内容页。此时，如果该内容页上没有被链接网站的标志，则用户就会误以为停留在原来的网站上。这种深层链接，是直接摘取他人的劳动成果，属于不正当竞争行为。尤其是设链者和被链者提供相同或类似的商品以及服务时，这种侵权更为明显。

律师认为，淘宝网首页的“今日全球重要数据”栏目向网站访问者提供第一手的财经资讯，是外汇财经类网站极其重要的栏目，为此，淘宝网花费了大量的人力、财力来进行开发维护。而 A 网站在建立网站之初，就指定淘宝网作为主要的参考网站，致使两个网站的栏目设计和内容安排有很多相似之处。两者均从事外汇投资咨询并提供相关产品，A 网站明知这些数据对于吸引网站访问者、提高网站知名度的重要性，其侵权的主观故意明确。

律师认为，A 网站的行为吸引了众多访问者，并且使访问者误以为 A 网站是该栏目的开发制作者，直接造成淘宝网访问者的分流，使淘宝网的投入没有得到相应的回报，严重损害了淘宝网的经济利益和声誉，是一种典型的不正当竞争行为。因此要求 A 网站停止链接侵权行为；向淘宝网公开道歉，并在报纸和 A 网站首页显著位置至少连续公开刊登一个月，以消除影响；A 网站赔偿淘宝网经济损失 50 余万元。

A 网站在法庭上辩称，A 网站没有侵犯淘宝网的著作权，按照对著作权的概念界定，淘宝网没有足够证据证明其在“今日全球重要数据”栏目的内容具有著作权性质，A 网站侵权的理由不能成立。

根据《互联网著作权保护行政办法》规定，A 网站在发现问题后能够及时将所链接的内容移除的，可以免除责任。因此，A 网站在接到淘宝网的通知后，立即采取措施，移除相关内容，应该免责。

A 网站还称，淘宝网没有证据证明其实际的经济损失，也没有证据证明 A 网站的链接行为给自己带来了非法收益，淘宝网要求 A 网站赔偿损失没有依据，请求法庭驳回淘宝网的诉讼请求。

法院在审理后认为，经营者在市场交易中，应当遵循自愿、平等、公平、诚实信用的原则，遵守公认的商业道德。淘宝网和 A 网站均是网站经营者，其经营目的均是追求一定的商业目的和获得商业利益，彼此之间存在商业上的竞争关系。

淘宝网向其他公司购买取得外汇资讯重要数据，并投入人力、物力进行栏目管理，实时更新，但 A 网站未经淘宝网许可，未支付任何费用，擅自对淘宝网网站主页以下的栏目内容进行深层链接，主观上违背了淘宝网的意愿，客观上势必造成访问者的分流，减少商业机会，因此，A 网站的上述行为违背了诚实信用和公平竞争的法律原则，属于不正当的经营行为，应承担相应的法律责任。法院依照《中华人民共和国反不正当竞争法》判令 A 网站未经许可，不得在所开设的网站对淘宝网网站发布的“今日全球重要数据”栏目建立链接；同时向淘宝网公开赔礼道歉，并赔偿淘某网经济损失 6 万元。

分析：

1. 本案中涉及的电子商务安全管理有何问题？为什么？
2. 本案反映出电子商务企业信用管理存在哪些问题？

习　　题

一、选择题

1．最著名的公开密钥加密算法是（　　）。

A．DES　　B．Triple DES　　C．SET　　D．RSA

2．从事电子商务活动过程中，使用（　　）技术可以确认信息未被破坏或篡改。

A．数字时间戳　　B．数字证书　　C．消息摘要　　D．防火墙

3．（　　）不是数字证书中的内容．

A．公开密钥　　B．数字签名　　C．证书发行机构的名称　D．私有密钥

4．防止他人对传输的文件进行破坏需要（　　）。

A．数字签名及验证　　B．对文件进行加密

C．身份认证　　D．数字时间戳

5．（　　）是对信息的完整性的正确的阐述。

A．信息不被篡改、假冒和伪造　　B．信息内容不被指定以外的人所知悉

C．信息在传递过程中不被中转　　D．信息不被他人所接收

二、填空题

1．安全的电子协议主要有________和________等协议。

2．________用于鉴别用户身份，即证实客户的真实身份与其所声称的身份是否相符。

三、思考题

1．电子商务有哪些安全控制要求？

2．试述防火墙在网络安全中所起的作用。

3．什么是数字证书？它包括哪些内容？

4．试说明一个完整的安全电子交易过程。

四、技能实训题

1．搜索国内认证机构的网站，了解其系统的功能、作用以及所提供的业务。

2．登录某电子商务认证中心网站，或某数字证书认证中心网站，或某金融认证中心网站，了解认证中心及数字证书的含义。

3．登录中国数字认证网（www.ca365.com）申请免费个人数字证书、邮件证书、签名数字证书，并正确安装，完成导入、导出等操作。

第10章

电子商务的动向

学习目标

1. 掌握跨境电子商务的定义；
2. 熟悉农村电子商务的概念；
3. 掌握移动电子商务的概念及特点；
4. 了解移动电子商务的优势及分类。

名人名言

对于百度而言，移动互联网是一个值得令人兴奋的大时代。语音、输入、识别这些能力，将会让百度在竞争中获得更有利的位置。百度技术将会带来更多应用方式的创新，改变人们的工作、生活方式，对行业进行重新洗牌。

——百度 CEO 李彦宏

引例

天猫国际启动环球免税店 创新跨境进口电商模式

2015 年 7 月 26 日，天猫国际环球免税店项目启动，通过跨境进口电商模式再创新，天猫首创引进各国免税店直接入驻，开启国人境外游购物新模式。

那么这个天猫环球免税店有什么好处呢？天猫国际介绍，今后消费者订购出境游机票后，在 PC、手机端均可下单选购韩国、泰国的免税店商品，并在全球同价基础上享受 8～9 折天猫国际专享折扣，用人民币支付即可。

在出境国的旅程结束回国时，消费者凭支付成功后的短信或条形码，在机场免税店提走现货即可。

天猫国际环球免税店是阿里巴巴集团全球化战略的重要部署。该项目基于“出境游+出境购”的真实消费场景，天猫国际、支付宝与世界各大免税店集团通力合作，实现数据、物流、支付对接，并打通了跨境购买、跨境支付等从前端到后端的境外游免税购物全链条。

据业内人士分析，奢侈品大牌或将成为环球免税店新模式的受益者。在天猫国际环球免税店新模式带动下，作为奢侈品消费最大的潜在市场，中国消费者无须在国外免税店排队，在出境游之前便能以更优惠价格、更好的购物体验提前释放购买潜能，中国游客的购买力也将得到进一步释放。

天猫国际目前还正在引进可同时覆盖欧美十余个国家的境外免税店集团，也在同国内免税店集团接触，未来还将不断拓展，以覆盖更多中国热门出境游目的地国家和地区。

对于天猫国际推出的免税店项目，网友表示，这种境外游购物新模式既满足了国内巨大的跨境免税购物需求，又帮助消费者免去排队、汇兑、退税等麻烦，提升境外出游体验，还有避免飞机延误、机场与免税店关系紧张等问题。

10.1 跨境电子商务

随着“一带一路”和“自贸区”建设等国家战略方针确定，“走出去、引进来”已成大势。各大电商纷纷布局跨境电商业务，同时跨国物流迅猛发展，解决了跨境电商最大的困难。从宏观的角度看，国民经济的蓬勃发展支持人民能够追求更高的生活品质，跨境电商或将成为电商行业新的增长极。

10.1.1 跨境电子商务的定义

跨境电子商务（Cross Border E-Commerce）简称跨境电商，是指分属不同的交易主体，通过电子商务平台达成交易、进行支付结算，并通过跨境物流送达商品、完成交易的一种国际商业活动。目前根据跨境电商模式的不同，平台提供支付结算，跨境物流送达、金融贷款的服务内容均有不同。

在跨境电商市场中，跨境 B2B 模式在整体跨境电商行业中尤为重要，扮演着支柱型产业的角色。且跨境 B2B 平台的交易规模始终占据着整体跨境电商市场交易规模的 90%以上。跨境电商分为出口和进口两类，后者目前在国内主要为海淘服务。

10.1.2 跨境电子商务的分类

1. 按照贸易模式划分

按照贸易模式划分，跨境电子商务可分为进口和出口两种贸易模式。典型代表：出口为全球速卖通，进口为天猫国际。

2. 按照商业模式划分

按照商业模式划分，跨境电子商务可分为 B2B、B2C 以及 C2C 三种类型。

1）跨境 B2B 平台

跨境 B2B 是指分属不同关境的企业对企业，通过电商平台达成交易、进行支付结算，并通过跨境物流送达商品、完成交易的一种国际商业活动。B2B 跨境电商平台所面对的最终客户为企业或集团客户，提供企业、产品、服务等相关信息。目前，中国跨境电商市场交易规模中 B2B 跨境电商市场交易规模占总交易规模的 90%以上。在跨境电商市场中，企业级市场始终处于主导地位。其主要包括以下两类：①传统跨境大宗贸易平台 B2B，如阿里巴巴国际站、环球资源网；②跨境小额批发零售综合门户平台 B2B，如阿里速卖通、敦煌网。

2）跨境 B2C 平台

跨境 B2C 是指分属不同关境的企业直接面向消费个人开展在线销售产品和服务，通过电商平台达成交易、进行支付结算，并通过跨境物流送达商品、完成交易的一种国际商业活动。B2C 类跨境电商企业所面对的最终客户为个人消费者，针对最终客户以网上零售的方式，将产品售卖给个人消费者。

C 类跨境电商平台同时在不同垂直类目商品销售上也有所不同，如 FocalPrice 主营 3C 数码电子产品，兰亭集势则在婚纱销售上占有绝对优势。C 类跨境电商市场正在逐渐发展，且在中国整体跨境电商市场交易规模中的占比不断升高。在未来，C 类跨境电商市场将会迎来大规模增长。B2C 平台有亚马逊、DX、兰亭集势、米兰网、大龙网。

3）C2C 平台

跨境 C2C 是指分属不同关境的个人卖方对个人买方开展在线销售产品和服务，由个人卖家通过第三方电商平台发布产品和服务售卖产品信息、价格等内容，个人买方进行筛选，最终通过电商平台达成交易、进行支付结算，并通过跨境物流送达商品、完成交易的一种国际商业活动。C2C 平台有 eBay。

3. 按照平台服务类型划分

按照平台服务类型划分，跨境电子商务平台分为信息服务平台和在线交易平台。

平台型电商通过线上搭建商城，并整合物流、支付、运营等服务资源，吸引商家入驻，为其提供跨境电商交易服务。同时，平台以收取商家佣金以及增值服务佣金作为主要盈利模式。

典型代表：信息服务平台为阿里巴巴、环球资源网，则在线交易平台为全球速卖通、eBay。

10.1.3 我国跨境电子商务的现状

跨境电商飞速增长，使得“买遍全球”成为现实。2015 年，我国跨境电商交易额为 5.4 万亿元，同比增长 28.6%。其中出口跨境电商交易额为 4.49 万亿元，占跨境电商交易总额的 83.2%；进口跨境电商交易额为 9072 亿元，占跨境电商交易总额的 16.8%。预计 2018 年年底，我国跨境电商交易额有望突破 10 万亿元，未来两年平均增速 23%左右。伴随着我国“一带一路”的推行，中国将会逐步形成一个覆盖全球 60 多个国家 90 多个港口的贸易通道。这无疑将进一步促进中国跨境电子商务发展，让中国电子商务更加国际化。

跨境电商作为我国外贸进出口新的增长点，国家和地方政府非常重视跨境电子商务发展，出台了一系列专门针对跨境电商的关、检、税、汇等监管政策、物流仓储及金融支付等服务配套政策，积极推动跨境电商行业健康有序发展。

1. 我国跨境电商进出口现状

跨境电商进出口结构以出口为主，进口为辅，出口跨境电商交易规模保持高速增长态势。据中国电子商务研究中心监测数据显示，2016 年上半年，中国跨境电商的进出口结构出口占比达到 80.4%，进口比例为 19.6%。

2. 我国跨境电商模式结构

据中国电子商务研究中心监测数据显示，2016 年上半年，中国跨境电商的交易模式中跨境电商 B2B 交易占比达到 90.7%，占据绝对优势，跨境电商 B2C 交易占比 9.3%。

（1）从商业模式上看，跨境电商发展的主体很明确，B2B 是主体，B2C 是补充。重点发展 B2B 符合我国外贸稳增长、调结构的需要，也有利于降低监管的成本，提高通关的效率。

（2）“四八新政”出台释放了国家重点扶持跨境电商 B2B 战略意图，也表明了国家开始限制跨境电商 B2C。

（3）海外买家遍布全球，主要的海外买家来自欧洲、北美、中南美。2015 年外需最旺盛的市场为美国、英国和印度，最热的增量市场是俄罗斯、巴西、西班牙、法国、乌克兰等国家，而增长最快的海外市场出现在欧洲、中南美和中东。

10.1.4 跨境电子商务的流程

跨境电子商务中，一件商品到用户手中所需的流程如图 10.1 所示。

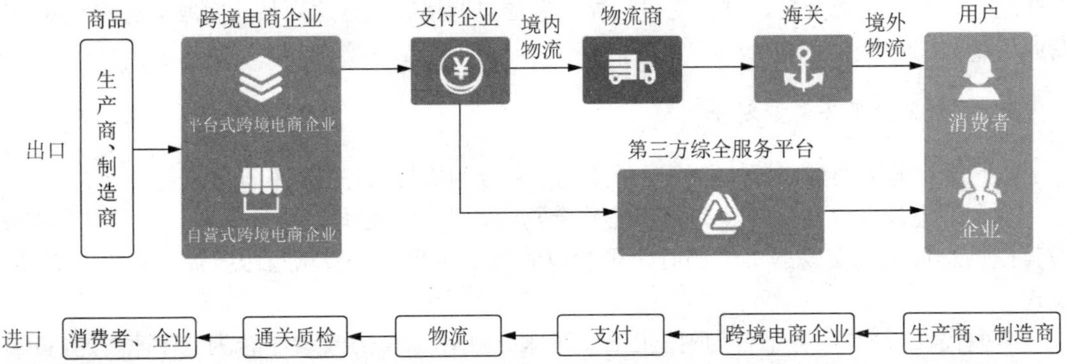

图 10.1 跨境电子商务的流程

1. 跨境电子商务的出口流程

跨境电子商务的出口流程：生产商或制造商的商品—平台式跨境电商企业或自营式跨境电商企业—支付企业—第三方综合服务平台（可不选）—境内物流（物流商）—海关—境外物流—用户（企业或消费者）。

2. 跨境电子商务的进口流程

食品一般贸易流程：货物到港，换单—报进境—白卡运输自贸区仓库—仓库拿提货单—一般贸易报检—一般贸易报关—出税单—完税—核税放行—商检查验—提货。

跨境电商主要分为两种操作模式，即海外直邮及保税区发货。海外直邮为将货物发到国外指定仓库（海外仓），消费者购买后直接由国外发货；保税区发货为将货物发到保税区指定仓库（保税仓），消费者购买后直接由保税区发货。

跨境进口电商主要有两种模式：直邮进口模式、保税进口模式。

直邮进口模式指符合条件的电商平台与海关联网，境内消费者网购后，电子订单、支付凭证、电子运单等由跨境电商实时传输给海关，按个人邮递物品征税。与个人海外代购和海淘相比，该模式符合国家海关监管政策，清关操作更清楚，信息更透明。

保税进口模式指跨境进口电商提前批量采购商品并将其运至保税区内保税仓库免税备货，客户订单发出后，商品直接从保税仓库发出，在海关等部门监管下通关。该模式借助保税区的政策优势，针对特定的热销日常消费品开展“整批商品入区、消费者下单后分批以个人物品出区，征缴行邮税（税改后改为缴增值税和消费税）”的进口业务。试点商品以“个人自用、合理数量”为原则，每笔订单限值为 1 000 元（应征税额在 50 元以下的予以免征），从而降低进口电商企业的货物价格，同时货物从国内发出，缩短消费者的等待时间。

以上两种模式都需要客户提供身份证号，其他事情则由发货商或者电商平台解决，实际上不需要客户参与，等待收货即可。

海外直邮采用抽检方式，但是一般只需要提供身份证号，国外即可发货。保税仓是现采购商品入仓，根据订单报关后再放行,保税仓发货的商品都是需要电商平台先备案才能进入保税仓上架的，电商平台将订单推送给海关后等待放行，当为放行状态时库房才可以发货并将其交付给国内快递公司，这些也都不需要客户参与。

10.1.5　跨境电子商务平台

1. 全球速卖通平台

全球速卖通是阿里巴巴为帮助中小企业接触海外终端，拓展利润空间而建立的融合订单、支付、物流于一体的外贸在线交易平台，通过互联网的方式缩短优化外贸产业供应链，帮助中国商家获得更高的利润。

全球速卖通于 2010 年 4 月正式上线，是阿里巴巴旗下唯一面向全球市场的在线交易平台。全球速卖通面向海外买家，通过支付宝国际账户进行担保交易，并使用国际快递发货，是全球第三大英文在线购物网站，如图 10.2 所示。

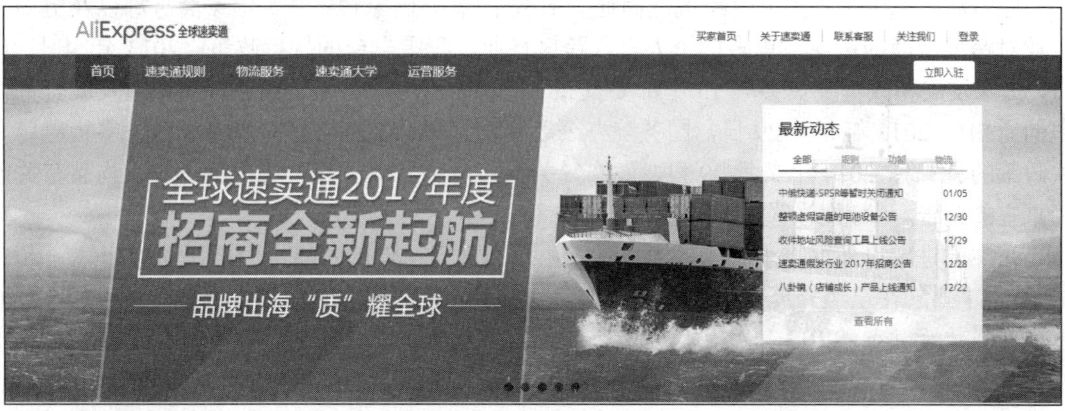

图 10.2　全球速卖通首页

全球速卖通目前已经覆盖 220 多个国家和地区的海外卖家，在我国国内跨境电商的使用占比最高。全球速卖通在巴西、俄罗斯、西班牙、乌克兰、智利等国家是当地非常重要的购物网站，在平台上成交排名靠前的国家有俄罗斯、美国、巴西等。

2. 亚马逊平台

亚马逊是美国最大的电子商务公司之一，成立于 1995 年，初期定位是网络书店，1997 年转变成为最大的综合网络零售商。亚马逊首页如图 10.3 所示。

图 10.3　亚马逊首页

亚马逊分为北美平台、欧洲平台、亚洲平台。北美平台主要分为美国亚马逊、加拿大亚马逊；欧洲平台主要分为英国亚马逊、德国亚马逊、意大利亚亚马逊、法国亚马逊、西班牙亚马逊；亚洲平台主要是日本亚马逊等。

亚马逊卖家类型分为专业卖家和个人卖家，在收费上专业卖家每月收取 39.99 美元固定费用，个人卖家按照每笔 0.99 美元手续费收取。除此之外，亚马逊还会收取一定比例的交易费，根据所销售的产品不同收取的比例不同。

10.1.6　我国跨境电子商务扶持政策

国家大力部署跨境贸易（包括阿里巴巴全球速卖通、兰亭集势、敦煌网等），出台诸多利好政策。

随着海关总署（海关总署跨境电商通关服务平台）、国家税务局、国家商务部以及更多的企业对跨境电商的重视，更多的个人融入跨境行业。我国出台的扶持政策：2013 年 4 月 15 日，国家发展和改革委员会等 13 个部委发布《关于进一步促进电子商务健康快速发展有关工作的通知》；2013 年 8 月 29 日，国务院办公厅转发《关于实施支持跨境电子商务零售出口有关政策的意见》；2014 年 7 月 29 日，发布《关于跨境贸易电子商务进出境货物、物品有关监管事宜的公告》（海关总署 2014 年第 56 号）等。

在中国进出口外贸需求趋紧的背景下，由政府部门运作的跨境电商正蓬勃兴起。自 2013 年 10 月 1 日起在已经开展电子商务通关服务试点的上海、重庆、杭州、宁波、郑州等 5 个城市展开新政策试点；2013 年 9 月，广州获批成为第六个跨境商务进口服务试点城市；2014 年 7 月，深圳获批成为第七个国家跨境电商进口服务试点城市。自试点以来，截至 2015 年 11 月底，七个试点城市开展跨境电子商务零售进口业务，验放包裹 1 亿件，货值超过 155 亿元。

10.1.7　跨境电子商务市场趋势

1. 行业仍将继续保持高速增长态势

随着国际人均购买力不断增强、网络普及率提升、物流水平进步、网络支付改善，未来几年我国跨境电商将继续保持高速增长态势。跨境电商出口卖家正在从广东、江苏、浙江向中西部拓展，正在由 3C（China Compulsory Certification，中国强制认证）等低毛利率标准品向服装、户外用品、健康美容、家居园艺和汽配等新品类扩展，这将为我国出口电商发展提供新的空间。而随着新兴市场如巴西、俄罗斯等的不断加入，以及互联网技术普及、基础设施不断完善、政策不断放开，我国出口电商的空间将进一步拓展。

2. 小语种国家成为新的区域增长点

传统四大出口市场为美国、英国、澳大利亚、德国，但法国、意大利与西班牙、东南亚等小语种国家市场增长迅猛，已经成为中国跨境电商未来增长的新区域。品类上来看，电子与时尚类产品销售占比很大，而家居园艺和汽配产品已开始出现高增长。

3. 传统外贸企业将成跨境电子商务主流

近年来，越来越多的传统外贸企业加入跨境电商行列，而跨境 B2B 已成为传统外贸企业的主要营销渠道。传统外贸企业与国外消费者当面交易，可建立并提升品牌，提高核心竞争力。跨境电子商务将推动传统外贸企业的价值创造方式发生转变，实现从产品的交易者向生产的组织者转变，从消费的匹配者向消费的引导者转变，从价值的实现者向价值的创造者转变。

随着国内消费者对海外品牌的认知加深和个人喜好的追求，跨境电商消费也日益呈现个性化、多元化趋势，过于大众化的传统爆款已经很难满足本土消费者的口味。

总之，中国电子商务正在从淘宝网购阶段（C2C 模式，初级网购阶段）向网上商城阶段（B2C 模式，网购发展中级阶段）、跨境电商阶段（“海淘”，高端网购用户“全球买”高级阶段）发展。沿着这三个阶段，无论是卖家、商品、品牌、服务，还是客单价均实现了大幅提升，彰显了国人网购在品牌和品质上的飞跃，由初级网购阶段逐步过渡到品牌“全球买”高级阶段。跨境电商帮助“中国制造”利润回归，使流通环节越来越少，毛利润不断提高。

10.1.8 跨境电子商务十大模式

1. “保税进口+海外直邮”模式

（1）典型案例：天猫国际。

（2）模式概述：天猫在跨境方面通过和自贸区合作，在各地保税物流中心建立了各自的跨境物流仓。在宁波、上海、重庆、杭州、郑州、广州 6 个城市试点跨境电商贸易保税区、产业园签约跨境合作，全面铺设跨境网点。规避了基本法律风险，同时获得了法律保障，压缩了消费者从订单到接货的时间，提高了海外直发服务的便捷性，使得跨境业务在“灰色地带”打开了“光明之门”。据中国跨境电商网监测显示，据统计，2016 年天猫双 11 当天交易额超过 1 207 亿元，覆盖 235 个国家和地区的约 10 万名商户参与了此次购物狂欢节，而天猫国际 50%以上的国际商品以保税模式进入国内消费者手中。

2. “自营+招商”模式

（1）典型案例：苏宁海外购。

（2）模式概述：“自营+招商”的模式就相当于发挥最大的企业内在优势，在内在优势缺乏或比较弱的方面就采取外来招商以弥补自身不足。苏宁选择该模式，结合了它的自身现状，在传统电商方面发挥供应链、资金链的内在优势，同时通过全球招商来弥补国际商用资源的不足。苏宁易购进入跨境电商，也是继天猫、亚马逊之后该市场迎来的又一位强有力的竞争对手。

3. “直营+保税区”模式

（1）典型案例：聚美海外购。

（2）模式概述：“自营”模式就是跨境电商企业将直接参与到采购、物流、仓储等海外商品的买卖流程。对物流监控、支付体系都有自己的一套体系。

河南保税物流区已为聚美优品开建上万平方米自理仓，聚美优品和河南保税物流中心于2014年9月完成对接。保税物流模式的开启会大大压缩消费者从订单到接货的时间，加之海外直发服务的便捷性，可使聚美海外购较常规“海淘商品”购买周期由15天压缩到3天，甚至更短，并保证物流信息全程可跟踪。

4. “自营而非纯平台”模式

（1）典型案例：京东海外购。

（2）模式概述：京东海外购在2012年年底时上线了英文版，直接面向海外买家出售商品。直到2014年年初，京东商城宣布京东国际化提升，采用自营而非纯平台的方式，京东海外购是京东海淘业务的主要方向。京东商城控制所有的产品品质，确保发出的包裹能够得到消费者的信赖。京东商城初期可能会依靠品牌的海外经销商供货，今后会逐渐和国外品牌商直接合作。

5. “自营跨境B2C平台”模式

（1）典型案例：亚马逊海外购、1号海购、顺丰海淘。

（2）模式概述：亚马逊要在上海自贸区设立仓库，以自贸模式（保税备货）将商品销往中国，这种模式目前还在推进中。海外电商在中国的保税区内自建仓库的模式，可以极大地改善跨境网购的速度体验。

据中国跨境电商网了解，1 号店通过上海自贸区的保税进口模式或海外直邮模式入境，可以提前将海外商品进口至上海自贸区备货。除此之外，1 号店的战略投资方沃尔玛在国际市场的零售和采购资源整合优势将利好“1号海购”业务。

2015年1月9日，顺丰主导的跨境B2C电商网站顺丰海淘正式上线。提供的产品涉及美国、德国、荷兰、澳大利亚、新西兰、日本、韩国等海淘国家。顺丰海淘提供商品详情汉化、人民币支付、中文客服团队支持等服务，提供一键下单等流畅体验。目前上线的商品锁定在母婴、食品、生活用品等品类。货物可在5个工作日左右送达。

6. “海外商品闪购+直购保税”模式

（1）典型案例：唯品会全球特卖。

（2）模式概述：2014年9月，唯品会的“全球特卖”频道亮相网站首页，同时开通首个正规海外快件进口的“全球特卖”业务。唯品会“全球特卖”全程采用海关管理模式中级别最高的“三单对接”标准，实现了将消费者下单信息自动生成用于海关核查备案的订单、运单及支付单，并实时同步给电商平台供货方、物流转运方、信用支付系统三方，形成四位一体的闭合全链条管理体系。

7. “直销、直购、直邮”的“三直”模式

（1）典型案例：洋码头。

（2）模式概述：洋码头是一家面向中国消费者的跨境电商第三方交易平台。该平台上的卖家可以分为两类，一类是个人买手，模式是 C2C；另一类是商户，模式是 M2C（Manufactures to Consumer，生产厂家对消费者）。它帮助国外的零售产业与中国消费者对接，即海外零售商直销产品给中国消费者，中国消费者直购产品，中间的物流是直邮，即“直销、直购、直邮”。

8. “导购返利平台”模式

（1）典型案例：55 海淘网。

（2）模式概述：55 海淘网是针对我国消费者进行海外网购的返利网站，其返利商家主要是美国、英国、德国等 B2C、C2C 网站，如亚马逊、eBay 等，返利比例为 2%～10%，商品覆盖母婴、美妆、服饰、食品等综合品类。

9. “垂直型自营跨境 B2C 平台”模式

（1）典型案例：蜜芽。

（2）模式概述：为垂直自营跨境 B2C 平台，平台在选择自营品类时会集中于某个特定的领域，如美妆、服装、化妆品、母婴等。

蜜芽主导“母婴品牌限时特卖”，是指每天在网站推荐热门的进口母婴品牌，以低于市场价的折扣力度，在 72 小时内限量出售，致力于打丌跨境电商业务。蜜芽于 2014 年 3 月上线，据中国母婴电商网监测数据显示，目前蜜芽用户已经超过百万，2015 年 9 月，完成由百度领投的 1.5 亿美元融资，已成为目前国内估值最高的跨境电商，同样也在母婴电商中排第一位。

据中国电子商务研究中心研究发现，蜜芽的供应链分为四种模式：①从品牌方的国内总代采购体系采购；②从国外订货直接采购，经过各口岸走一般贸易形式；③从国外订货，走宁波和广州的跨境电商试点模式；④蜜芽的海外公司从国外订货，以直邮的模式报关入境。

10. “跨境 C2C 平台”模式

（1）典型案例：淘宝全球购、美国购物网。

（2）模式概述：全球购是淘宝网奢侈品牌的时尚中心，帮助会员实现“足不出户，淘遍全球”的目标，于 2007 年建立此平台。全球购期望通过严格审核每一位卖家，精挑细选每一件商品，为淘宝网的高端用户提供服务。

美国购物网专注代购美国本土品牌商品，涵盖服饰、箱包、运动鞋、保健品、化妆品、名表首饰、户外装备、家居母婴用品、家庭影院等。该网站兼顾批发零售，主打直邮代购。代购的商品均由美国分公司采用统一的物流配送——纽约全一快递，由美国发货直接寄至客户手中，无须经过国内转运。

10.2 农村电子商务

10.2.1 农村电子商务的概念

人们通过网络平台嫁接各种服务于农村的资源，拓展农村信息服务业务、服务领域，使农村电子商务兼而成为遍布县、镇、村的三农信息服务站。作为农村电子商务平台的实体终端直接扎根于农村，服务于三农，真正使三农服务落地，使农民成为平台的最大受益者。

农村电子商务是指农村电子商务平台配合密集的乡村连锁网点，以数字化、信息化的手段、通过集约化管理、市场化运作、成体系的跨区域跨行业联合，构筑紧凑而有序的商业联合体，降低农村商业成本，扩大农村商业领域，使农民成为平台的最大获利者，使商家获得新的利润增长。

在国内一二线城市用户人口红利逐渐消失的情况下，发展农村电商显得极为必要。不仅如此，农村地区还是各类农产品的源头，发展农村电商有利于满足城乡双方的消费需求。而由于农村地区智能手机普及率的不断上升及农村用户对手机等移动端有更好的适应性，各大电商已经将农村移动电商作为未来发展的重点。为了加快农村电子商务的大力发展，2015 年 11 月 9 日，国务院办公厅引发了《国务院办公厅关于促进农村电子商务加快发展的指导意见》。

10.2.2 中国农村电子商务消费市场情况

1. 农村电子商务消费人群的特点

1）网购人群偏年轻

农村电商市场最重要的特点就是年轻，其中主力的消费人群年龄是 20～29 岁，占比 32%。农村年龄为 30 岁以上网民的占比是低于城镇的，随着新的一代人在农村的消费的呈现，可能在未来 5 年或者 10 年，年较主力的消费人群在农村市场比城市的显得更加有力量。

2）农村手机上网占比高达 84.6%

农村手机上网占比高达 84.6%，高出城镇的 5 个百分点。PC 互联网时代是城镇的网购市场的高成长时代，但是在移动互联网时代，由于手机的方便性和低成本，农村网购市场反而是高增长的市场。

3）农村居民网购目的不是图便宜

分析网购消费者的需求特征可以发现，他们购买的主要是生产资料和日用品/家电/服装等，对服务的需求主要是社保、资金的转存或者水电煤的缴费。调查发现，大部分的村民只购买日常买不到的商品，所以可能淘宝这样的一个生态体系，提供给这些村民的最大价值是购买日常买不到的商品，而不是购买便宜的。农村的居民对网购商品模式的接受度达到 84.4%。

2. 农村网购市场规模呈现快速增长态势

（1）随着电商如阿里巴巴、京东商城、苏宁易购等快速渠道向农村扩展，农村网购市场快速增长，增速超过城市，发展呈现新的功能。

（2）电商进入农村初见成效，在一定程度上改变了农村用户的消费习惯、改善了物流建设，增强了农村对电商的需求。

3. 农村电商的新变局正在来临

1）三支力量同时发力：政府、电商平台和地方服务商

（1）商务部主导的电商进农村示范县工作强力推进；农业部信息进村入户也树立了一批农村电商新标杆，电商扶贫正式启动并初见成效；越来越多的市场主体看好农村电商市场，和政府一起投资；越来越多的乡镇尤其是村一级，建起了线上与线下相结合的电商设施，让更多的农民享受到农村电商带来的实惠。从起步最早的赶街，再到阿里巴巴、京东商城等平台，农村电商运营者的行列中出现了更多电商平台。

（2）阿里巴巴、京东商城等制定专门面向农村的战略和平台政策：阿里巴巴的“千县万村”共计投资 100 亿元，建立 1 000 个县级服务中心和 10 万个村级服务站，覆盖全国 1/3 的县及 1/6 的农村地区，如“特色中国”项目；京东商城的县级服务中心、京东帮、乡村推广员计划等，如“省级特色馆”。

2）两类电商开始合流

政府主导自上而下式农村电商和市场驱动的自下而上式农村电商已经开始合为一体。阿里巴巴、京东商城等电商企业一般会首先与当地政府签订协议，以便有计划、有组织地推进农村电商。2015 年，农村电商发展动力上最明显的变化就是政府与市场主体间的合作机制开始形成。

3）覆盖范围明显扩大

2015 年，农村电商开始全面采取“整县推进”的方式，从而大大加快了农村电商的覆盖速度。山西乐村淘是一家新建企业，其农村电商业务已覆盖到 22 个省、516 个县、6 万多个村。

截至 2015 年 12 月底，阿里巴巴已经在 200 个县建设了 1 万个农村淘宝服务站；到 2015 年 11 月京东商城已开设 600 个县级服务中心、1 100 个京东帮服务站，招募了 12 万名乡村推广员；苏宁易购在 2015 年 1 月提出农村电商计划，到 11 月实际已建成 1 000 家苏宁易购服务站。

4）克服农村深层难点

农村电商场景不同，起点较低，加上各地条件差异，推广难度相当大。无论是第三方平台“村级站＋县级中心＋支线物流”的农村电商落地模式，还是服务商“园区＋平台＋培训＋体系”的合作模式，或自营电商“渠道拓展＋聚合需求＋对接品牌＋集中促销”的交易模式，新变局下的农村电商实践，都开始瞄准和真正触及农村电商的深层痛点发力，主要包括宽带、支付、物流、人才等。

国家和地方政府出台一系列重磅政策，针对农村电商的基础设施、发展环境和公共服务的需求提供帮助。

10.2.3 农村电子商务服务

农村电子商务服务包括网上农贸市场、特色旅游、特色经济、数字农家乐和招商引资等内容。

（1）网上农贸市场：迅速传递农林渔牧业供求信息，帮助外商出入属地市场和属地农民开拓国内市场、走向国际市场；进行农产品市场行情和动态快递、商业机会撮合、产品信息发布等内容。

（2）特色旅游：依托当地旅游资源，通过宣传推介来扩大对外知名度和影响力，从而全方位介绍属地旅游线路和旅游特色产品及企业等信息，发展属地旅游经济。

（3）特色经济：通过宣传、介绍各个地区的特色经济、特色产业和相关的名优企业、产品等，扩大产品销售通路，加快地区特色经济、名优企业的迅猛发展。

（4）数字农家乐：为属地的农家乐（有地方风情的各种餐饮娱乐设施或单元）提供网上展示和宣传的渠道。通过运用 GIS 技术，制作全市农家乐分布情况的电子地图，同时采集农家乐基本信息，使其风景、饮食、娱乐等各方面的特色尽在其中，一目了然。既方便城市百姓的出行，又让农家乐获得广泛的客源，实现城市与农村的互动，促进当地农民增收。

（5）招商引资。搭建各级政府部门招商引资平台，介绍政府规划发展的开发区、生产基地、投资环境和招商信息，更好地吸引投资者到各地区进行投资生产经营活动。

10.2.4　农村电子商务存在的问题

（1）行动推动异化。农村电商基础差，人才匮乏，商业模式还不成熟，需要政府创造条件，积极扶持，尤其需要一把手工程的大力推进。

（2）实践误区多。最常见的就是三大冲动：盲目建平台的冲动，盲目建园区的冲动，招大商引大资的冲动。

（3）认识两极分化。从以前的不注重、不采取措施实践到现在大力抓电商，大干快上，陷入两极误区。

（4）盈利模式待寻。总体来看，农村电商是一项民生工程，有助于农民享受信息化的红利与便利，有利于缓解销售困难问题，但无论是对政府还是对参与其中的电商而言，短期内取得回报是困难的。

（5）物流成本高。农村人口的分布继承古代社会部落式结构，对农村电商物流体系提出了极高的挑战。

（6）规模小。同中国城市电商和跨境电商相比，农村电商市场规模尚且很小，这为农村电商实现规模化、规范化、集约化和信息化等设置了障碍。

10.2.5　加快发展农村电子商务的对策

1. 加快信息基础设施建设

政府应给予广泛而有力的引导和支持，加大农村信息基础设施建设力度，利用互联网、移动通信、广播电视、电话等多种通信手段，建立起覆盖郊区（县）、乡镇、村的农村信息网络。建立各级信息咨询服务机构，引导和培训农民使用各类信息设施，掌握电子商务的各项技能。

2. 建设高质量的农村电子商务平台

建设农村电子商务平台，为农业产业化提供大量的多元化信息服务，为农业生产者、经营者、管理者提供及时、准确、完整的农业产业化的资源、市场、生产、政策法规、实用科技、人才、减灾防灾等信息；同时，为企业和农户提供网上交易的平台，支持 B2B、B2C、C2C 等多种交易模式，降低企业和农户从事电子商务的资金门槛，培育、扶持农村电子商务企业。

3. 建立农村信息服务体系

应逐步建立农村信息服务体系，为农村电子商务提供广阔的发展空间和完整的产业链。开展农村信息化知识培训，培养信息人才。

另外，应充分利用计算机网络的优势，结合其他通信手段，大力实施远程教育，不断提高劳动者素质，强化农民信息意识，培养高素质的新型农民。另外，还应把懂业务的各种专业人才充实到农村信息化队伍中，形成一支结构合理、素质良好的为农村提供信息服务的队伍。

4. 未来农产品发展标准

所有农产品生产和消费都有一个"怪"现象，越是偏远的地方环境越好，产品质量越天然越有保障，而且越便宜，"好产品、卖不出、价格低"成了农民的"心头痛"，信息不对称造成农民的利润低，打击农民种养积极性；然而越是在大城市，种养环境越糟糕，产品反而越贵，却恰恰没有很好的质量保障。"找不到、买不了、不敢吃"成了农产品消费的三个困局。传统农产品要走出农村走进城市还必须先解决规范生产、营销平台、商品流通、信誉溯源这几个问题。

五良生态农业服务体系，其中五良的定义为：良种、良肥、良田、良品、良心。

联合国粮食及农业组织驻华系统发布的《推动中国食品安全》报告对中国食品安全形势进行了分析，并从食品安全立法、食品安全管理、检查和执法、监测监督、信息沟通等几个方面，对中国改善食品安全提出了建议。新时期中国农业的发展迫切需要一套行之有效并被人们广大认可的农业生产管理与产品品质认证体系。五良生态农业体系的推出正逢其时，该体系中的五良标准细分如下：良种，即种子及种苗健康无毒、抗病虫害、易种易管、有高产基因；良肥，即肥料（包括农药）高效、低毒、安全、环保、无残留、多功能；良田，即有害物质含量低、有机质含量高，土壤生态健康平衡；良品，即绿色有机、营养美味、健康优质、安全放心；良心，即遵循以上四点行为准则从事农业活动的新农人职业道德规范。并把五良诠释为有良种、用良肥、变良田、出良品、讲良心，形成一个生态农业产业链。

根据不同农作物产品，每一个单一项目都有细化的标准和规定，陈记强表示，五良生态农业体系是打造现代生态农业产业链的新型标准，包括种子、种苗、肥料、农药、农田、农产品和新农人职业道德等因素在内，结合农业生产中各生产资料、生长阶段、各种技术、法规、标准而形成的新型生态农业服务体系，通过标准管理及规范生产，并建立产品溯源系统查询平台，以保证食品的安全，扩大消费者对农产品的品牌认知度。

应用案例

陕西省武功县是传统农业县，农产品“买难卖难”问题一直困扰着农村经济的发展。为破解这一难题，武功县政府积极发展电子商务，探索“买西北、卖全国”的模式，立足武功，联动陕西，辐射西北，面向丝绸之路经济带，将武功打造成为陕西农村电子商务人才培训地、农村电子商务企业聚集地、农产品物流集散地。

武功县目前已经成为陕西省电商示范县，先后吸引西域美农、赶集网等20多家电商企业入驻发展，300多个网店相继上线，全县电商日成交量超万单，日交易额达100多万元；10余家快递公司先后落地，农村电商试点在14个村全面启动，让电子商务真正走进农村、惠及百姓。

10.3 移动电子商务

10.3.1 移动电子商务的概念

移动电子商务（M-Commerce）由电子商务的概念衍生出来，电子商务以PC机为主要界面，是“有线的电子商务”；而移动电子商务，则是通过手机、PDA（Personal Digital Assistant，个人数字助理）等可以装在口袋里的终端进行交易，无论何时、何地都可以开始，即移动电子商务是指利用手机、PDA及掌上电脑等无线终端进行的B2B、B2C、C2C或O2O的电子商务。它将Internet、移动通信技术、短距离通信技术及其他信息处理技术完美地结合，使人们可以在任何时间、任何地点进行各种商贸活动，实现随时随地、线上线下的购物与交易、在线电子支付以及各种交易活动、商务活动、金融活动和相关的综合服务活动等。

广义的移动电子商务是指通过移动设备随时随地获得的一切服务，涉及通信、娱乐、商业广告、旅游、紧急救助、农业、金融、学习等。

狭义的移动电子商务只涉及货币类交易的商务模式，是指通过手机、PDA、掌上电脑等手持移动终端从事的商务活动。

10.3.2 移动电子商务的现状

近年来，中国移动购物市场交易额稳定增长，占整体网络零售市场交易额的比例不断上升。预计到2018年，移动端交易额在网络零售市场中交易占比将超过75%。

（1）巨头格局：一超多强格局不变，阿里巴巴独占八成市场。数据显示，2016年移动购物企业市场份额延续一超多强的格局，电商移动化渐成主流。2016年，天猫双11移动端成交额占比近82%，2016年第二季度京东商城移动端订单占比超过79.3%，增速则达到130%。

2015年，53.6%的手机网民在移动端进行购物，预计到2018年，移动端交易额在网络零售市场中交易占比将超过75%。针对不进行移动购物的用户的调查显示，这部分受访者首先担心的是购物的安全问题，包括信息安全和支付安全，其次是对移动端购物流程的不熟悉和没有使用移动端购物的习惯。安全和隐私是阻碍消费者在移动端进行购物消费的最主要原因。

（2）据中国电子商务研究中心监测数据显示，2016年上半年中国移动网购交易规模占网络零售市场交易规模的 69.4%，占有绝对优势。

① 相比 PC 端，移动端的便利促使人们的消费习惯改变。另外，如天猫、京东商城、唯品会、苏宁易购等电商加大对消费者引导，在一些电商节日，如“418、“618”等活动中进行部分商品通过移动端下单优惠力度更大的活动，这就刺激了用户购买。

② 移动端的盈利能力提升，行业向好趋势不变。“几大阵营”逐步明晰，微信与微博都在利用用户与粉丝变现，共同做大行业“蛋糕”。

国家发布《国家移动电子商务试点示范工程发展总体规划》，为移动电子商务进一步发展营造了良好的政策环境。

10.3.3 移动电子商务的特点

1. 移动性

移动电子商务允许用户在任何时间、任何地点使用。这种移动性体现在服务的用户、设备会话和应用上。例如，用户可以通过微信将拍的照片在任意的时间地点发送到朋友圈、还可以通过手机淘宝随时随地购物。

2. 个人性

大多数人都拥有属于个人的移动设备，正是因这种共生关系，所以识别用户并且收集关于用户的联系人信息、个人习惯（消费习惯）、地理位置等信息成为可能，这会使得用户可以享受更加个性化的服务体验。然而，这也意味着相比于其他电子商务，移动电子商务用户信息的隐私、安全及身份管理就显得更加重要了。

10.3.4 移动电子商务的优势

1. 不受时空限制

同传统的电子商务相比，移动电子商务的一个最大优势就是移动用户可随时随地获取需要的服务、应用、信息。移动设备的特性就是便于人们携带，一般可以享受 24 小时的全天服务。这将使得用户更有效地利用空余时间从事商业活动。例如，人们可以方便地使用手机地图进行查找位置、可以利用手机淘宝进行购物、也可以使用手机银行随时随地办理储蓄、转账、汇款等业务。

2. 提供更好的个性化服务

利用大量活跃移动用户的信息开展具有个性化的信息服务。例如，基于位置信息的生活服务，当需要查找自己所在地周围的银行、车站、医院或饭馆时，只需要打开手机地图进行搜索，就可以轻而易举地找到。

3. 信息获取更为及时

在固定网络的电子商务中，用户只有在计算机上才能获取相关的信息，而移动用户可随时随地地查询和接收信息，这种灵活、高效、准确的信息获取方式就意味着获取信息的及时性。

4. 可识别性

通常移动设备由单独的个体使用，而如手机这种移动设备往往与真实的个人信息绑定，因此大大地提高了移动交易的安全性，为电子商务、移动支付提供了安全的保障。

5. 基于位置的服务

不管自己在何处，GPS 都可以识别电话的所在地，从而为用户提供相应的服务。例如，通过手机订飞机票时就不用输入起始地，手机会识别自己的位置并自动地将自己所处的地方显示在“起始地”一栏。

6. 支付更加方便、快捷

移动用户可以随时随地利用移动终端，在移动过程中完成电子支付业务。由于移动支付的方式各种各样（生成付款码、扫一扫），用户可以根据自己的个性需求选择适合自己的移动支付方式。

7. 易于推广使用

移动通信所具有的灵活、便捷的特点，决定了移动电子商务更适合大众化的个人消费领域，如自动支付系统，包括自动售货机、停车场计时器等；半自动支付系统，包括商店的收银柜机、出租车计费器等；日常费用收缴系统，包括水、电、煤气等费用的收缴等；移动互联网接入支付系统，包括登录商家的 WAP（Wireless Application Protocol，无线应用协议）站点购物等。

10.3.5 移动电子商务基础技术

移动电子商务是依托移动互联网的商业活动，互联网技术的演进会对电子商务发展产生实质的影响。技术创新的步伐一直没有停息，新的互联网技术不断涌现，如移动二维码技术、LBS 定位服务技术、移动信息推送技术、HTML5 页面制作等，这些都将直接运用于移动电子商务系统之中。

1. 移动二维码

移动二维码是二维码的一种，用户通过手机扫描或输入二维码下方的号码即可实现快速上网。在代码编制上巧妙利用“0”、“1”比特流的概念，使用若干个与二进制相对应的几何形体来表示图片、声音、文字、签字、指纹等信息，通过图像输入设备或光电扫描设备自动识读来实现信息的自动处理。

2. LBS 定位服务

LBS（Location Based Service，基于位置的服务）定位服务是由移动通信网络和卫星定位系统结合在一起提供的一种增值业务，通过一组定位技术获得移动终端的位置信息（如经纬度坐标数据），提供给移动用户本人或他人以及通信系统，实现各种与位置相关的业务。LBS 实质上是一种概念较为宽泛的与空间位置有关的新型服务业务。

3. 移动信息推送技术

移动信息推送技术即 Push 技术，是一种基于客户服务器机制，由服务器主动将信息发往客户端的技术，其传送的信息通常是用户所事先预订的。例如，百度云推送（Push）是一站式 APP 信息推送平台，为企业和开发者提供免费的消息推送服务，开发者可以通过云推送向用户精准推送通知和自定义消息，以提升用户留存率和活跃度。

4. HTML5 页面制作

HTML5 是 Web 的核心语言、标准通用标记语言下的 HTML 的第五次重大修改。2014 年 10 月 29 日，万维网联盟宣布，该标准规范制定完成。

10.3.6　移动电子商务业务类型

移动电子商务，不仅提供电子购物环境，还提供一种全新的销售和信息发布渠道。从信息流向的角度，移动电子商务提供的业务可分为以下三个方面。

（1）“推（Push）”业务：主要用于公共信息发布。应用领域包括时事新闻、天气预报、股票行情、彩票中奖公布、交通路况信息、招聘信息和广告等。

（2）“拉（Pull）”业务：主要用于信息的个人定制接收。应用领域包括服务账单、电话号码、旅游信息、航班信息、影院节目安排、列车时刻表、行业产品信息等。

（3）“交互式（Interactive）”业务：包括电子购物、博彩、游戏、证券交易、在线竞拍等。

10.3.7　移动电子商务的发展趋势

（1）产品

围绕着产品和服务，个性化的需求与小众化特点，有可能汇聚成一股主流文化，形成“小而美”的差异化风格。个性化定制的背后，依托的是后端强大的供应链和高效的生产能力。

（2）渠道

渠道将更进一步细分，尤其是交易与体验。移动互联时代带来了巨大的营销红利，未来渠道的拓展将多管齐下、形成合力。

（3）传播

传播将日益“脱媒化”，自媒体时代来临。人人都是自媒体，任何产品都可以是自媒体，传播媒介将日益升值，形式也将日益多样化，最终实现价值变现。

（4）终端

未来几年，智能手机仍是最重要的载体。智能手机的功能也将日益泛在化、智能化。其他智能终端如智能汽车、智能家居等，也将日益崛起。

10.3.8　移动电子商务的服务

Internet、移动通信技术和其他技术的完美组合缔造了移动电子商务，使提供多样的服务来推动市场发展。目前，移动电子商务主要提供以下几种服务。

1. 银行业务

移动电子商务能使用户随时随地在网上安全地进行个人财务管理，进一步完善 Internet

银行体系。用户可以使用其移动终端核查其账户、支付账单、进行转账以及接收付款通知等。

2. 交易

移动电子商务具有即时性，因此非常适用于股票等交易应用。移动设备可用于接收实时财务新闻和信息，也可确认订单并安全地在线管理股票交易。

3. 订票

通过 Internet 预订机票、车票或入场券已经发展成为一项主要业务，其规模还在继续扩大。Internet 有助于方便用户核查票证的有无，并进行购票和确认。移动电子商务使用户能在票价优惠或航班取消时立即得到通知，也可支付票费或在旅行途中临时更改航班或车次。借助移动设备，用户可以浏览电影剪辑、阅读评论，然后订购邻近电影院的电影票。

4. 购物

借助移动电子商务，用户能够通过其移动通信设备进行网上购物。即兴购物会是一大增长点，如订购鲜花、礼物、食品或快餐等。传统购物也可通过移动电子商务得到改进。例如，用户可以使用“无线电子钱包”等具有安全支付功能的移动设备，在商店里或自动售货机上进行购物。随着智能手机的普及，移动电子商务通过移动通信设备进行手机购物，让顾客体会到购物更随意、更方便。如今比较流行的手机购物软件如掌店商城等，实现了手机下单、手机支付，同时也支持货到付款，不用担心没有 PC 就会错过限时抢购等促销活动，尽享购物便利。

5. 娱乐

移动电子商务将带来一系列娱乐服务。用户不仅可以从移动设备上收听音乐，还可以订购、下载或支付特定的曲目，并且可以在网上与朋友玩交互式游戏，还可以进行游戏付费，并进行快速、安全的博彩和游戏。

6. 无线医疗

医疗产业的显著特点是每 1 秒对病人都非常关键，这一行业十分适合于移动电子商务的开展。在无线医疗的商业模式中，病人、医生、保险公司都可以获益，也会愿意为这项服务付费。这种服务是在时间紧迫的情形下，向专业医疗人员提供关键的医疗信息。由于医疗市场的空间非常巨大，并且提供这种服务的公司为社会创造了价值，同时，这项服务又非常容易扩展到全国乃至世界，因此在这整个流程中存在着巨大的商机。

案例分析

移动端成为主流电商交易渠道

效果营销科技公司 Criteo（纳斯达克代码：CRTO）发布了《2015 年第三季度移动电子商务报告》。该季度报告对于行业广泛趋势的分析，将为营销人员提供吸引消费者及促进销售的重要移动商务讯息。Criteo 综合分析了 14 亿笔在线交易，结果表明当前消费者的在线购物过程中，在美国每十笔交易就有四笔是使用多种移动设备完成的；而在全球范围内，这一比例达到了 50%。

Criteo 的研究表明，在早期就对 APP 进行优化的电商公司已获得了良好的回报。在零售行业，注重 APP 体验的品牌，从 APP 中获得了 60%的移动收入。这相比第二季度的 50%有所上升，大大超过桌面端带来的收益。而对于重视 APP 的旅游品牌来说，约 50%的移动业务收入是来自于 APP 的。

Criteo 首席产品官表示："在跨屏趋势下，我们看到移动商务在持续地壮大。如果企业想吸引精明的消费者，那么现在的广告策略需要将移动设备作为核心。如果营销人员想吸引消费者并最大化销售，他们需要紧密关注消费者的购买过程。"

1. 跨屏成为常态

消费者已习惯于在各种设备上（笔记本式计算机、平板电脑和智能手机等）浏览并购买商品。因此一个品牌想要成功，就需要在移动端进行投资，并有策略地分配在数字化方面的支出：对于在笔记本式计算机和台式机上完成购物交易，39%的消费者在购物过程中使用了至少一种其他设备。而在移动端的交易方面，43%使用智能手机的消费者以及 47%使用平板电脑的消费者使用了一种其他设备；跨屏消费者中有 20%更可能使用移动设备来完成交易。

2. APP 是下一个重点

重视 APP 并将其视为主要收入来源的品牌，得到了利润的大幅增长。确保 APP 体验流畅、直观且具有吸引力是吸引消费者和实现转化的核心：对于注重 APP 体验的零售商而言，所有移动业务收入的 58%来自 APP；对于旅游品牌来说，这一数字是 49%；在添加到购物车和购买方面，APP 的转化率比移动浏览器高 3.7 倍，比桌面浏览器高两倍。

3. 智能手机备受青睐

消费者越来越习惯将智能手机作为购物的首选设备。尽管所有的设备和渠道均需优化，但智能手机是品牌需要关注的主要渠道：智能手机带来了 56%的移动交易量，并为顶尖的零售商带来 64%的移动交易量；顶尖零售商在智能手机上的转化率比普通零售商在智能手机上的转化率高两倍。

4. 全球移动电子商务蒸蒸日上

移动电子商务在全球范围内迅猛发展，其中日本、英国和韩国的零售电子商务交易量最大。国际品牌需要根据不同消费群体的消费行为进行调整，从而带来最佳的跨屏和移动体验：移动电子商务目前占全球电子商务交易的 35%，在这一数据上美国目前居于中间位置；跨屏交易占全球电子商务交易的 50%。

分析：

移动电子商务与传统电子商务的区别是什么？它们之间的联系在哪里？

习　　题

一、选择题

1. 我国跨境电商零售出口第一大出口国家为（　　）。

A．美国　　B．英国　　C．澳大利亚　　D．德国

2. 我国跨境电商零售出口第一大类别的商品为（　　）。

A．家居园艺　　B．电子　　C．时尚　　D．汽配

3. 敦煌网属于（　　）平台。

A．传统跨境大宗贸易平台 B2B

B．跨境小额批发零售综合门户平台 B2B

C．跨境小额批发零售垂直平台 B2C

D．专业第三方服务平台

4. 农村电商发展大致可以分为两个阶段，第二阶段的开始时间大约为（　　）。

A．2003 年　　B．2005 年　　C．2007 年　　D．2009 年

5. 按服务类型划分，移动电子商务不包含（　　）。

A．不受时空限制　　B．推式服务　　C．拉式服务　　D．交互式服务

二、思考题

1. 目前我国七个国家跨境电商进口服务试点城市是如何开展业务的？
2. 简述农村电子商务的含义及特点。
3. 简述移动电子商务发展的现状及未来的发展情况。

参 考 文 献

[1] 李琪．电子商务导论[M]．北京：电子工业出版社，2010．

[2] 周小勇，史吉锋．电子商务理论与实务[M]．北京：清华大学出版社，2014．

[3] 宋文官．电子商务实用教程[M]．北京：高等教育出版社，2012．

[4] 徐丽娟．电子商务概论[M]．北京：机械工业出版社，2004．

[5] 邵兵家．电子商务概论[M]．北京：高等教育出版社，2003．

[6] 方玲玉．电子商务基础与实践[M]．长沙：中南大学出版社，2009．

[7] 李琪．电子商务概论[M]．北京：高等教育出版社，2009．

[8] 邵兵家．电子商务概论[M]．3 版．北京：高等教育出版社，2011．

[9] 马佳琳，周传生．电子商务原理与技术[M]．北京：人民邮电出版社，2008．

[10] 张传玲，王洛国．电子商务技术[M]．北京：中国经济出版社，2008．

[11] 刘喜敏，杨国明．电子商务法[M]．2 版．大连：大连理工大学出版社，2008．

[12] 冯英健．网络营销基础与实践[M]．4 版．北京：清华大学出版社，2013．

[13] 魏修建．电子商务物流管理[M]．3 版．重庆：重庆大学出版社，2015．

[14] 方建生，杨清云，邱碧珍．电子商务[M]．厦门：厦门大学出版社，2012．

[15] 贺刚．电子商务物流[M]．成都：西南财经大学出版社，2013．

[16] 张昭俊．电子商务物流管理[M]．北京：清华大学出版社，2013．

[17] 高功步．电子商务物流管理与应用[M]．北京：电子工业出版社，2010．

[18] 冯晓玲．电子商务安全[M]．北京：对外经济贸易大学出版社，2008．

[19] 刘伟明．网上购物与开店入门与进阶[M]．北京：清华大学出版社，2010．

[20] 刘吉成，王兆明．企业电子商务[M]．北京：中国水利水电出版社，2011．

[21] 石彤．电子商务综合实践教程[M]．北京：北京交通大学出版社，2011．

[22] 秦成德，王汝林．移动电子商务[M]．北京：人民邮电出版社，2009．

[23] 钟元生．移动电子商务[M]．上海：复旦大学出版社，2012．